Axel Kühner
Eine gute Minute

AXEL KÜHNER
Eine gute Minute

365 Impulse zum Leben

Dieses Buch wurde auf FSC®-zertifiziertem Papier gedruckt.
FSC (Forest Stewardship Council®) ist eine nichtstaatliche,
gemeinnützige Organisation, die sich für eine ökologische und
sozialverantwortliche Nutzung der Wälder unserer Erde einsetzt.

10. Auflage 2012
© 1994 Neukirchener Verlagsgesellschaft mbH, Neukirchen-Vluyn
Alle Rechte vorbehalten
Umschlaggestaltung: Andreas Sonnhüter, Düsseldorf
unter Verwendung eines Bildes von © istockphoto.com
Bildnachweis: dudek - Fotolia.com
Gesamtherstellung: CPI – Ebner & Spiegel, Ulm
Printed in Germany
ISBN 978-3-7615-5972-7

www.neukirchener-verlage.de

Eine gute Minute,

was hat man da nicht alles im Kopf und im Auge,
im Herz und im Sinn, in der Hand und in der Feder.

Eine gute Minute kann es in sich haben:
gute Gedanken und sprechende Bilder,
gute Worte und lebendige Geschichten,
gute Wahrheiten und überzeugende Fragen.

Eine gute Minute kann es mit sich bringen:
gute Absichten und neue Einsichten,
fröhliche Ansichten und tröstliche Aussichten,
richtige Wege und wichtige Tage.

Eine gute Minute kann es nach sich ziehen:
Weichen werden gestellt und Aufgaben erkannt,
Menschen werden versöhnt und Grenzen gesteckt,
Glaube wird vertieft und Liebe geweckt.

Keine gute Minute gehört uns allein,
es sind Gottes gute Minuten mit uns,
damit wir sie mit anderen teilen.

Keine Minute können wir machen, kaufen,
besitzen oder festhalten.
Aber wir können sie gut sein lassen.

Aufgeregt und abgehetzt kommt ein Mann zum Rabbi und klagt: „Ich habe keine Zeit!" Der fromme Mann antwortet ihm ganz ruhig: „Setz dich nur hin, die Zeit kommt dann von selbst!"

Nur reichlich eine Minute brauchen Sie für die Bilder, Geschichten, Vergleiche und Impulse an jedem Tag zum Lesen oder Vorlesen.

Mitten im Alltag setzen wir uns hin, und die Zeit kommt dann von selbst. Wenn dann auch noch gute Gedanken und wichtige Fragen kommen, sind wir gut dran.

Axel Kühner

Neujahrsgebet

Das Jahr geht hin, nun segne du
den Ausgang und das Ende.
Deck dieses Jahres Mühsal zu,
zum Besten alles wende.

Du bleibst allein in aller Zeit,
wo wir auch gehn und wandern,
die Zuflucht,
schenkst Geborgenheit
von einem Jahr zum andern.

Hab Dank für deine Gotteshuld,
den Reichtum deiner Gnaden.
Vergib uns alle unsre Schuld,
die wir auf uns geladen.

Und segne unsern Eingang nun.
Hilf, Herr, in Jesu Namen.
Dein Segen g'leit all unser Tun
im neuen Jahre. Amen.

(Arno Pötzsch)

1. Januar

Neujahrswunsch

Der Gott der Liebe gebe uns ein neues Jahr der Liebe zu Gott. Es bringe den Menschen Beziehungen und lasse die Beziehungen menschlich sein. Es setze dem Überfluß Grenzen und mache die Grenzen überflüssig. Es lasse die Leute kein falsches Geld machen, aber auch das Geld keine falschen Leute.

Es gebe den Politikern ein besseres Deutsch und den Deutschen bessere Politiker. Es schenke unseren Freunden mehr Liebe und der Liebe mehr Freunde. Es lasse die Wissenschaft Wissen schaffen und die Leidenschaften keine Leiden schaffen. Es gebe den Gutgesinnten eine gute Gesinnung. Es lasse den Alltag würdig und die Würde alltäglich sein. Es mache die Herzen christlich und die Christen herzlich.

„Und der Friede Gottes, welcher höher ist als alle Vernunft, bewahre eure Herzen und Sinne in Christus Jesus!"

(Philipper 4,7)

2. Januar

Neujahrsrezept

Man nehme zwölf gut ausgereifte Monate und achte darauf, daß sie vollkommen sauber sind und frei von bitterer Erinnerung, von Groll und Rachsucht, von Neid und Eifersucht. Man entferne jede Spur von Kleinlichkeit und Niedrigkeit und alle unbewältigte Vergangenheit.

Die zwölf Monate müssen also frisch und sauber sein, wie sie aus der Werkstatt Gottes hervorgehen. Man zerlege jeden Monat in dreißig oder einunddreißig Tage. Man richte jeweils nur einen einzigen Tag an. Und damit diese einzelnen Tage die besten unseres Lebens werden, beachte man sorgfältig die folgenden Anweisungen:

Für jeden Tag nehme man einige Teile Gebet und Arbeit, Entschlossenheit und Gelassenheit, Überlegung und Vertrauen, Mut und Bescheidenheit. Nun füge man dem Ganzen einen Löffel fröhliche Schwungkraft, eine Messerspitze Nachsicht und eine gute

Dosis aufrichtige Herzlichkeit zu. Sodann übergieße man das Ganze mit Liebe und rühre es kräftig um. Man garniere zuletzt alles mit einem bunten Sträußchen kleiner Aufmerksamkeiten und trage es mit Heiterkeit auf den Tisch. Guten Appetit!

„Dies ist der Tag, den der Herr macht; laßt uns freuen und fröhlich an ihm sein. O Herr, hilf! O Herr, laß wohl gelingen!"

(Psalm 118,24f)

3. Januar

Neujahrsgedanken

Was würden Sie tun, wenn Sie das neue Jahr regieren könnten?

Ich würde vor Aufregung wahrscheinlich die ersten Nächte schlaflos verbringen und darauf tagelang ängstlich und kleinlich ganz dumme Pläne schmieden.

Dann – hoffentlich – aber laut lachen und endlich den lieben Gott abends leise bitten, doch wieder nach seiner Weise, das neue Jahr göttlich selber zu machen. (Joachim Ringelnatz)

„Herr, deine Güte reicht, so weit der Himmel ist,
und deine Wahrheit, so weit die Wolken gehen.
Deine Gerechtigkeit steht wie die Berge Gottes
und dein Recht wie die große Tiefe.
Herr, du hilfst Menschen und Tieren.
Wie köstlich ist deine Güte, Gott,
daß Menschenkinder unter dem Schatten deiner Flügel
Zuflucht haben!
Sie werden satt von den reichen Gütern deines Hauses,
und du tränkst sie mit Wonne wie mit einem Strom.
Denn bei dir ist die Quelle des Lebens,
und in deinem Licht sehen wir das Licht!"

(Psalm 36,6-10)

4. Januar

Ein neuer Anfang

Jeder Anfang übt einen Zauber aus. Ein neues Jahr beginnen, ein neues Buch aufschlagen, eine neue Aufgabe anpacken, ein neues Land betreten, alles Neue weckt große Hoffnungen. Wie viele Sehnsüchte und Träume, Wünsche und Erwartungen leben auf am Beginn eines neuen Jahres und einer neuen Zeit! „Und jedem Anfang wohnt ein Zauber inne, der uns beschützt, und der uns hilft zu leben!" (Hermann Hesse)

Aber in die Neugier und Faszination mischen sich auch Angst und Schrecken. Neben das Geheimnisvolle tritt das Unheimliche. „Aller Anfang ist schwer!" Was wird das neue Jahr bringen? Werden wir alle Aufgaben bewältigen, und wird das Leben halten, was wir uns von ihm versprochen haben?

Der Zauber des Anfangs läßt uns träumen von einer großen Liebe, einer schönen Reise, einer wunderbaren Erfüllung und einem bleibenden Erfolg. Die Angst vor dem Neuen läßt uns in der harten Lebenswirklichkeit aufwachen. Die Übermacht der Verhältnisse und die Ohnmacht des einzelnen lassen uns bang und verzagt werden.

Zwischen Zauber und Angst, Faszination und Furcht hindurch brauchen wir eine ganz neue Sicht: Der Anfang ist schon vor uns da. Gott ist vor uns da, seine Lebensmacht, seine alles überwindende Liebe, seine Vorsorge für unser Leben sind schon da. Gott hat schon lange vor uns angefangen. Wir treten nur ein in seinen Anfang. Nicht wir machen einen neuen Anfang und sind zwischen Zauber und Angst hin- und hergerissen. Nein, wir treten in Gottes Anfang ein, halten uns an seine Geschichte. So wird das neue Jahr das beste, was es überhaupt werden kann, ein Jahr des Herrn mit uns.

Wir stellen uns in Gottes Anfang hinein und sind bei ihm aufgehoben und gehen mit ihm auf eine Vollendung des Lebens zu.

„Ich bin der festen Zuversicht, daß der, welcher das gute Werk in euch angefangen hat, dieses auch vollenden wird bis zum Tag Christi. "

(Philipper 1,6)

5. Januar

Eine gute Aussicht —

Gottes Liebe hüllt uns wie warme Kleidung sorgsam ein. Jesu Gegenwart umgibt uns wie eine zweite Haut. So ist unser Leben von Gott völlig umfangen, und wir sind bei ihm gut untergebracht.

Alles, was nun auf uns zukommt, kommt zuerst auf Gott zu. Was uns berührt, muß zuerst Gott berühren. Nichts wird uns betreffen können, ohne vorher auf Gott zu treffen. Jeder neue Tag, jede Aufgabe und Begegnung, jeder Mensch und jedes Ereignis müssen erst an Gott heran, bevor sie uns erreichen. Das ist eine gute Aussicht für ein neues Jahr!

Welche Leiden uns auch begegnen, Gott wird in seiner Liebe zu uns zuerst darunter leiden. Was uns Freude und Hoffnung macht, wird erst Gott erfreuen. Menschen, die uns helfen oder hindern, trösten oder traurig machen, treffen erst auf Gott, bevor sie zu uns kommen.

Nichts, was uns begegnet oder widerfährt, bedrückt oder erhebt, uns aufgetragen oder abverlangt wird, kommt in unser Leben, ohne bei Gott gewesen zu sein. Die Widrigkeiten, die uns entgegenstehen, empfängt Gott vor uns. Was wir auch erdulden, legt sich erst auf Gott und wird dadurch in erträgliches und zuträgliches Leid verwandelt. Nicht wir tragen letztlich das Leben, Gott trägt uns mit unserem Leben!

Alles Neue, Schönes und Schweres, Lustvolles und Leidvolles, Gutes und Böses, Großes und Kleines kommt zuerst zu Gott und wird von seiner Liebe und Freundlichkeit in seine Art verwandelt und trifft dann erst auf uns. Alles, was uns begegnet, bekommt von Gott her eine ganz andere, göttliche Art und Natur. Die Zukunft ist immer Gottes Zukunft, und was wir erleben, erlebt Gott vor uns und mit uns.

„Darum müssen denen, die Gott lieben, alle Dinge zum Besten dienen!"

(Römer 8,28)

6. Januar

Eine Erscheinung ✝

Es ist Sonntag zur besten Zeit. Die Gemeinde feiert Gottesdienst. Die Kirche ist mäßig besetzt. Der Pfarrer hält seine Predigt. Plötzlich bricht er ab, starrt oben in die Ecke des Kirchraumes. Alle sind hellwach. Was ist nun? Nach einer ganzen Weile fährt der Pfarrer fort. Hinterher bestürmen ihn die Mitarbeiter: „Herr Pfarrer, was war denn, daß Sie mitten in der Predigt unterbrachen?" – „Ach, nichts weiter, ich hatte eine Erscheinung." – „Was für eine Erscheinung?" – „Das möchte ich nicht sagen", wehrt der Pfarrer ab. Aber die Verantwortlichen wollen es nun wissen. Der Pfarrer vertröstet sie auf den nächsten Sonntag. In der Woche läuft es durch die Gemeinde: „Der Pfarrer hatte eine Erscheinung!"

Am folgenden Sonntag ist die Kirche übervoll. Alle sind gespannt. Schließlich rückt der Pfarrer mit der Sprache heraus: „Ich hatte eine Alterserscheinung, ich wußte nicht mehr weiter!"

Die Erscheinungen, daß wir steckenbleiben und nicht weiter wissen, kennen wir alle. Das ist menschlich und liebenswert. Aber es gibt auch Erscheinungen göttlicher Art, die uns weiterbringen, Neues zeigen und Wichtiges mitteilen. Die beste Erscheinung ist, daß Gott unter uns erschienen und sich uns bekannt gemacht hat. Da bleiben wir nicht stecken, sondern kommen in Bewegung.

Gott hat uns seine Liebe gezeigt „durch die Erscheinung unseres Heilandes Jesus Christus, welcher dem Tod die Macht genommen und das Leben und ein unvergängliches Wesen ans Licht gebracht hat."

(2. Timotheus 1,10)

7. Januar

Festgehalten

Bei Gott sind wir nicht abgeschrieben, sondern eingeschrieben. Als das Volk Israel in der Verbannung verzweifelt dachte, Gott habe es vergessen und abgeschrieben, ließ Gott durch den Propheten Jesaja seinem Volk sagen: „Ich habe dich nicht vergessen, siehe, in meine Hände habe ich dich gezeichnet!" (Jesaja 49,15f)

Dieses Wort geht auf einen Brauch der Antike zurück. Verliebte schrieben sich, wenn sie getrennt waren, den Namen des Partners in die Hände. Die Namen in der Hand drückten die Sehnsucht aus, stellten die Liebe dar und hielten den anderen buchstäblich fest. Der Name war eingeschrieben und damit festgehalten. Beide hielten am anderen fest.

So möchte Gott uns einladen, den Liebesbund mit ihm festzumachen. Wir sind nicht abgeschrieben, sondern in seine Hände eingeschrieben. Bei Gott sind wir mit unserem Namen festgehalten. Wie sehr unser irdisches Leben bisweilen einem notvollen Exil jenseits des Glücks gleicht, Gott hat uns nicht vergessen, sondern uns mit unserem Namen bei sich festgehalten. In seinen Händen steht unser Name. Gott hat Sehnsucht nach uns und hält uns in Liebe fest.

Und was steht in unseren Händen? Was haben wir als Erstes, Bestes, Liebstes und Wichtigstes festgehalten mit unseren Händen? Halten wir, was nicht hält, zählen wir, was nicht zählt, und lieben wir, was nicht bleibt? Oder schreiben wir seinen Namen in unsere Hand als Antwort auf seine Liebe zu uns?

„Dieser wird sagen: Ich bin des Herrn, und wieder ein anderer wird in seine Hand schreiben: Dem Herrn eigen.“

(Jesaja 44,5)

---

8. Januar

Eingetragen

Die Redensart „Jemand abschreiben“ oder „In den Sand schreiben“ geht zurück auf die altertümliche Sitte, vor Gericht Schuldige zum Zeichen ihrer Verurteilung in den Staub der Erde zu schreiben. So ist auch das alte Prophetenwort aus Jeremia 17,13 zu verstehen: „Die Abtrünnigen müssen auf die Erde geschrieben werden!“

Der Schuld nach, in der wir Menschen den Bund mit Gott gebrochen haben, sind wir alle in den Sand geschrieben, für die Erde gut. So ist wohl auch die Geste Jesu zu verstehen, wenn er (Johannes 8,6-8) mit seinem Finger auf die Erde schreibt, als die Ehebrecherin auf der einen und ihre unbarmherzigen Verkläger auf der anderen Seite vor ihm stehen. „Wer unter euch ohne Sünde ist, der werfe den ersten Stein!“, war die Antwort Jesu, und er schrieb wieder auf die Erde. Vielleicht hat er in den Sand geschrieben, daß alle Menschen den Liebesbund mit Gott gebrochen haben und schuldig sind.

Der Schuld nach sind wir alle abgeschrieben. Aber der Liebe nach sind wir in die Hände Jesu eingeschrieben. Die Hände Jesu sind buchstäblich und tatsächlich gezeichnet. Die durchbohrten Hände Jesu sind das Zeichen seiner großen Liebe, in der er unsere Schuld getragen und gesühnt hat. Den verzweifelten Jüngern, die Jesus so schmählich verlassen und schändlich verraten hatten, zeigte Jesus seine durchbohrten Hände und seine verwundete Seite. „Da wurden die Jünger froh, daß sie den Herrn sahen!" (Johannes 20,20)

Die Wundmale in den Händen Jesu gelten auch uns. Wir sind mit unserem Namen in die Hände Jesu gezeichnet. Wer das im Glauben faßt, ist nicht mehr in den Sand geschrieben, sondern in das Buch des Lebens eingeschrieben.

„Er ist um unserer Missetat willen verwundet und um unserer Sünde willen zerschlagen. Die Strafe liegt auf ihm, auf daß wir Frieden hätten, und durch seine Wunden sind wir geheilt!"

(Jesaja 53,5)

---

9. Januar

Überrascht ⌣

Einst lebte ein Zimmermann, den eines Abends auf seinem Heimweg ein Freund anhielt und fragte: „Mein Bruder, warum bist du so traurig?" – „Wärst du in meiner Lage, du empfändest wie ich", sagte der Zimmermann. „Erkläre dich", sprach der Freund. „Bis morgen früh", sagte der Zimmermann, „muß ich 11.111 Pfund Sägemehl aus Hartholz für den König bereit haben, oder ich werde enthauptet." Der Freund lächelte und legte ihm den Arm um die Schulter. „Mein Freund", sagte er, „sei leichten Herzens. Laß uns essen und trinken und den morgigen Tag vergessen. Der allmächtige Gott wird, während wir ihm Anbetung zollen, unsertwegen des Kommenden eingedenk sein."

Sie gingen also zum Hause des Zimmermanns, wo sie Frau und Kind in Tränen fanden. Den Tränen ward Einhalt getan durch Essen, Trinken, Reden, Singen, Tanzen und all sonstige Art und Weise von Gottvertrauen und Güte. Inmitten des Gelächters fing des Zimmermanns Frau zu weinen an und sagte: „So sollst du denn, mein lieber Mann, in der Morgenfrühe enthauptet werden, und wir alle vergnügen uns indessen und freuen uns an der Güte des Lebens. So steht es also." – „Denke an Gott", sprach der Zimmermann, und der Gottesdienst ging weiter. Die ganze Nacht hindurch feierten sie.

Als Licht das Dunkel durchdrang, und der Tag anbrach, wurde ein jeglicher schweigsam und von Angst und Kummer befallen. Die Diener des Königs kamen und klopften sacht an des Zimmermanns Haustür. Und der Zimmermann sprach: „Jetzt werde ich sterben", und öffnete.

„Zimmermann", sagten sie, „der König ist tot. Mache ihm einen Sarg!" (William Saroyan)

„Trachtet am ersten nach dem Reich Gottes und nach seiner Gerechtigkeit, so wird euch solches alles zufallen. Darum sorget nicht für den anderen Morgen, denn der morgende Tag wird für das Seine sorgen. Es ist genug, daß ein jeglicher Tag seine eigene Plage habe!"

(Matthäus 6,33f)

10. Januar

Im Glauben frei ↵

„Liebe Katharina, nach einem langen Tag sitze ich bei einem Maß Bier und denke mir, der liebe Gott wird es schon machen!", schrieb einst Dr. Martin Luther an seine Frau.

Ein langer Tag, harte Arbeit, viel Mühe, schwierige Aufgaben, aber dann ist Feierabend. Ruhe kehrt ein, Freude kommt auf. Entspannen und Genießen wollen ebenso gelernt sein wie Schaffen und Wirken. Den Feierabend und seine Ruhe, den Feiertag und seine Freiheit können nur die genießen, die ihre Arbeit wirklich getan und Gott kindlich vertraut haben. Gott ist immer der Wirkende, Schaffende, Handelnde und Vollendende, ob wir rackern oder ruhen.

Zwischen Faulheit – „Der liebe Gott wird es schon machen!" – und Überheblichkeit – „Wir werden es schon packen!" – gibt es den Weg der Freiheit des Glaubens.

Wir sind zur Arbeit nicht verdammt, sondern befreit. Wir dürfen das tun, was in unseren Kräften steht, gern, gleich und ganz! Und

14

wir können vertrauen, daß Gott tut, was in seiner Macht steht. Wenn wir ausruhen und genießen, entspannen und neue Kräfte schöpfen, sind wir Gott genauso nah wie im Tun und Schaffen. Das bewahrt uns vor hektischer Aufgeregtheit ebenso wie vor träger Bequemlichkeit.

Der Glaube an Jesus macht frei. Er macht nicht lässig, aber gelassen, nicht übermütig, aber mutig, nicht träge, aber tragfähig, nicht ängstlich, aber engagiert.

„Wenn der Herr nicht das Haus baut, so arbeiten umsonst, die daran bauen. Wenn der Herr nicht die Stadt behütet, so wacht der Wächter umsonst. Es ist umsonst, daß ihr früh aufsteht und hernach lange sitzt und esset euer Brot mit Sorgen; denn seinen Freunden gibt er es im Schlaf!"

(Psalm 127,1f; vgl. auch Markus 4,26ff)

11. Januar

Im Gewissen gebunden ⌐ ¬

„Hier stehe ich, ich kann nicht anders, Gott helfe mir! Amen", waren Martin Luthers mutige Worte gegen die Übermacht von Kaiser und Papst. Luther war im Gewissen an Gott gebunden und blieb tapfer bei seiner Überzeugung. Er stellte Gottes Wort höher als die Meinung der Menschen und Mächtigen. Treu an Gott gebunden, wurde Luther so der Wegbereiter für eine neue Zeit, eine neue Sicht, für eine neue Entdeckung des Evangeliums. Im Gewissen an Gott gebunden, war er frei von den Diktaten der Herrschenden und machte damit den Weg frei für neue Einsichten.

Andere haben später den Satz Luthers ähnlich wiederholt. Aber unter der Hand wurde aus der Treue zu Gott die Trägheit in sich selber. Und dann hieß es: „Hier stehe ich, ich mag nicht anders!" Die Standpunkte sind klar, die Wahrheiten bekannt, die Wege vertraut, das Gelernte bewährt. Was soll das Neue und andere, Fremde und Ungewohnte? Man verwechselte Treue mit Trägheit, Beharrlichkeit mit Erstarrung und Verbindlichkeit mit Bequemlichkeit. Im Unterschied zu Luther hat diese Haltung das Neue verhindert und Veränderungen blockiert.

Noch ganz anders formuliert mancher im Trotz den Satz Luthers: „Hier stehe ich, ich kann auch noch ganz anders!" Im Gefühl einer

15

vermeintlichen Überlegenheit drohen sich Menschen, um sich zu behaupten und Respekt zu verschaffen. Es sieht wie imponierende Stärke aus und ist doch nur ängstlicher Trotz und Zeichen der Schwäche. Was bestimmt uns? Die Treue zu Gott, die den Weg frei macht? Die Trägheit in uns, die Neues verhindert? Oder der Trotz anderen gegenüber, der zum fruchtlosen Streit führt?

„Man muß Gott mehr gehorchen als den Menschen!"

(Apostelgeschichte 5,29)

---

12. Januar

Vom Leben überholt

Eine ältere Frau – graue Haare, buntes Leben – stärkt sich nach einem anstrengenden Stadtbummel im Schnellimbiß. Sie läßt sich eine Terrine Gulaschsuppe geben und findet einen freien Tisch, stellt ihre Suppe darauf und hängt ihre Handtasche darunter. Noch einmal kämpft sie sich durch die Menge der Leute und Tische und holt sich einen Löffel. Als sie zurückkommt, steht da ein junger Mann am Tisch und löffelt die Gulaschsuppe. Er ist schwarz und kommt aus Afrika. Die Frau schluckt ihre Entrüstung herunter, stellt sich dazu und ißt mit ihm die Suppe. Nun schaut der Schwarze ganz verwundert. Aber dann löffeln sie beide einander zulächelnd die Suppe. Als die Terrine gemeinsam geleert ist, fragt der Afrikaner die Frau: „Darf ich Sie zu einer Tasse Kaffee einladen?" Die Frau nickt beglückt über so viel Freundlichkeit. Der Mann holt zwei Tassen Kaffee, und sie trinken ihn schweigend aus. Schließlich verabschiedet sich der junge Mann und verläßt den Imbiß.

Die Frau ist voller Freude über die ungewöhnliche Begegnung. Aber plötzlich durchzuckt sie ein Gedanke. Sie faßt nach der Handtasche unter dem Tisch und greift ins Leere. Die Tasche ist weg. „So ein Gauner", denkt sie und stürzt dem Mann hinterher. Aber der ist im Gewühl der Innenstadt längst verschwunden. Enttäuscht kehrt die Frau in den Imbiß zurück und entdeckt auf dem Nebentisch ihre Terrine Gulaschsuppe und ihre Handtasche darunter.

„Einen jeglichen dünken seine Wege rein! Aber der Herr prüft die Geister!"

(Sprüche 16,2)

13. Januar

Lust

Die erste geschichtliche Tat des Menschen war – biblisch gesehen – eine Lusttat. „Und die Frau sah, daß von dem Baum gut zu essen wäre und daß er eine Lust für die Augen wäre und verlockend, weil er klug machte. Und sie nahm von der Frucht und aß und gab ihrem Mann auch davon!" (1. Mose 3,6) Die Lust auf die verbotene Frucht war in Eva und Adam stärker als die Liebe zu Gott, der sie vor dem Verderben bewahren wollte. So löste sich die Lust aus der Liebe heraus und brachte die Zerstörung in die Welt.

Die Lust auf Wissen und Haben, Macht und Materie, Erfüllung und Befriedigung, die Lust auf sich selbst und die Welt trat an die Stelle der Liebe zu Gott. Und Gott gab die Menschen in diese Verkehrung dahin, daß sie die Lust am Geschöpf mehr treibt als die Liebe zum Schöpfer.

„Darum hat Gott sie in den Begierden ihrer Herzen dahingegeben, sie, die Gottes Wahrheit in Lüge verkehrt und das Geschöpf verehrt und ihm gedient haben statt dem Schöpfer." (Römer 1,24f)

So steht der Mensch unter dem Diktat seiner Lust und sucht verzweifelt, durch Lustbefriedigung die Lebenserfüllung zu finden. Die Erfüllung der Wünsche soll die Befriedigung der Seele werden, doch am Ende bleiben nur verletzte Seelen und unerfülltes, gebrochenes Leben zurück.

„Die Welt vergeht mit ihrer Lust, wer aber den Willen Gottes tut, der bleibt in Ewigkeit!"

(1. Johannes 2,17)

14. Januar

Gewalt

Der Bruch des Menschen mit Gott hat auch den Bruch mit der Schöpfung Gottes zur Folge. Das zeigt die zweite geschichtliche Tat des Menschen, die Gewalttat. „Da sprach Kain zu seinem Bruder Abel: Laß uns aufs Feld gehen! Und es begab sich, als sie auf dem Felde waren, erhob sich Kain gegen seinen Bruder Abel und schlug ihn tot." (1. Mose 4,8)

Die Macht löst sich von der Liebe und wird zur zerstörenden, brutalen Gewalt, die das Leben umbringt. Wer Gott nicht mehr im Auge hat, hat Böses im Auge. Wer an Gottes Macht, Leben zu geben, nicht mehr gebunden ist, verfällt der bösen Macht, Leben zu nehmen.

Von Kain und Abel angefangen, zieht sich durch die Menschheitsgeschichte ein Meer von Blut und Tränen, von Mord und Gewalt. Die Waffe Kains hat sich im Laufe der Jahrtausende vergrößert und vergröbert bis hin zu den schrecklichsten atomaren, biologischen und chemischen Waffen unserer Zeit, aber auch verfeinert und verborgen im Alltagsleben der Familie und Gesellschaft. Kain lebt überall, und Abel stirbt unter uns. Bis heute schreit sein Blut zum Himmel. Es schreit nach Gerechtigkeit. Lusttat und Gewalttat stehen am Anfang der Geschichte. Sie stellten die Weichen für die gesamte Menschheitsgeschichte. Die Lust ohne die Liebe zu Gott zerstörte die Gottesbeziehung. Die Gewalt ohne die Liebe zerbrach die Menschenbeziehung. Die Abwendung von Gott, dem Lebensgeber, bringt die menschliche Geschichte auf die Straße des Todes.

„Denn der Sünde Sold ist der Tod!"

(Römer 6,23)

15. Januar

Liebe und Macht

In eine solche Welt, die in ihrer Lust vergeht und sich durch ihre Gewalt zugrunderichtet, läßt Gott sich ein. Er kommt zur Welt, um sie aus diesem sinnlosen Untergehen zu befreien und mit ihr zu seinem Ziel zu kommen. Gott bindet seine Lust auf diese Welt und auf uns Menschen an seine glühende Liebe. Gott bindet seine göttliche Gewalt an seine maßlose Liebe und versöhnt die Macht über die Welt mit der Liebe zur Welt. Darum ist Jesus das Liebeswort Gottes und Machtwort zugleich an diese Welt. Jesu Macht ist seine Liebe, und seine Liebe ist die Macht, die im Leiden den Tod und das Böse überwindet. Das Blut Abels schreit nach Gerechtigkeit. Das Blut Jesu schreit nach Barmherzigkeit. In seinem Leiden und Sterben hält Jesus in Liebe an Gott fest, und in seiner Auferstehung wird Jesus der zweite Adam, der neue Mensch. Jesus stirbt wie Abel, und sein Blut tropft auf die Erde. Aber in seiner Auferstehung ist das Böse der Gewalt überwunden. Kain kann sich bekehren, und das Zeichen, das Gott an ihm machte, ist nun das Kreuz Jesu, unter dem wir neu und anders werden können. Die Passion der Liebe Jesu siegt über die Macht des Bösen im Menschen. Die Liebesmacht Jesu lädt uns ein zur Umkehr und Neugeburt, daß unsere Lust wieder Lust auf Gott und sein Leben, unsere Macht wieder Glaubensmacht und Lebenskraft werden.

„Denn der Sünde Sold ist der Tod! Aber Gottes Gabe ist das ewige Leben!"

(Römer 6,23)

---

16. Januar

Das Land der tausend Farben

„Ja, glaubt mir", sagte die alte Frau und nickte mit dem Kopf. „Ich bin weit herumgekommen in der Welt! Menschen und Länder habe ich gesehen, so seltsam, daß ihr mir nicht glauben würdet, wenn ich euch davon erzählte. Nehmt zum Beispiel die Leute im Land der 1000 Farben."

„Dieses Land ist wunderschön. Wälder erglühen in allen Farben, Seen schimmern smaragdgrün, Meere wie Aquamarin, Blumen leuchten in den Farben des Feuers oder schimmern weiß wie frisch gefallener Schnee. Doch obwohl alles in den schönsten Farben erstrahlt, kennen die Menschen in diesem Land nur Grau. Wie das möglich ist? Nun, alle Bewohner des 1000-Farben-Landes tragen von Kind an eine dunkle Brille. Ihr denkt jetzt wahrscheinlich, daß diese Menschen keine Farben mögen. Falsch! Jeder von ihnen verzehrt sich nach Farbe und Licht. Viele gibt es, die Jahre damit zubringen, über das Wesen der Farbe zu philosophieren. Einige bemalen ihre Brille, aber auch das läßt sie alles wieder nur einfarbig sehen. Natürlich habe ich ihnen gesagt: ‚Setzt eure Brillen ab! Sie versperren euch den Blick, anstatt ihn zu erweitern! Sie nehmen euch die Farbe!' Aber die meisten wollten, daß ich ihnen die Farben zuerst erkläre, daß ich beweise, daß Blätter wirklich grün und Sonnenblumen gelb sind. Wie sollte ich ihnen aber, die nur grau kennen, grün, gelb, rot, violett erklären und beweisen? Nur wenige haben den Mut gefunden, den Versuch zu wagen und die Brille abzusetzen. Zuerst mußten ihre Augen sich natürlich an

19

all das Neue gewöhnen, doch inzwischen nehmen sie die Schönheit wahr, die ihnen bis jetzt verborgen blieb. Aber es sind noch zu viele, die sich selbst die Farben vorenthalten."

Zuerst herrschte Stille, dann war ein leises Lachen zu hören. Die alte Frau wandte den Kopf. „Warum lachst du?", fragte sie. „Warum? Die Leute sind wirklich dumm! Da kann man doch nur lachen!", sagte der große, blonde Mann und rückte die dunkle Brille auf seiner Nase zurecht. Sie war ein wenig ins Rutschen gekommen. (Karin Ackermann)

„Meine Augen sehnen sich nach deinem Heil und nach dem Wort deiner Gerechtigkeit!"

(Psalm 119,123)

---

17. Januar

Trost oder Vertröstung

Die Häsin lag sehr krank. Da kam der Igel zu Besuch und brachte ein paar frische Kleeblätter mit und sagte: „Kommt Zeit, kommt Rat!" Gut gemeint, aber wann kommt die Zeit, und welcher Rat wird es sein? – Tags darauf sah die Eule herein und meinte: „Gut Ding will Weile haben!" Sprach's und verabschiedete sich. Die Häsin dachte: Ich kann mir aber keine Weile leisten. – Als die Feldmaus durchs Fenster guckte, fiepte sie: „Kopf hoch, Frau Nachbarin, so trägt eben jeder sein Päckchen!" – Die alte Katze sah auch kurz herein und erkundigte sich nach dem Befinden. „Es wird schon werden!" meinte sie schnurrend und meinte es ja ehrlich. – Als dann der Maulwurf seine Hemmungen überwand und durchs Fenster rief: „Keine Sorge! Ende gut, alles gut!", da empfand die Häsin nur noch Bitterkeit. In der Küche tobten die Jungen, und nichts war fertig geworden. Dazu noch die eigene Angst. Witzig sollte es klingen, als die Elster vom hohen Baum rief: „Kommen wir über den Hund, kommen wir über den Schwanz! Geduld, Geduld, Geduld!" – Können die alle sich denn gar nicht vorstellen, wie es mir zumute ist? dachte die Kranke. Müssen die denn alle solchen gutgemeinten Unsinn reden?

Während sie noch voller Enttäuschung so nachdachte und merkte, daß all der gutgemeinte Trost im Grunde keiner war, kamen die Ameisen herein, grüßten kurz, stellten Feldblumen auf den Tisch,

20

machten die Küche sauber, versorgten die jungen Hasen, waren bei alledem sehr leise und verabschiedeten sich ohne jeden Aufwand. Da trat viel Ruhe ein und vor allem: Die Hoffnung wuchs. (Peter Spangenberg)

„Es lebe ein jeglicher unter uns so, daß er seinem Nächsten gefalle zum Guten, zur Auferbauung!"

(Römer 15,2)

---

18. Januar

Geben wir unser Bestes?

Viktoria, Königin von England, ging, wenn sie in ihrer Sommerresidenz Balmoral war, gern in einfacher Kleidung unerkannt in den Wäldern spazieren. Eines Tages geriet sie auf einem solchen Waldspaziergang in ein schweres Unwetter. Auf der Suche nach Schutz entdeckte sie ein kleines einsames Bauernhaus. Die Königin klopfte und fragte die alte Bäuerin, ob sie ihr einen Regenschirm leihen könne. Sie werde dafür sorgen, daß er schnell zurückgebracht würde.

Die alte Frau wußte nicht, wer da vor ihr stand, und antwortete: „Ich habe zwei Schirme, der eine ist ganz neu, den gebe ich natürlich nicht her, aber den alten können Sie haben!" So brachte sie einen abgetragenen Schirm, der schon nicht mehr ganz heil und verschlissen war. Die Königin nahm den alten Schirm und machte sich auf den Heimweg. Wie groß war der Schreck der Bäuerin, als am nächsten Morgen ein Diener in königlicher Livree ihr mit freundlichen Grüßen der Königin den alten Schirm zurückbrachte. Untröstlich war die alte Frau darüber, daß sie der Königin nicht den neuen Schirm geliehen hatte. Immer wieder jammerte sie: „Wenn ich es nur gewußt hätte, ich hätte ihr doch das Allerbeste angeboten!"

Wir werden einmal vor dem König aller Könige stehen und es sehr bereuen, wenn wir ihm nicht unser Allerbestes, uns selbst, gegeben haben.

„Jesus war in der Welt, und die Welt ist durch ihn gemacht; aber die Welt erkannte ihn nicht!"

(Johannes 1,10)

19. Januar

Platzwechsel —

Der Organist einer Dorfkirche spielte einmal ein Stück von Mendelssohn. Er spielte es mehr schlecht als recht. Ein Fremder, der vorbeikam, hörte die Klänge, kam in die Kirche und wartete das Ende ab. Dann bat er den Organisten, ihn einmal spielen zu lassen. Energisch wehrte der Organist ab: „Niemand außer mir spielt auf dieser Orgel!" Mehrmals mußte der Fremde ihn bitten und anflehen, bis der Organist schließlich nachgab. Der Fremde setzte sich auf die Orgelbank, stellte die Register richtig ein und begann, das gleiche Stück zu spielen. Aber welch ein Unterschied! Die kleine Kirche füllte sich mit himmlischer Musik. Der Organist hörte verwundert zu und fragte dann: „Wer sind Sie?" Bescheiden erwiderte der Fremde: „Ich bin Mendelssohn!" – „Was", rief der Organist, „und ich wollte Sie nicht meine Orgel spielen lassen?"

Jesus hat unser Leben wunderbar erlöst und teuer erkauft. Wir sind sein Werk. Lassen wir ihn ran. Er nimmt es in seine Hand und macht daraus eine himmlische Melodie.

„Lasset uns aufsehen auf Jesus, den Anfänger und Vollender unseres Glaubens!"

(Hebräer 12,2)

20. Januar

Meine Hoffnung

Mir ist es bisher wegen angeborener Bosheit und Schwachheit unmöglich gewesen, den Forderungen Gottes zu genügen.

Wenn ich nicht glauben darf, daß Gott mir um Christi willen dies täglich beweinte Zurückbleiben vergebe, so ist es aus mit mir!

Ich muß verzweifeln. Aber das laß ich bleiben. Wie Judas an den Baum mich hängen, das tue ich nicht. Ich hänge mich an den Hals oder Fuß Christi wie die Sünderin. Ob ich auch noch schlechter bin als diese, ich halte meinen Herrn fest.

Dann spricht er zum Vater: Dieses Anhängsel muß auch durch.

Es hat zwar nichts gehalten und alle deine Gebote übertreten, Vater, aber er hängt sich an mich. Was will's! Ich starb auch für ihn. Laß ihn durchschlupfen.

Das soll mein Glaube sein! (Martin Luther)

„Ich aber traue darauf, daß du so gnädig bist; mein Herz freut sich, daß du so gerne hilfst."

(Psalm 13,6)

---

21. Januar

Zerstörtes Glück

Sie standen am Spielplatz, als der Schüler den Meister fragte: „Wie kommt es, daß alle Menschen glücklich sein wollen und es doch nicht werden?" Der Meister wies auf die spielenden Kinder. „Sie sind glücklich!" – „Wie ist es aber um das Glück der Erwachsenen bestellt?" fragte der Schüler. Der Meister holte aus dem weiten Ärmel seines Gewandes eine Handvoll Münzen hervor und warf sie unter die spielenden Kinder. Da verstummte mit einem Mal das fröhliche Lachen, und die Kinder stürzten sich auf die Münzen. Jedes von ihnen wollte möglichst viele für sich gewinnen. Sie lagen auf der Erde und rauften sich. Statt Lachen erschallte nun ein Geschrei und Gezeter. Das Triumphgeheul der glücklichen Eroberer mischte sich mit Wutgeheul der Unterlegenen. „Und nun", fragte der Meister, „was hat ihr Glück zerstört?"

„Der Streit", erwiderte der Schüler. „Und wer hat den Streit erzeugt?" – „Die Gier!" – „Nun hast du die Antwort auf deine Frage. Alle Menschen erfüllt die Sehnsucht nach dem Glück, aber die Gier in ihnen, es zu erjagen, bringt sie gerade um das, was sie sich sehnlichst wünschen!" (Aus einer chinesischen Legende)

„Woher kommt Streit unter euch? Kommt er nicht aus euren Begierden, die in euch kämpfen? Ihr seid begierig und erlanget's damit nicht!"

(Jakobus 4,1f)

22. Januar

Der Weg ins Paradies

Ein armer Junge hütete oben auf der Alm seine Ziegen. Daher konnte er nie zur Kirche gehen. An einem Sonntag, als die Ziegen ruhig waren, stieg er ins Dorf hinab und besuchte den Gottesdienst. Der Pfarrer sprach gerade darüber, wie man ins Paradies gelange, und daß der Weg dahin steil und voller Dornen sei. Da hat sich der Junge gefreut und gedacht: Den Weg kenne ich wohl. Denn er war einmal eine Holzriese hinaufgeklettert und hatte sich übel zerkratzt. – Am gleichen Tag hat er seine Ziegen von der Alm geholt und am Abend zu den Leuten gesagt, er ginge nicht mehr mit den Ziegen, er gehe jetzt ins Paradies, er kenne den Weg genau. Die Leute haben nur über ihn gelacht.

Frühmorgens brach der Junge auf, und ganz zerschunden und blutverschmiert kam er durch die Holzriese oben auf eine kleine Ebene. Da dachte er, das wäre das Paradies. Nach einem kurzen Weg sah er ein Holzkreuz und fragte den Mann am Kreuz, ob es noch weit sei bis ins Paradies. Der Gekreuzigte hat ihm aber keine Antwort gegeben, und der Junge ist weitergegangen und hat gedacht: Der ist noch mehr zerkratzt und geschunden, der will sicher auch ins Paradies. – Wie er so ging, kam er an ein Kloster und fragte den Mönch an der Pforte, ob dies das Paradies sei. „Nein", sagte der, „aber ich will auch dorthin!" Da es nun Nacht wurde, hat er den Jungen eingeladen, im Kloster zu übernachten. Der Junge dachte an den Mann am Kreuz, der gewiß auch Hunger habe, und ging zurück, ihn zu rufen. Der Gekreuzigte ist mitgekommen und hat sich neben den Jungen zu Tisch gesetzt. Der gab ihm fortwährend die besten Bissen und sagte, er solle tüchtig essen, damit er es anderntags bis zum Paradies schaffe. Die Mönche aber sahen den Gekreuzigten nicht und wußten nicht, mit wem der Knabe sprach. – Nach dem Abendessen ist der Junge mit seinem Gefährten zu Bett gegangen, froh hoffend, das Paradies zu finden. Und er hat es gefunden. Am anderen Morgen haben ihn die Mönche tot im Bett entdeckt, und Jesus war mit ihm gegangen. (Nach einem Schweizer Märchen)

„Wahrlich ich sage dir: Heute wirst du mit mir im Paradiese sein!"
(Lukas 23,43)

23. Januar

Aber des Nachts

Tagsüber lebe ich einem schönen Haus mit gepflegten Räumen, gemütlichen Möbeln und bunten Blumen. Tagsüber gehe ich in gebügelten Hemden und sauberen Anzügen. Wenn es hell ist, trage ich Erfolgslächeln und bewege mich sicher. Von anderen gefragt, geht es mir gut, und ich werde es schon schaffen.

Aber des Nachts trage ich meine alten Träume auf. Im Dunkeln gehe ich in zerfetzten Gefühlen und abgerissenen Gedanken. Im Traum lebe ich in dunklen Höhlen der Angst und sitze im Kerker der Einsamkeit und Enttäuschung. Immer die gleichen schweren Träume von Abschied und Verlust. Es alpträumt durch meinen dünnen Schlaf, und es ängstet mich die Ahnung, ich könnte an einer Überdosis Nein scheitern und zerbrechen.

„Ich rufe zu Gott und schreie um Hilfe, zu Gott rufe ich, und er erhört mich. In der Zeit meiner Not suche ich den Herrn; meine Hand ist des Nachts ausgereckt und läßt nicht ab; denn meine Seele will sich nicht trösten lassen. Ich denke an Gott – und bin betrübt; ich sinne nach – und mein Herz ist in Ängsten!"

(Psalm 77,1-4)

24. Januar

Vom Dorn zum Edelstein

Ich bin ein Dorn in deiner Krone, der trieb das Blut, Herr,
über dein geliebtes Angesicht.

Ich bin ein Dorn in deinem Auge, nie hast du es versucht,
mich dort herauszuziehen, du Gnade, unbegreiflich!

Ich bin ein Dorn in jener Geißel, die deinen Rücken schlug,
auf dem du heimträgst mich in deines Vaters Schoß.

Ich bin ein Dorn in deinem Herzen, doch zogst du tiefer mich nur
noch hinein und sagtest leise, voller Schmerzen:
„Das tat ich auch für dich!"
Dann starbst du!

Wie eine Auster es verwandelt, das Sandkorn, das ihr wehtut,
zu einer Perle,
so hast du, Herr, mich umgestaltet in deinen Leib,
gebrochen auch für mich, zu einem Edelstein in deiner Krone,
der deine Herrlichkeit erhöht.

*„Er hat unsere Sünden selbst hinaufgetragen an seinem Leibe auf
das Holz, damit wir, der Sünde abgestorben, der Gerechtigkeit
leben; durch seine Wunden seid ihr heil geworden!"*

(1. Petrus 2,24)

25. Januar

Mehr als nur ein Wort

Liebe ist ein Geheimnis. Haß ist ein Gefängnis. Liebe bietet ein
Heim, in ihr ist jeder gut untergebracht. Haß ist unheimlich und
macht aufenthaltslos. Liebe verbindet und Haß zerschneidet. Liebe
baut Brücken, und Haß gräbt Gräben. Liebe ist eine Mauer, die
einschließt, und eine Tür, die sich weit öffnet. Haß ist eine Mauer
ohne Tür, die ausschließt und erdrückt. Liebe ist ein Weg in ein
weites Land. Haß ist eine Sackgasse, in der man schließlich vor die
Wand läuft. Sich vor Liebe vergessen, führt über sich hinaus. Sich
vor Haß vergessen, bringt tief hinab bis unter das Tier. Liebe
eröffnet den Himmel auf Erden. Haß richtet die Hölle auf Erden an.
Liebe hat ein Zuhause in dem, den sie liebt. Haß hat nur den Kerker
der Einsamkeit in sich selbst. Liebe baut auf, einmal den anderen,
dann die Beziehung, dann mich selbst und schließlich das Leben.
Haß zerstört, einmal den anderen, dann die Beziehung, dann mich
selbst und schließlich das Leben. Liebe ist mehr als nur ein Wort,
sie ist eine Macht. Sie ist ein Hauptwort und bleibt die Hauptsache
des Lebens. Sie ist ein Tätigkeitswort und will wirklich gelebt und
getan sein. Sie ist ein Eigenschaftswort und möchte die beste
Eigenschaft des Menschen sein. Die Weisheit sagt: „Alles, was du
auch tust, tu es mit Liebe!" Und die Bibel sagt:

„Alle eure Dinge lasset in der Liebe geschehen!"

(1. Korinther 16,14)

26. Januar

Goldene Äpfel auf silbernen Schalen

Ein Arzt, der in seinem Beruf über Jahrzehnte Erfolg hatte, setzte sich eines Tages hin und schrieb einen Dankesbrief an seine ehemalige Lehrerin, die ihn damals so sehr ermutigt hatte, als er in ihrer Klasse war.

Eine Woche darauf erhielt er eine mit zittriger Hand geschriebene Antwort. Der Brief lautete: „Mein lieber Willi, ich möchte, daß Du weißt, was mir Dein Brief bedeutet hat. Ich bin eine alte Frau in den Achtzigern, lebe allein in einem kleinen Zimmer, koche mir meine Mahlzeiten selbst, bin einsam und komme mir vor wie das letzte Blatt an einem Baum. Vielleicht interessiert es Dich, Willi, daß ich 50 Jahre lang Lehrerin war, und in der ganzen Zeit ist Dein Brief der erste Dank, den ich je erhalten habe. Er kam an einem kalten, blauen Morgen und hat mein einsames, altes Herz erfreut, wie mich in vielen Jahren nichts erfreut hat!"

„Ein Wort, geredet zu rechter Zeit, ist wie goldene Äpfel auf silbernen Schalen!"

(Sprüche 25,11)

27. Januar

Der alte Jim

Dem Pastor einer Gemeinde in Kenia fiel ein alter, ärmlich wirkender Mann auf, der jeden Mittag um 12 Uhr die Kirche betrat und sie schon nach kurzer Zeit wieder verließ. Eines Tages wartete der Pastor auf den Mann und fragte ihn, was er denn in der Kirche tue. Der Alte antwortete: „Ich gehe hinein, um zu beten!" Auf die verwunderte Feststellung: „Aber du bist niemals lange genug in der Kirche, um wirklich beten zu können!" erklärte der alte Mann: „Ich kann kein langes Gebet sprechen, aber ich komme jeden Tag um 12 Uhr vorbei und sage: Jesus, hier ist Jim! Dann warte ich eine Minute, und er hört mich."

Nach einiger Zeit kam der alte Jim mit einer Verletzung seines Beines in das Krankenhaus. Die Schwestern stellten fest, daß er auf alle anderen Patienten einen heilsamen Einfluß hatte. Die Nörgler wurden zufrieden, die Ängstlichen gewannen neue Zuversicht, die Traurigen wurden fröhlich. Und es wurde viel gelacht in Jims Zimmer. „Jim", sagte die Stationsschwester eines Tages zu ihm, „die anderen Männer sagen, daß du diese Veränderung herbeigeführt hast. Du bist immer glücklich!" -

„Ja, Schwester, ich kann nichts dafür, daß ich immer so fröhlich bin. Das kommt durch meinen Besucher." Die Schwester hatte bei Jim noch nie Besuch gesehen, denn er hatte keine Verwandten und auch keine näheren Freunde hier. „Dein Besucher?" fragte sie, „wann kommt er denn?" – „Jeden Tag um 12 Uhr mittags", antwortete Jim. „Er kommt herein, steht am Fußende meines Bettes und sagt: Jim, hier ist Jesus!"

„So hilft Gottes Geist unserer Schwachheit auf. Denn wir wissen nicht, was wir beten sollen, wie sich's gebührt; sondern der Geist selbst vertritt uns mit unaussprechlichem Seufzen."

(Römer 8,26)

28. Januar

Phantasie oder Glaube

Phantasie ist, einen bunten Regenbogen über den tristen Alltag zu malen. Glaube ist, über dem Grau des Alltags mit seinen Mühen und Leiden, Sorgen und Lasten den Regenbogen Gottes zu wissen. Christen sehen über das Dunkle und Notvolle im Alltag nicht hinweg, aber sie sehen über all dem Grau-in-Grau den bunten Bogen der Treue Gottes. Sie malen ihn nicht einfach darüber, sie sehen ihn darüber. Das eine ist Phantasie, das andere ist Gewißheit. Über unserem Leben leuchtet der Bogen Gottes in seinen sieben Farben. Und für jeden Tag der Woche hat er eine wunderbare Botschaft: Gott ist treu alle Tage. Jeder der Alltage wird von der Treue Gottes überspannt und überholt, überglänzt und überhöht.

Montag, wenn die Arbeit uns erdrückt, ist Gott treu und mißt uns nicht nach unserer Leistung, sondern nach seiner Liebe. Dienstag, wenn es zu Hause Streit gibt und wir gekränkt und niedergeschlagen sind, ist Gott treu und heilt die Wunden aus. Mittwoch, wenn alles schief geht und nichts gelingt, Pleiten, Pech und Pannen uns einholen, wartet Gott schon auf uns, um uns zu trösten. Donnerstag, wenn Finanz- oder Krankheitsprobleme uns verzweifeln lassen, ist zu aller Not auch der Nothelfer gegenwärtig. Freitag, wenn wir an Einsamkeit und Enttäuschung ganz krank geworden sind, ist

Gott wie ein guter Freund plötzlich nah bei uns. Samstag, wenn wir frei haben, aber nicht frei sind, sondern gebunden an törichte Dinge irgendeinen Mist bauen, der uns abends leid tut, dann ist Gottes Vergebung für uns da. Sonntag, wenn wir Freude und Großes erwarten und alles ganz anders ist, hat Gott ein gutes Wort für uns und richtet uns auf.

Glaubende sind keine Phantasten, sondern Realisten, die mit der unverbrüchlichen Treue Gottes leben.

„Ich bin bei euch alle Tage bis an das Ende der Welt!"
(Matthäus 28,20)

29. Januar

Die Hoffnung nicht aufgeben

Es waren einmal zwei Bienen, die saßen amEingang ihres Bienenkorbes in der Sonne. Lange Zeit hatte ein heftiger Sturm gewütet. Seine Gewalt hatte alle Blumen weggefegt und die Welt verwüstet. „Was soll ich noch fliegen?" klagte die eine Biene. „Überall herrscht ein wüstes Durcheinander. Was kann ich da schon ausrichten?" Und traurig blieb sie sitzen.

„Blumen sind stärker als der Sturm", sagte die andere Biene. „Irgendwo müssen noch Blumen sein, und sie brauchen uns, sie brauchen unseren Besuch. Ich fliege los!" (Phil Bosmans)

„Gott ist unsere Zuversicht und Stärke, eine Hilfe in den großen Nöten, die uns getroffen haben. Darum fürchten wir uns nicht, wenngleich die Welt unterginge und die Berge mitten ins Meer sänken, wenngleich das Meer wütete und wallte und von seinem Ungestüm die Berge einfielen."
(Psalm 46,2ff)

30. Januar

Nach oben schauen

Ein Schiffsjunge mußte einmal im Sturm den Mast hinaufklettern. Die Wogen gingen hoch, und die Wellen trugen das Schiff bald nach oben in schwindelnde Höhen und bald hinab in abgründige Tiefen. Dem Schiffsjungen begann schwindelig zu werden, und er drohte herabzustürzen. Da rief ihm der Kapitän von unten zu: „Junge, sieh nach oben!" Der Schiffsjunge riß seinen entsetzten Blick von den tobenden Wellen los und richtete ihn nach oben. Und dieser Blick in den Himmel rettete ihn. Er konnte sicher nach oben klettern und seine Aufgabe erledigen.

Wenn die Tage der Trübsal unser Leben aufwühlen, wenn die Stürme des Lebens uns durcheinanderbringen und sich die Abgründe des Entsetzens vor uns auftun, fängt das Herz an zu zittern, und der Seele wird schwindelig vor Angst und Grauen. Wir geraten aus dem Gleichgewicht und drohen abzustürzen. Wenn wir unseren Blick von den Gefahren weg auf den Helfer richten, wenn wir im Gebet das Angesicht Gottes suchen und seine starke Hand im Glauben fassen, wird unser Herz ruhig, und wir bekommen Kraft und Geduld, um in den Stürmen unsere Aufgabe zu erledigen und die Tage zu bestehen.

„Mein Herz hält dir vor dein Wort: Ihr sollt mein Antlitz suchen!
Darum suche ich auch, Herr, dein Antlitz!"

(Psalm 27,8)

31. Januar

Auch ich schreib meinen Liebesbrief

Unsere Lebenszeit ist wie ein leeres Blatt, das Gott uns anvertraut hat, damit wir mit unserem Leben darauf unsere Antwort schreiben.

Es ist ein weißes Pergament,
Die Zeit, und jeder schreibt
Mit seinem roten Blut darauf,
Bis ihn der Strom vertreibt.

An dich, du wunderbare Welt,
Du Schönheit ohne End',
Auch ich schreib' meinen Liebesbrief
Auf diesem Pergament.

Froh bin ich, daß ich aufgeblüht
In deinem runden Kranz;

Zum Dank trüb' ich die Quelle nicht
Und lobe deinen Glanz.

(Gottfried Keller)

Auch ich schreib meinen Liebesbrief: „Ich liebe Gott, der mir das Leben gab! Ich liebe jeden Tag aus seiner Hand. Ich liebe jedes Wort aus seinem Mund. Ich liebe seine Welt mit all ihren Zaubern und Geheimnissen. Ich liebe das Leben mit allen seinen Tiefen. Ich liebe die Zeit und freue mich auf die Ewigkeit. Ich liebe die Quelle, aus der ich entspringe, und das Meer, in das ich einmal einmünde. Ich liebe den Weg und das Ziel des Lebens."

„Solange uns noch Zeit bleibt, wollen wir jedem Menschen Gutes tun; vor allem aber denen, die mit uns an Jesus Christus glauben."
(Galater 6,10)

1. Februar

Gold oder Leben

Midas erwarb sich der antiken Sage nach die Fähigkeit, daß alles, was er berührte, zu Gold wurde. Solche Midasse möchten viele Menschen sein. Sie träumen davon, daß alles, was sie anfassen, zu Gold und Reichtum wird. Solche glücklichen Hände wünschen sich viele Menschen, unter denen sich alles in Reichtum und Luxus verwandelt. Dem Midas jedoch wurde gerade diese Fähigkeit zum Verhängnis, weil auch die Nahrung, die er zum Essen brauchte, sich in hartes Gold verwandelte. So mußte er schließlich bei all seinem Gold elend verhungern. Wie viele Menschen sind bei all ihrem Reichtum an Leib und Seele verhungert und sind im Grunde ganz arm geblieben! Wie anders war die Wirkung der Hände Jesu. Was er berührte, wurde geheilt und gesegnet, getröstet und aufgerichtet, versöhnt und geborgen. Jesus heilte mit seinen Händen die Kranken und segnete die Kinder, er teilte den Hungrigen das Brot aus und stillte die Stürme. Er richtete Schwache auf und machte Blinde sehend. Segnende, heilende, helfende Hände kann man sich nicht erwerben, aber schenken lassen. Darum halten wir Jesus unsere Hände hin, damit er sie füllt und gebraucht.

„Jesus reckte seine Hand aus und rührte den Aussätzigen an und sprach zu ihm: Ich will's tun, sei gereinigt!"

(Markus 1,41)

2. Februar

Lebendiges Leben

Ein reicher Geschäftsmann wird auf offener Straße überfallen. Er spürt die Pistole in seinem Rücken und hört die Stimme in seinem Ohr: „Geld oder Leben!" Der Geschäftsmann dreht sich um und antwortet: „Nehmen Sie das Leben, das Geld brauche ich noch!"

Was machen die Güter des Lebens ohne den Geber des Lebens für einen Sinn? Was soll die Anhäufung von Mitteln des Lebens bei gleichzeitigem Verlust der Mitte des Lebens? Was bedeutet immer mehr Lebensunterhalt bei immer weniger Lebensinhalt?

Lohnt es sich, die ersten vierzig Jahre mit der Gesundheit hinter dem Geld herzujagen und die zweiten vierzig Jahre mit dem Geld hinter der Gesundheit herzulaufen?

Können die Güter und Mittel, die Dinge und Sachen des Lebens wichtiger sein als der, der alles Leben gibt und erhält? Nicht unsere Güter sind besser als das Leben, aber Gottes Güte, von der alles abhängt!

„Gott, du bist mein Gott, den ich suche. Es dürstet meine Seele nach dir, mein ganzer Mensch verlangt nach dir. Denn deine Güte ist besser als Leben. Meine Seele hängt an dir, und deine rechte Hand hält mich!"

(Psalm 63,2.4.9)

3. Februar

Auf welcher Brücke gehen wir?

Eine der bekanntesten Brücken ist die Seufzerbrücke in Venedig. Sie spannt sich vom Dogenpalast, dem Sitz von Regierung und Gericht, zum berüchtigten Gefängnis, wo die Urteile vollstreckt wurden. Wieviele Seufzer von Verurteilten hat die Brücke wohl gehört? Wieviele Angstschreie haben sie zittern lassen? Wieviel Entsetzen hat sie gesehen?

Ist nicht auch der Weg der Menschheit und der eines Lebens ein Weg über eine Seufzerbrücke, von der Verkündung bis zur Vollstreckung des Urteils? Spannt sich unser Leben nicht vom Urteil am Anfang: „Verflucht sei der Acker um deinetwillen! Du bist Erde und sollst wieder zu Erde werden!" (1. Mose 3,17.19) bis zur Vollstreckung am Ende: „Es ist dem Menschen gesetzt, einmal zu sterben, danach aber das Gericht!" (Hebräer 9,27)? Und der Weg ist im Tiefsten ein Seufzen und Stöhnen, ein Fürchten und Entsetzen. Alle Menschen und „alle Kreatur sehnt sich und ängstigt sich immerdar!" (Römer 8,22). Alles sehnt sich nach Erlösung und schreit nach Befreiung. Und Gott hört das Seufzen und Sehnen. Er nimmt die Verurteilung der Menschen auf sich. An Jesus wird das Urteil vollstreckt. Und wir werden frei und begnadigt. Das Leben verwandelt sich vom Seufzen zum Jubeln, vom Klagen zum Loben. Die Seufzerbrücke verwandelt sich in die Golden Gate Brücke, die Brücke zum Goldenen Tor, die man in San Francisco bewundern kann. Jesus ist die Brücke zum Goldenen Tor, die uns in ein ganz neues Leben führt. Darum ging Jesus für uns über die Seufzerbrücke bis ins Gericht und Verderben, damit wir erlöst und begnadigt ein neues Leben beginnen können.

„So gibt es nun keine Verdammnis für die, die in Jesus Christus sind!"

(Römer 8,1)

---

4. Februar

Arbeitsbiene oder Faultier

Wußten Sie schon,

daß im Bundesgebiet 1,5 Millionen Bienenvölker leben,

daß ein Bienenvolk im Sommer etwa 60.000 Arbeitsbienen umfaßt,

daß eine Arbeitsbiene nur etwa sechs Wochen alt wird,

daß die Arbeitsbienen bis zu 10 Millionen Blüten besuchen müssen, um ein Kilogramm Honig zu sammeln,

daß etwa 80% der Blüten aller Kulturpflanzen von Bienen und Insekten befruchtet werden,

daß der kurze Lebensweg der Arbeitsbiene eine einzigartige Leistung ist?

Darum nennen wir Menschen, die viel schaffen und leisten, arbeiten und wirken, bewundernd bienenfleißig.

Auf der anderen Seite gibt es das Faultier, das 75 % seines Lebens verschläft. Darum nennen wir Menschen, die das Leben vertrödeln und verschlafen, vertändeln und vertun, verachtend ein Faultier.

Auch in der Bibel steht das gegenüber: „Der Faule begehrt und kriegt's doch nicht, aber die Fleißigen bekommen genug!" (Sprüche 13,4)

Wenn das Leben nur Arbeit ist und die Menschen nur bienenfleißig sind, ist das genug? Wenn das Leben verschlafen wird und die Menschen nur faul genießen wollen, ist das nicht zu wenig?

Zwischen Arbeitsbiene und Faultier gibt es einen wunderbaren Weg, den Weg der Anspannung und Entspannung, Arbeit und Ruhe, Fleiß und Genuß ausgewogen versöhnt. Im Glauben an Gott sind wir weder Arbeitsbienen noch Faultiere, sondern Gäste und Kinder. Und Gott ist immer erst Gastgeber und Ratgeber und dann erst Arbeitgeber.

„Ich weiß deine Werke und deine Arbeit und..., daß du nicht müde geworden bist. Aber ich habe wider dich, daß du die erste Liebe verläßt!"

(Offenbarung 2,2ff)

5. Februar

Flucht oder Zuflucht

An einem Lieferwagen eines Handwerkers steht hinten auf einem Aufkleber deutlich für alle Eiligen und Ungeduldigen zu lesen: „Immer mit der Ruhe. Wir sind auf der Arbeit, nicht auf der Flucht!"

Warum sind wir eigentlich so hektisch und aufgeregt, so hastig und aufgescheucht? Sind wir am Ende auf der Flucht? Wer jagt uns und hält uns auf Trab? Die Angst, etwas zu versäumen? Die Gier, alles zu bekommen? Die Sucht nach Haben und Gelten? Die Züge der Zeit rasen dahin, und wir dürfen sie nicht verpassen.

„Unstet und flüchtig wirst du sein auf Erden!" hatte Gott dem Menschen gesagt. Und wir erleben es auch so. Unser Leben ist eine vielfältige Flucht, eine Flucht vor der Arbeit und in die Arbeit, eine Flucht vor der Bindung und in die Bindung, eine Flucht vor uns selbst und zu uns selbst. Ohne Flucht werden wir niemals sein. Es bleibt uns nur die Flucht in die richtige Richtung: umkehren und zurückflüchten zum lebendigen Gott, der auf uns wartet. Aus der Flucht vor der Wahrheit könnte die Zuflucht in die Wahrheit werden. Es gibt nur eine Flucht ins Leben, die Zuflucht zu dem Lebendigen.

„Herr, du bist unsere Zuflucht für und für!"

(Psalm 90,1)

6. Februar

Die Schnecke

Langsam geht die Schnecke, fast lautlos, aber beharrlich und stetig. Sie kriecht an der Spitze der Bedächtigen. Sie überstürzt nichts. Zeit ihres Lebens hat sie Zeit zum Leben. Die Schnecke ist der stille Protest gegen den Gott der Geschwindigkeit, gegen alle Hektik und Hast, gegen den viel zu schnellen Fortschritt.

Die Ruhe der Schnecke ist niemals Faulheit oder Bequemlichkeit, sondern Ausdruck von Bedacht und Besinnung. Die Schnecke ist langsam, klein und weich. Und gerade das ist heute in unserer Gesellschaft nicht gefragt. Schnelligkeit, Größe und Härte sind in. Darum sagen wir, wenn wir jemand klein gemacht, überholt oder zum Rückzug gezwungen haben, daß wir ihn „zur Schnecke gemacht" haben.

Doch von der Schnecke könnten wir Eiligen und Gierigen eine ganz neue Gangart lernen. Wir haben zwar die Geschwindigkeit ins Atemberaubende gesteigert, aber darüber den Atem des Lebens und die Zeit zum Leben verloren. Wir sind schnell fortgeschritten und haben die Mitte des Lebens aus den Augen verloren. Die andere Art der Schnecke hat fünf Gänge, die wir wieder lernen könnten:

1. Gemach, gemach – langsamer werden.
2. Dran bleiben – beharrlich sein.
3. Besinnen vor Beginnen – bedächtig gehen.
4. Die Fühler ausstrecken – empfindlich werden.
5. Unterwegs und immer zu Haus – behaust sein.

„Durch Stille und Hoffen würdet ihr stark sein. Aber ihr wollt nicht und sprecht: Nein, auf Rossen wollen wir dahinfliegen!"

(Jesaja 30,15f)

7. Februar

Gemach, gemach – langsamer werden!

Wer einen weiten Weg hat, läuft nicht. Menschen rennen und hasten, eilen und stürzen, weil alles nur so kurz gedacht und klein gesehen wird. Jesus ist nie gerannt, obwohl er ein kurzes Leben hatte. Aber Jesus wußte sich auf einem weiten Weg. Aus der Ewigkeit Gottes trat er in die Zeit auf Erden ein und ging zurück in die Herrlichkeit des Vaters.

30 Jahre lebte Jesus ein Alltagsleben als Zimmermann. Drei Jahre zog er als Wanderprediger durchs Land und hatte Zeit für die Menschen. Er schenkte ihnen seine ganze Liebe, aber auch die ganze Wahrheit. Drei Tage dauerte dann die Zuspitzung seines Lebens in Lieben, Leiden, Sterben und Auferstehen. Dann war alles vollbracht, und die Welt war erlöst.

Jesus hatte Zeit und Ruhe, weil er mit seinem langen Weg bei Gott zu Hause war. Seine Gelassenheit war wie ein Gelaß bei Gott, sich niederlassen, loslassen bei Gott. „Gemach, gemach", dieses Wort erinnert noch an das Geheimnis der Ruhe, nämlich bei Gott selbst ein Gemach zu haben, in dem man geborgen und geschützt, getrost und bewahrt leben und sterben kann.

Jesus hatte mehr zu tun als wir alle und Größeres zu vollbringen als andere Menschen. Aber er war gelassen und ruhig, weil er bei Gott zu Hause war. Dort war sein Gelaß und Gemach. Im Herzen Gottes war er zu Hause und im Herzen der Welt in Ruhe präsent.

Zeit haben und Ruhe finden ist keine Frage der Berufe, Aufgaben und Termine, sondern eine Frage des Wohnortes. Wohnt unsere Seele bei Gott, ist unser Herz im Herzen Gottes zu Hause, haben wir ein Gelaß und Gemach bei Gott, finden wir auch die Ruhe und Gelassenheit im Leben.

„Geht ihr an eine einsame Stätte und ruhet ein wenig!"
(Markus 6,31)

8. Februar

Dran bleiben – beharrlich sein

Die Ruhe eines Lebens ist nicht Faulheit und Nachlässigkeit, sondern die Kraft zur Beharrlichkeit. Vieles wird hektisch begonnen und frustriert beendet. Schnelle Begeisterung schlägt oft in ebenso schnelle Enttäuschung um. Hastig rennen Menschen los, unruhig jagen sie hin und her und sind dann tief erschöpft und innen leer. Die Schnecke geht zwar langsam, aber stetig und beharrlich ihren Weg. Sie kommt am Ende dahin, wohin mancher aufgeregte Angsthase nicht gelangt.

Jesus blieb in Ruhe seiner Berufung treu und ging beharrlich seinen Weg. Sein Lebensweg war von Anfang an angefochten und bedroht. Vom Kindermord in Bethlehem, über die Flucht nach Ägypten, bei der Versuchung in der Wüste bis hin zum Sterben am Kreuz war es ein Weg mit Hindernissen und Widrigkeiten. Aber Jesus blieb dran und ging beharrlich weiter bis zum Ziel.

„Springe herab vom Tempel, mach ein Zeichen, alle werden dir glauben!" hieß die Versuchung am Anfang. „Steige herab vom Kreuz, mach ein Zeichen, und alle werden dir zujubeln!" war die Versuchung am Ende. Das ganze Leben Jesu war angefochten durch die Verlockung, abzuweichen und abzugehen von dem Weg der Liebe und des Gehorsams. Aber er blieb dran und kam ans Ziel, und sein letztes Wort war die Erlösung: „Es ist vollbracht!"

Wir müssen nicht mit der Masse reisen und rasen, hetzen und hasten, gieren und ängsten. Wir müssen nicht im Wettlauf um den schnellsten Untergang mitlaufen. Wir müssen nicht zeit unseres Lebens keine Zeit haben und dabei die Ewigkeit verspielen. Wir wollen dran bleiben bei Jesus und seiner Liebe, wollen beharrlich und stetig seine Weisungen ausleben und ganz in Ruhe das Ziel erreichen.

„Wer aber beharret bis ans Ende, der wird selig!"

(Matthäus 24,13)

9. Februar

Besinnen vor Beginnen – bedächtig gehen

Bevor man redet, sollte man das Gehirn einschalten. Bevor man etwas beginnt, sollte man sich besinnen. Wer einen Sprung nach vorne machen will, geht weit zurück. Die Rückbesinnung unseres Handelns und Lebens fällt zu oft aus. So rennen wir los und stürzen voran. Jesus ging seinen Weg nach vorn, bedacht und rückversichert bei seinem Vater und seiner Weisung. Er lebte nach vorn und fragte zurück. So könnten wir unser Leben aufbauen, die Welt gestalten und an der Zukunft mitwirken, indem wir zurückfragen:

Wem dient es, was wir vorhaben? Gibt es Gott die Ehre und den Menschen die Würde? Verträgt es die Schöpfung und baut es auf? Es ist wichtig, sich auf die Ordnungen und Weisungen Gottes, die Werte und Wahrheiten des Lebens zurückzubesinnen. Was nützt aller Fortschritt und Fortgang, wenn es dabei von der Richtigkeit des Lebens weit und verhängnisvoll fort geht?

Wir besinnen uns auf den Lebensweg Jesu und erkennen, wie seine Liebe und seine Hingabe, die auch das Opfer und Leid mit einschließen, den wirklichen Fortschritt erzielen. Bedächtigkeit statt Gedankenlosigkeit, Gelassenheit statt Nachlässigkeit sollten unsere Schritte und Vorhaben leiten. Wer Gott und seiner Geschichte nachdenkt, wer Jesus und seinem Leben nachfolgt, wer dem Heiligen Geist und seinem Drängen nachgibt, wird am Ende ganz vorn sein. Denn Gott hinterher bedeutet allemal, der Zeit weit voraus zu sein.

„Ein kluges Herz handelt bedächtig. Dem Toren ist die Torheit eine Freude; aber ein verständiger Mensch bleibt auf dem rechten Wege. Die Pläne werden zunichte, wo man nicht miteinander berät; wo aber viele Ratgeber sind, da gelingen sie!"

(Sprüche 15,14.21f)

---

10. Februar

Die Fühler ausstrecken – empfindlich werden!

„Schnecke, Schnecke komm heraus, strecke deine Fühler aus!" haben wir als Kinder gesungen, wenn die Schnecke sich empfindsam in ihr Haus zurückgezogen hatte. Die Schnecke ist weich und verletzlich. Mit ihren übersensiblen Fühlern nimmt sie ihre Umgebung wahr und reagiert darauf. Aber die Schnecke ist nicht nur einfach weich und verletzlich. Sie scheidet das Harte aus sich aus und bildet daraus ihr Haus, in das sie sich zurückziehen kann.

So hat auch Jesus das Harte des Lebens aus sich herausgetan und zum Schutzraum gegen das Böse und Gefahrvolle gemacht. Jesus war hart gegen das Böse und Zerstörerische und blieb doch selbst in der Liebe weich und verletzlich. Die Gewalthaber der Welt sind hart und verletzen andere. Der Liebhaber der Welt ist sensibel und wird darum auch verletzlich. Die Gewalt verletzt andere, die Liebe wird selbst verletzlich. Darum stirbt Jesus am Kreuz, aber seine Liebe, in der er so verletzlich ist, heilt eine ganze Welt von ihren tödlichen Wunden. Jesus scheidet das Harte aus, bleibt selber weich und schafft einen Raum des Schutzes und der Zuflucht für verwundete Menschen. In einer Welt, in der alle Menschen cool und hart sein wollen, werden Christen empfindsam und weich und bewirken damit schließlich mehr als alle Gewalttätigen.

„Wir haben nicht einen Hohenpriester, der nicht könnte mitleiden mit unserer Schwachheit, sondern der versucht ist allenthalben gleichwie wir, doch ohne Sünde."

(Hebräer 4,15)

---

11. Februar

Unterwegs und immer zu Haus – behaust sein

Die Schnecke trägt ihr Haus mit sich. Sie ist unterwegs und gleichzeitig zu Hause. Weiterziehen und sich Zurückziehen sind bei ihr ausgewogen. Die Schnecke bleibt sensibel für die Spannung von Nähe und Distanz. Sie streckt die Fühler aus und zieht weiter. Sie will Leben erfahren, ergehen, erkunden, erleben. Sie ist ganz offen und empfindsam für die kleinsten Dinge. Aber sie zieht auch die Fühler ein und sich in ihr Haus zurück. Sie braucht Nähe und Distanz zugleich, Weiterziehen und Zurückziehen gehören zusammen.

Auch bei Jesus sehen wir diese Spannung. Er war offen und sensibel für Menschen und Leben, hatte gleichsam alle Fühler ausgestreckt und sich hingehalten und offengelegt. Dann hat er sich zurückgezogen und die Distanz gebraucht. Ganze Zeiten suchte er die Stille und Einsamkeit zum Beten und Sinnen, um Kraft zu schöpfen und sich neu zu orientieren.

Das können wir von Jesus lernen, er trug sein Haus, seine Geborgenheit immer bei sich. Er war auch im Unterwegssein immer bei Gott zu Hause. Die letzte Geborgenheit tragen wir bei uns, wenn Jesus mit uns ist, immer und überall, jeden Tag und jede Nacht. So können wir weitergehen ohne Hast und Hektik, ohne Gier und Angst, ohne Flucht und Rausch. Aus der Flucht vor uns selbst und der Flucht zu uns selbst wird die Zuflucht bei Gott. Dort sind wir geborgen. Im Glauben tragen wir diese Zuflucht immer bei uns. Wir ziehen weiter und uns zu Gott zurück. Wir suchen die Nähe und Distanz und kommen darin zur Ruhe.

„Denn auf dich traut meine Seele, und unter dem Schatten deiner Flügel habe ich Zuflucht, bis das Unglück vorübergehe."

(Psalm 57,2)

12. Februar

Ansichten

Diogenes lebte als Philosoph ein einfaches Leben. Eines Abends saß er vor seiner Tonne und aß zum Abendbrot Linsen. Sein Philosophenkollege Aristippos, der am Hofe ein angenehmes Leben führte, weil er dem König nach dem Munde redete, sagte zu Diogenes:

„Wenn du lernen könntest, dem König gegenüber unterwürfig zu sein, müßtest du nicht solchen Abfall wie Linsen essen!"

Darauf entgegnete Diogenes: „Wenn du lernen könntest, mit Linsen auszukommen, brauchtest du nicht dem König zu schmeicheln!"

„Ich habe gelernt, mir genügen zu lassen, wie ich's finde. Ich kann niedrig und kann hoch sein, mir ist alles und jedes vertraut!"

(Philipper 4,11f)

13. Februar

Ein anständiger Vogel ⌒

Ein Mann kommt an den Königshof und sieht viele neue Dinge. Als er so durch den Palast schlendert, sieht er zum ersten Mal in seinem Leben einen königlichen Falken. Eine solche Vogelart hatte er noch nie gesehen. Er kannte aus seiner Heimat nur eine Taube. Also lockte er den Vogel, nahm die Schere und beschnitt die Krallen, die Flügel und den Schnabel des königlichen Falken.

„Nun siehst du aus wie ein anständiger Vogel", sagte er, „wie schlecht haben sie dich hier behandelt."

Wie eng und festgelegt leben manche Menschen in ihrer bekannten und vertrauten Welt und schneiden alles, was ihnen fremd ist,
auf ihr Maß zurück. Wenn wir andere Menschen beschneiden, damit
sie nach unseren Maßen anständige Menschen werden, machen wir
sie kaputt und bringen uns um die Chance, von ihnen zu lernen.

„Verlasset die Torheit, so werdet ihr leben, und geht auf dem Wege
der Klugheit!"

(Sprüche 9,6)

14. Februar

Nicht vergessen!

Eine Witwe hatte alles an ihren Sohn gewandt, damit er etwas
werden könnte. Nun war der Sohn ein erfolgreicher Geschäftsmann. Aber er hatte die Mutter darüber vergessen. Doch eines
Tages, nach langen Jahren des Schweigens, packte den Sohn die
Unruhe. Er machte sich auf den Weg, um nach der Mutter zu sehen.
Er fuhr zwei Tage und stand endlich vor dem kleinen Haus. Die
Mutter zog ihn überrascht und erfreut ins Haus. Es gab Stunden
des Erzählens und des glücklichen Erinnerns. Gegen Abend wollte
der Sohn sich verabschieden, um sein Hotel aufzusuchen. Die
Mutter meinte: „Du kannst bei mir übernachten." Der Mann sah
sich in der ärmlichen Stube um. „Aber du bist doch gar nicht auf
Besuch eingerichtet!"
    Da öffnete die Mutter die Tür zur Kammer. Dort stand ein Bett
frisch bezogen, und alles war bereit für einen Besuch. Der Sohn
fragte erstaunt: „Aber du wußtest doch gar nicht, daß ich komme!"
Die Mutter antwortete: „Ich habe all die Jahre auf dich gewartet
und immer alles bereit gehalten, wenn du kommst."
    Wenn schon eine Mutter ihr Kind nicht vergißt, wieviel weniger
wird Gott seine Menschenkinder vergessen. Gott hat alles bereit.
Er wartet mit Sehnsucht auf uns. Und wir sollten Gott nicht länger
warten lassen.

„Kann auch eine Frau ihr Kind vergessen? Und wenn sie es vergäße,
so will ich doch deiner nicht vergessen!"

(Jesaja 49,15)

41

15. Februar

Schmerzen und Trost - ?

Blaise Pascal (1623-1662) war Naturwissenschaftler, Erfinder, Schriftsteller, Philosoph und Christ. Er hatte ein kurzes, aber ungewöhnliches Leben. Mit 16 Jahren veröffentlichte er eine mathematische Studie über die Kegelschnitte. Als Zwanzigjähriger erfand er die erste Rechenmaschine. Aber er war von schwerer Krankheit gezeichnet. Von seinem 18. Lebensjahr an hat er nicht einen Tag ohne Schmerzen erlebt. Er starb mit 39 Jahren.

Neben seinem im Mantel eingenähten „Memorial", einem ergreifenden Zeugnis über seine Bekehrung, und den „Pensees", den fragmentarischen Gedanken, ist sein „Krankengebet" das Kostbarste aus seiner Feder. Im neunten dieser 15 Gebete schreibt Pascal: „Verleihe mir die Gnade, Herr, deinen Trost mit meinen Schmerzen zu verbinden, damit ich leide als ein Christ. Ich bitte nicht darum, den Schmerzen entnommen zu sein; aber ich bitte darum, den Schmerzen der Natur nicht ausgeliefert zu sein ohne die Tröstungen deines Geistes. Ich bitte nicht darum, eine Überfülle des Trostes zu haben ohne irgendeinen Schmerz. Ich bitte auch nicht darum, in einer Überfülle der Leiden zu sein ohne Tröstung. Aber ich bitte darum, Herr, miteinander fühlen zu dürfen die Schmerzen der Natur und die Tröstungen deines Geistes. Denn das ist der wahre Stand des Christseins. Möchte ich nicht Schmerzen fühlen ohne Trost, sondern Schmerzen und Trost miteinander, um am Ende dorthin zu gelangen, nur noch deine Tröstungen zu empfinden ohne irgendeinen Schmerz."

Solange wir auf Erden leben, werden sich die Schmerzen der Natur und die Tröstungen des Geistes mischen, werden die Gebrochenheit des natürlichen und das Heil des geistlichen Lebens miteinander sein, bis die Vollendung des ewigen Lebens uns erlöst.

„Und Gott wird abwischen alle Tränen von ihren Augen, und der Tod wird nicht mehr sein, noch Leid noch Geschrei noch Schmerz wird mehr sein, denn das Erste ist vergangen!"

(Offenbarung 21,4)

16. Februar

Aus der Weite in die Enge

Dem Menschen ist es bei Gott zu eng. Er will hinaus in die Weite. Die Maßstäbe Gottes engen ihn ein. Er sucht die Freiheit und reißt sich von Gott los. So verliert er das Paradies, die Geborgenheit bei Gott. Dafür findet er sich in der tödlichen Weite der Weltwüste wieder und hat nun alle Freiheit, umzukommen. Er ist sich selbst verantwortlich, aber auch sich selbst preisgegeben. So findet sich der Mensch hinter den Gitterstäben der Angst und Gier, der Unerfülltheit und Einsamkeit wieder. Gott, der die Vögel gemacht hat, baut keine Käfige. Aber der Mensch, der sich von Gott losreißt, findet sich wie ein angstkranker Vogel im Käfig seiner eigenen, kleinen Welt wieder. Vor diesem Käfig lauert hämisch die Bedrohung unseres gefangenen Lebens in der Gestalt eines fetten Katers, der uns aus dem Käfig lockt mit den Worten: „Du hast wohl Angst vor der Freiheit?!"

So sind wir doppelt geschlagen. Die Geborgenheit bei Gott tauschen wir mit dem Käfig unserer Angst. Und aus dem Käfig unserer Angst gibt es nur den Weg in das sichere Verderben. Und das nennen wir ein freies Leben! Der Anschluß an den ewigen, großen, lebendigen Gott soll angeblich das Leben einengen. Und die tödliche Einsamkeit im Käfig unseres Selbst soll angeblich die Freiheit sein.

„Wir gingen alle in die Irre, ein jeder sah auf seinen Weg. Aber der Herr warf unser aller Sünde auf ihn!"

(Jesaja 53,6)

17. Februar

Aus der Enge in die Weite

Wer den blühenden Garten Gottes verläßt, findet sich in der Wüste der Welt wieder. Wer die Maßstäbe Gottes, die unser Miteinander ordnen, zerbricht, gerät hinter die Gitterstäbe von Schuld und Angst. Wer die Netze der Liebe Gottes, die uns auffangen, zerreißt, wird von den Netzen aus Neid und Haß eingefangen.

Der Mensch wird in seiner falschen Freiheit krank und gekränkt

von seiner Einsamkeit und Angst. Aber er steht mit seiner Selbstsucht und Sehnsucht, mit seiner Gier und Lust auf sich selbst nicht
allein. Gott selbst hat Sehnsucht nach uns und eine unbändige Lust
auf uns. So macht sich Gott auf und geht uns in Jesus den weiten
Weg in die Enge unseres Lebens nach. Er wird geboren, wie
Menschen geboren werden, unter Wehen und Schmerzen. Er lebt,
wie Menschen leben, in vielen mühsamen Alltagen. Er leidet, wie
Menschen leiden, wenn sie die Wahrheit sagen und Liebe üben. Er
stirbt, wie Menschen sterben, qualvoll und elend. Er geht ins
Gericht, wie Menschen ins Gericht gehen müßten, weil sie sich von
Gott getrennt haben. Damit kauft Jesus uns los und reißt uns
heraus aus den Verderbensnetzen, um uns wieder in das Lebensnetz bei Gott einzubinden. Darum gibt es nur eine Überlebenschance, daß wir uns aus der scheinbaren Weite des Todes, die in
Wirklichkeit nur Enge ist, in die enge Bindung an Jesus flüchten,
die in Wirklichkeit die Freiheit bedeutet. So werden wir aus unserer
Angst und Enge gerettet und die Weite der Liebe wiederfinden.

*„Er führte mich hinaus ins Weite, er riß mich heraus; denn er hatte
Lust zu mir!"*

(Psalm 18,20)

18. Februar

Wie weit ist es mit uns her? (¯)

Wenn jemand die Erwartung nicht erfüllt, die Leistung nicht bringt,
die Aufgaben nicht bewältigt, das Leben nicht meistert, sagen wir:
„Mit dem ist es auch nicht weit her!"

Was einer heute lebt und schafft, ist und bewirkt, hat und kann,
steht dieser Redensart nach in einem Zusammenhang mit der
Geschichte und den Wurzeln seines Lebens. Wenn Menschen in der
Vergangenheit gut gewachsen, tief gewurzelt und richtig geworden
sind, können sie auch heute und jetzt gut sein und richtig leben.

Wie weit ist es eigentlich mit uns Christen her? Unsere Wurzeln
reichen weit zurück. Lange bevor wir da waren, hat uns Jesus schon
geliebt und erlöst. Jesus starb für uns und setzte sein Leben für
uns ein, als wir noch gar nicht geboren waren. Und noch weiter ist
es mit uns her. Vor Grundlegung der Welt hat Gott uns schon in
seiner Liebe gemeint und im Blick gehabt.

Bei so guten und tiefen Wurzeln unseres Lebens sollte der Baum bis in seine letzte Verästelung der einzelnen Lebenstage auch gesund und kräftig sein. Mit den Christen ist es wirklich weit her, was ihre Wurzeln in der Liebe Gottes betrifft. Weil die Wurzeln so weit reichen, sollten auch die Zweige und Äste unseres Lebensbaumes weitreichend sein, weit ausladend und weit einladend.

„Denn in Jesus hat uns Gott erwählt, ehe der Welt Grund gelegt war, daß wir sollten heilig und unsträflich sein vor ihm!"

(Epheser 1,4)

19. Februar

Kein Raum für Rache

„Wenn wir uns mal streiten", erzählt ein Mann seinem Freund, „wird meine Frau immer gleich historisch." – „Du meinst hysterisch", wirft der Freund ein. „Nein, historisch", sagt der Ehemann, „sie hält mir jeden Fehler, jede Lieblosigkeit, jedes falsche Wort aus zehn Jahren Ehe vor!"

Wo Menschen miteinander leben in Ehe, Familie, Nachbarschaft und Gemeinde, werden sie auch aneinander schuldig. Gerade in der Liebe werden Menschen verletzlich und verletzt. Es gibt keine Ehe, keine Erziehung, keine Familie ohne Kränkung und Verletzung. Das war damals bei Josef und seiner großen Familie so, und das ist heute bei uns und unseren kleinen Familien so.

Die Brüder des Josef sind wie gelähmt in ihrer Furcht vor den Folgen ihrer Bosheiten. Sie fürchten, da der Vater gestorben ist, die Rache und Vergeltung des Josef. Aber Josef wird nicht „historisch" und rechnet ihnen die Bosheiten nicht nach. Josef läßt keinen Raum für Rache und Vergeltung. Dabei wird die Schuld der Brüder nicht verdrängt oder verschwiegen. Nein, sie wird benannt und bekannt. Josef sieht über das Böse nicht hinweg. Aber er sieht über den Untaten der Brüder die Guttaten Gottes. Josef kann Gottes gute Absichten über den bösen Absichten der Brüder erkennen. Darum vergibt er die Schuld und versöhnt sich mit seinen Brüdern. Er vergibt gleichsam die Bewältigung der Schuld an Gott. Josef weiß, wer sich an die Stelle Gottes setzt, sich rächt und anderen vergilt, zerstört sich selbst, den anderen und die Beziehung. Wenn er hingegen die Kränkung, die er empfing, an Gott vergibt, entsteht

45

ein Raum der Heilung. Gott kann die Brüder vom Bösen heilen, ihn vom Gift der Rache befreien und die Beziehung wiederherstellen.

„Josef sprach zu ihnen: Fürchtet euch nicht! Stehe ich denn an Gottes Statt? Ihr gedachtet es böse mit mir zu machen, Gott aber gedachte es gut zu machen, um zu tun, was jetzt am Tage ist, nämlich am Leben zu erhalten ein großes Volk."

(1. Mose 50,19f)

20. Februar

Vergeben oder Vergelten

Vor Jahren gab es einen Film mit dem Titel „Gott vergibt – Django nie!" Vergeben wird hier als schwach und weich verächtlich gemacht. Vergelten wird als stark und hart verherrlicht. Dumm und weichlich soll das barmherzige Vergeben sein. Klug und knallhart soll das unnachsichtige Vergelten sein. Aber geht es dabei nur um weich oder hart, um schwach oder stark?

Das Wort Rache stammt aus dem Bereich der Jagd und meint soviel wie treiben, jagen und verfolgen. Das Wort Recke erinnert noch an diesen Zusammenhang. Und dann findet es sich wieder im Wort Wrack. Wie Wracks sind verletzte und verletzende Menschen. Heruntergekommen und umgetrieben von Schuld und Angst die einen, von Haß und Rache die anderen. Die Erfahrung von Verletzungen und die Verarbeitung in der Gestalt von Vergeltung und Rache machen die Menschen zu Wracks. Aus den Jagenden werden die Gejagten und aus den Verfolgern die Verfolgten. Aber Gott möchte keine Wracks, sondern geheilte und versöhnte Menschen. In Gottes Plan gibt es keinen Raum für Rache unter den Menschen. Wie gehen wir also um mit den Verletzungen im Miteinander? Wir bekennen sie einander und vergeben sie einander. Da entsteht der Raum der Heilung von Menschen und Beziehungen.

„Sprich nicht: Ich will Böses vergelten. Harre des Herrn, der wird dir helfen."

(Sprüche 20,22)

21. Februar

Gabe und Aufgabe ☺

Ein älterer Herr, schon im Metallzeitalter – Silber im Haar, Gold im Mund und Blei in den Knien –, versucht vergeblich, mit seinem großen Auto in eine kleine Parklücke zu gelangen. Er probiert es vorwärts, dann rückwärts. Aber der Wagen ist zu groß, die Lücke zu klein. Da kommt ein junger Kerl mit einem schneidigen Sportwagen, saust in die Lücke, steigt aus und sagt zu dem alten Herrn: „Jung und flott muß man sein!" Im älteren Herrn beginnt es zu kochen. Er steigt in seinen Wagen, fährt dem Sportwagen in der Lücke voll in die Seite, steigt aus und sagt bissig: „Alt und reich muß man sein!"

Jeder hat seine Gaben. Jung und flott sein ist doch schön. Alt und reich sein ist doch wunderbar. Jugend und Kraft, Alter und Erfahrung, Kompetenz und Besitz, Qualifikation und Erfolg sind doch herrliche Gaben. Aber wenn wir sie als Waffen gegeneinander verwenden, gibt es immer Schrott, und es wird sehr teuer. Wenn wir aber unsere Gaben als Aufgaben aneinander verstehen, kann daraus eine wunderbare Bereicherung des Lebens wachsen. Keiner ist das Ganze, aber in der Ergänzung der vielen verschiedenen Gaben könnte ein wunderbares Ganzes entstehen. Das würde den einzelnen von dem Druck, alles haben zu müssen, befreien. Und das Ganze würde glaubwürdig und überzeugend.

„Dient einander, ein jeder mit der Gabe, die er empfangen hat, als die guten Haushalter der mancherlei Gnade Gottes!"

(1. Petrus 4,10)

22. Februar

„Ja, aber du auch!" —

Sophie und Hans Scholl wurden wegen ihres Widerstands gegen das Hitlerregime zum Tode verurteilt und am 22. Februar 1943 hingerichtet. Ihre Schwester berichtet von einem letzten Besuch der Eltern: „Meinen Eltern war es wie durch ein Wunder gelungen, ihre Kinder noch einmal zu besuchen. Sie wußten noch nicht, daß es endgültig die letzte Stunde ihrer Kinder war. Zuerst wurde ihnen

Hans zugeführt. Darauf wurde Sophie von einer Wachtmeisterin herbeigeführt. Sie trug ihre eigenen Kleider und ging sehr langsam und gelassen und sehr aufrecht. Sie lächelte immer, als schaue sie in die Sonne. Bereitwillig und heiter nahm sie die Süßigkeiten, die Hans abgelehnt hatte. Es war eine unbeschreibliche Lebensbejahung bis zum letzten Augenblick.

,Nun wirst du also gar nicht mehr zur Tür hereinkommen', sagte die Mutter. ,Ach, die paar Jährchen, Mutter!' gab sie zur Antwort. Das war in diesen Tagen ihr großer Kummer gewesen, ob die Mutter den Tod gleich zweier Kinder ertragen würde. Aber nun, da sie so tapfer und gut bei ihr stand, war Sophie wie erlöst. Noch einmal sagte die Mutter, um irgendeinen Halt anzudeuten: ,Gelt, Sophie: Jesus!' Ernst, fest und fast befehlend gab Sophie zurück: ,Ja, aber du auch!' Dann ging sie frei, furchtlos und gelassen. Mit einem unaufhörlichen Lächeln im Gesicht."

„Euer Herz erschrecke nicht! Glaubet an Gott und glaubet an mich. In meines Vaters Hause sind viele Wohnungen."

(Johannes 14,1f)

23. Februar

Was ist in mich gefahren?

Der Mensch ist wie ein Handschuh. Einmal ist er aus feinem, wertvollen Leder, ein Handschuh zur Zierde, dann aus dickem, weichem Fell, einer zum Wärmen. Ein andermal ist er ein grober Handschuh für harte Bauarbeit, dann ein praktischer Gummihandschuh für flinke Hausarbeit. Einmal vielleicht ein zierlicher, weißer Brauthandschuh für den Höhepunkt des Lebens. Dann wieder mehr ein riesiger Boxhandschuh für den rauhen Existenzkampf. Ein anderes Mal ist er ein steriler Operationshandschuh für den geschickten Chirurgen. Und dann ein Torwarthandschuh für Sport und Spiel.

Wie ein Handschuh kann der Mensch eigentlich nichts allein tun und bewegen, anfangen und bewirken: nichts Gutes und nichts Böses, nichts Schönes und nichts Schlechtes, nichts Wunderbares und nichts Schreckliches, nichts Aufbauendes und nichts Zerstörerisches. Er ist in allem Tun und Wirken darauf angewiesen, daß eine Hand in ihn hineinfährt, ihn bewegt und gebraucht.

Was ist in mich gefahren? Welche Hand wird mich heute führen, bewegen und mein Leben gestalten? Welche Kräfte werden meine Äußerungen bestimmen und mein Verhalten lenken?

Ich bin wie ein Handschuh, und ich möchte, daß Gottes gute Hand in mich hineinfährt, und seine Kraft und Liebe mein Leben führt und bewegt.

„Ich lebe; doch nun nicht ich, sondern Christus in mir!"

(Galater 2,20)

24. Februar

Kopf und Herz — !

Es war einmal ein Salatkopf. Er war kein Einzelkind, sondern im Freibeet der Gärtnerei unter der guten Hand seines Gärtners mit vielen Geschwistern herangewachsen. Hier war kein Platz für Sonderstellungen. Jeder hatte gleiche Rechte und gleiche Pflichten. Trotzdem war unser Salatkopf anders. Er war sozusagen das „schwarze Schaf" der Familie, obwohl er keineswegs extrem über die Schnur schlug. Er neigte nur dazu, den Mund etwas zu voll zu nehmen. Er prahlte mit seiner Größe, die allerdings wirklich das Ausmaß der anderen übertraf. In der frühkindlichen Phase seines Lebens waren unmittelbar neben ihm zwei seiner Salatgeschwister gestorben. Der dadurch entstandene Platz bot unserem Salatkopf den Freiraum zu dieser ungewöhnlichen Größe. So geschah es immer öfter, daß sich der Salatkopf arrogant an den Kopf tippte und bemerkte: „Ja, ja, Köpfchen muß man haben!" Seine Geschwister ließen das still und geduldig über sich ergehen. Erst als sie alle gemeinsam in der Großküche verarbeitet wurden, kam der wahre Sachverhalt an den Tag. Sie waren zwar nicht ganz so groß wie ihr Bruder, aber sie hatten ein zartes Herz, ihr Bruder aber nur grüne, zähe Deckblätter. Allzuspät mußte er erkennen: Der Kopf tut's nicht. Das Herz vor allem ist gefragt! (Nach Dieter Theobald)

„Verlaß dich auf den Herrn von ganzem Herzen, und verlaß dich nicht auf deinen Verstand!"

(Sprüche 3,5)

25. Februar

Vertrauen gegen die Angst

Ein Kind liegt abends im Bett. Es kann nicht einschlafen und bekommt plötzlich Angst. Das Alleinsein im Dunkel der Nacht läßt das Kind vor Angst nach seinen Eltern schreien. Die Eltern können im Kinderzimmer Licht machen und nun das Kind allein lassen. Sie können aber auch im Dunkeln bei dem Kind bleiben und es durch ihre Gegenwart beruhigen. So wird das Kind Vertrauen fassen und die Angst überwinden. Vertrauen ist keine eigene Kraftleistung gegen die Schwäche der Angst, sondern ein Vertrautwerden mit dem Helfer gegen die Nöte und Ängste des Lebens.

Gott macht nicht immer gleich Licht, wenn wir uns im Dunkel der Welt und in der Finsternis des Lebens fürchten. Aber er ist im Dunkel bei uns und lockt so das Vertrauen aus uns heraus, das Vertrauen in seine Gegenwart und Liebe, seine Möglichkeit und Macht. Nicht die Wendung der Not tröstet uns, sondern die Nähe des Helfers. Nicht die Veränderung der Situation ist die Hilfe, sondern die wachsende Vertrautheit mit dem Helfer ist die Überwindung der Angst.

Hiob wollte Klarheit über sein Schicksal. Aber Gott machte ihm nicht Licht, sondern schenkte ihm seine Gegenwart. Paulus wollte die Abwendung seiner Not, aber Jesus schenkte ihm seine ganze Nähe in der Not.

„Laß dir an meiner Gnade genügen, denn meine Kraft ist in den Schwachen mächtig!"

(2. Korinther 12,9)

26.Februar

Gelobt sei der Herr!

Gelobt sei der Herr für rauhe Wege. Sie haben manchen Fuß vor dem Ausgleiten bewahrt und den Schritten einen festen Halt gegeben.

Gelobt sei der Herr für rauhe Winde. Sie haben manches Lebensschiff heimgeweht, das sonst ins eigene Verderben gesegelt wäre.

Gelobt sei der Herr für rauhe Worte. Sie haben manche Augen für die Wahrheit geöffnet und Herzen für die Liebe empfänglich gemacht.

Gelobt sei der Herr für rauhe Wasser. Sie haben den Dreck von der Seele gespült und manches Leben zu Gott emporgetragen, das sonst in den seichten Tümpeln der Verwöhnung untergegangen wäre.

Gelobt sei der Herr für rauhe Winter. Sie haben manches Leben zum Feuer der Liebe gelockt und dort durchglüht und aufgewärmt.

Gelobt sei der Herr für rauhe Wölfe. Sie haben manchen Schafsköpfen die Grenzen ihrer eigenen Kraft gezeigt und sie zum guten Hirten hingebracht.

Gelobt sei der Herr für rauhe Wüsten. Sie haben den Durst nach dem lebendigen Wasser so stark gemacht, daß wir zur Lebensquelle gekommen sind.

„Gelobt sei der Herr täglich. Gott legt uns eine Last auf, aber er hilft uns auch!"

(Psalm 68,20)

27. Februar

Helau oder Halleluja

Die Ursprünge des Karnevals gehen auf die Fruchtbarkeitsriten der antiken Völker zurück. Griechen und Römer huldigten dem Gott des Weines. In Rom beging man im Januar die Saturnalien. Ein Mann aus dem Volk wurde zum König gewählt und mit großem Prunk führte er die Prozession an. Auf Wagen wurden Bilder der Götter, nackte Statuen und leichte Mädchen mitgeführt. Gemeine Zoten und häßliche Lieder schallten durch die Straßen. Römische Bürger brachten ihre Frauen und Töchter für diese Zeit aufs Land.

Für einen Christen war es damals undenkbar, daran teilzunehmen. Ein römischer Soldat wurde einst von seinen Kollegen hingerichtet, weil er als Christ die Wahl zum Prinzen Karneval abgelehnt hatte. Dasius wurde später dafür als Märtyrer heiliggesprochen.

Unter Konstantin verbannte man den Karneval als heidnisch. Aber langsam schlichen sich die Sitten wieder ein. Die Kirche war schließlich zu einem Kompromiß bereit. Teilnehmen durfte, wer danach die 40tägige Fastenzeit einhielt, carni vale dicere = dem Fleisch Lebewohl sagen.

Zu den römischen Bräuchen kam das germanische Maskentreiben hinzu. Masken sollten die Dämonen abschrecken. Im Mittelalter erreichte der Karneval dann endgültig auch die breite Masse in der Kirche. Durch die Reformation verschwand der Brauch in den evangelischen Landesteilen, um nach 1945 durch Mischung der Bevölkerung und zunehmende Glaubenslosigkeit wieder aufzuleben. Heute sind die Götzen und der Aberglaube wieder voll im Trend. Christen singen statt Helau lieber Halleluja und geben Gott die Ehre.

„Werdet auch nicht Götzendiener, gleichwie jener etliche wurden!"
(1. Korinther 10,7)

28. Februar

Gott wird helfen müssen

Zum Rabbi Meïr kam ein Dorfjude mit Namen Seinwel. Er war kinderlos, obwohl schon zehn Jahre verheiratet. Immer wieder drängte er den Rabbi, daß er für ihn Kinder erflehen möchte. Einmal kam er mit seiner Frau. „Wir werden euch", rief die redegewandte Frau, „keine Ruhe lassen, bis ihr uns mit einem Kind segnet." Der Rabbi erwiderte: „Gebt mir den Zahlenwert des Wortes 'Ben', also 52 Dukaten, so werde ich für euch einen Sohn erflehen." Der arme Jude fing an zu handeln. Er könne nur 10 Golddukaten geben und bot immer einen Dukaten mehr. Aber der Rabbi blieb hart. Schließlich legte der Jude 20 Dukaten auf den Tisch und sprach: „Glaubt mir, Rabbi, es ist unser letztes Geld!" Der Rabbi aber blieb bei seiner Forderung nach 52 Dukaten. Da wurde die Frau wütend und sagte: „Mann, nimm das Geld! Da wird uns Gott selber helfen müssen!" – „Das wollte ich doch!", sagte der Rabbi erfreut, „ihr seid gekommen und habt mich angefleht, aber Gott habt ihr vergessen. Nun aber richtet ihr eure Hoffnung auf den einen, der euch allein helfen kann." Darauf segnete er sie, und sein Segen ging auch in Erfüllung. (Nach einer chassidischen Geschichte)

„Es ist gut, auf den Herrn vertrauen und sich nicht verlassen auf Menschen!"
(Psalm 118,8)

29. Februar

Heute

Ich gehe nur einmal durch diesen Tag. Ich werde den gleichen Weg nie zurückkommen und noch einmal gehen. Darum will ich diesen einen Tag nutzen und füllen, leben und erleben. Alles Gute, das ich heute tun kann, will ich jetzt gleich tun. Jede Freundlichkeit, die möglich ist, will ich den Menschen erweisen. Jede Aufgabe, die vor mir liegt, will ich gleich anpacken. Wenn ich heute einen Grund zur Freude habe, will ich damit nicht bis morgen warten. Wenn heute Anlaß zur Traurigkeit besteht, will ich sie nicht verdrängen, sondern ausdrücken und verarbeiten. Ich kann nicht jeden Tag etwas Großes tun, aber ich kann jeden Tag das Richtige tun. Wenn es nicht gelingt, kann ich noch heute meinen Herrn um Vergebung bitten. Heute wartet Jesus auf mich zum wichtigen Zwiegespräch, und ich will ihn nicht bis morgen warten lassen.

„Siehe, ich habe dir heute vorgelegt das Leben und das Gute!"
(5. Mose 30,15)

1. März

Loslassen und Festhalten

Die vergänglichen Werte, Zeit und Geld, Hab und Gut, Gesundheit und Lebenskraft bringen einen großen Segen, wenn man sie losläßt und einsetzt, hingibt und verschenkt. Wir sollten all die vergänglichen Dinge des Lebens dankbar empfangen und fröhlich verschenken. So sind sie für uns, für andere und für das Leben ein großer Gewinn.

Die ewigen Werte, der Glaube an Jesus, die Liebe zu anderen, die Hoffnung auf die Zukunft Gottes, das Vertrauen in Jesu Macht bringen einen großen Segen, wenn man sie festhält. Wir sollten uns wirklich an all die unvergänglichen Werte klammern, die Gott uns anvertraut. So werden wir reich in Gott und können auch andere damit reich machen. Erlöste lassen los, was nicht ewig hält. Und Glaubende halten fest, was ewig bleibt.

„Wenn ihr nur bleibet im Glauben, gegründet und fest, und nicht weichet von der Hoffnung des Evangeliums!" *(Kolosser 1,23)*

2. März

Nachtragen oder Ablegen ?

Ein Junge hat seine Mutter durch Grobheiten tief verletzt. Der Junge ist längst weitergegangen, aber die Mutter trägt es in ihrer Seele dem Jungen nach, und sie trägt schwer daran.

Eine Frau hat ihren Mann schwer gekränkt. Sie hat das gar nicht so empfunden und lebt fröhlich fort. Aber der Mann trägt es ihr in seinem Herzen nach und ist damit sehr belastet.

Ein Arbeitskollege ist von einem anderen hintergangen worden und in seiner Ehre verletzt. Der Kollege ist schon in einer anderen Abteilung, aber der andere trägt es ihm noch nach und macht sich dadurch sein Leben schwer.

In einer Gemeinde hat es häßliches Gerede übereinander und gegeneinander gegeben. Man ist zerstritten und trägt es sich noch Jahre später mit Groll und Bitterkeit nach.

Wer einem anderen Menschen etwas nachträgt, hat schwer daran zu schleppen. Wie töricht ist es, einem anderen etwas nachzutragen. Man büßt nur die Fehler der anderen am eigenen Leibe. Darum gibt es für die Kränkungen und Verletzungen, die wir empfangen, nur eine richtige Möglichkeit: sie bei Gott ablegen und ihm bewußt übergeben. Verdrängen schadet, nachtragen schadet, nur ablegen und an Gott übergeben befreit. Vertragen ja, nachtragen nie!

„Ertrage einer den anderen und vergebt euch untereinander, wenn jemand Klage hat wider den anderen."

(Kolosser 3,13)

3. März

Gabe des Schweigens —

Es gibt die Sprache mit Worten und mit Händen. Es gibt die Sprache der Augen und des Körpers. Und es gibt die Sprache des Schweigens. Der alte Abt eines Klosters fühlt nach einem langen und mühevollen Leben, daß es wohl bald mit ihm zum Ende kommt. Da möchte er noch einmal seinen besten Freund besuchen, um von ihm Abschied zu nehmen. Ein junger Mönch begleitet ihn auf der langen und schwierigen Wanderung in das Bergkloster. Dort fallen sich die beiden alten Freunde in die Arme und freuen sich am Wiedersehen. Nun setzen sie sich nieder und blicken sich schweigend an. Nach einigen Stunden erhebt sich der Abt, nimmt den Arm des jungen Mönchs und macht sich mit ihm auf den Heimweg. „Warum habt ihr nicht miteinander gesprochen?", fragt der junge Mönch. Und der Alte antwortet ihm: „Reden kann ich mit jedem Menschen auf der Welt, aber zum Schweigen braucht man einen wirklichen Freund!" In den Stunden des Schweigens hatten die beiden Männer mehr an Gemeinschaft und Teilhabe erfahren als im Reden. Denn in der Stille redet das Herz, und in der Stille redet Gott zu uns und wir mit ihm.

„Wenn ihr umkehrtet und stille bliebet, so würde euch geholfen!"
(Jesaja 30,15)

4. März

Späte Frucht

In den Gräbern der alten ägyptischen Könige fand man unter den Grabgaben auch Gefäße mit Weizenkörnern, die bereits 5.000 Jahre alt waren. Als man sie in die Erde legte und mit Wasser begoß, keimten die Weizenkörner und wuchsen zur Frucht. Noch nach 5.000 Jahren hatten sie die Keimkraft in sich und warteten nur auf den richtigen Boden, um auch wachsen und Frucht bringen zu können.

Auch Gottes Wort ist 2-3.000 Jahre alt. Aber es hat in sich eine erstaunliche Kraft. Die Worte Gottes enthalten das ganze volle Leben und Wachsen. Es braucht nur in ein Herz und Leben gelegt zu werden, um seine Kraft auch zu entfalten. Wenn nichts wächst, liegt es nicht am alten Wort Gottes, sondern am harten menschlichen Herzen, das zu steinig und zu hart geworden ist. Wo sich aber ein Herz für das Wort öffnet, da wird es auch seine Früchte hervorbringen.

„Bei dem das Wort Gottes in das gute Land gesät ist, das ist, der das Wort hört und versteht und dann auch Frucht bringt!"
(Matthäus 13,23)

5. März

Das Leben ist nicht einfach

Die Angst vor dem Weniger und die Gier nach dem Mehr zerreiben wie zwei schwere Mühlsteine die Seele. Menschen sind um das Glück besorgt und von der Sorge zerfressen, sie sind in Hast und Hetze zu Arbeitstieren verkommen oder von Unlust gelähmt. In der Wüste von Streß und Langeweile bedroht, von Rebellion aufgebracht und von Resignation niedergedrückt. Leichtfertig die einen, schwermütig die anderen. Die Sehnsucht erkrankt an Fernweh und Heimweh zugleich. Menschen suchen das Weite und die Wärme, sie brauchen Freiheit und Geborgenheit zugleich. Träume sterben an Enttäuschung und verwandeln sich über Nacht in Alpträume, die sich dunkel aufs Gemüt legen.

Zwischen Wunsch und Wirklichkeit aufgespalten, von Neugier und Ekel umgetrieben, zwischen Karriere und Misere eingerichtet, zwischen Idylle und Katastrophe geängstet, an Mangel und Überdruß krankgeworden, vom Einerlei und Vielerlei ermüdet, zwischen Selbstverwirklichung und Selbstverweigerung aufgespießt, zwischen Lust und Frust betäubt, suchen Menschen ein außerordentliches Leben und finden noch nicht einmal ein ordentliches.

Jesus spricht: „Ich bin das Brot des Lebens. Wer zu mir kommt, den wird nicht hungern. Und wer an mich glaubt, den wird nimmermehr dürsten!"

(Johannes 6,35)

6. März

Menschenkind

Mit Wehen zum Leben geboren, mit Liebe gestillt, mit Hoffnung herangewachsen, auf Freude gewartet: wertvoll das Menschenkind, aber auch verletzlich, liebenswert und zerbrechlich zugleich. Kostbar das Leben und gefährdet, zauberhaft und abgründig in einem. Leben kann gelingen und scheitern, aufblühen und welken, erfüllt werden und in tausend Scherben zerspringen.

Menschenkind, mit beiden Beinen auf der Erde und mit allen Träumen im Himmel. Aufgewiegelt und abgewrackt, eingelullt und ausgelaugt, hochgeputscht und tief gefallen, aufgebraucht und abgelebt!

Menschenkind tastet herum und sucht das Wärmeland der Liebe, den Überlebensbaum der Hoffnung und den Rettungsanker des Glaubens. Wo ist das warme Land der Liebe, in dem alle Not bedeckt ist?

Wo ist der grüne Baum der Hoffnung über den Tod hinaus?

Wer gibt den Anker, mit dem Menschenkinder ihr Lebensschiff festmachen können?

„Was ist der Mensch, daß du seiner gedenkst, und des Menschen Kind, daß du dich seiner annimmst?"

(Psalm 8,5)

---

7. März

Menschenkind nochmal! 2

Gott hat ein Land erschlossen für seine Menschenkinder. Es ist von Wahrheit und Liebe umgeben und hat einen wunderbaren Namen: Jesus. Er ist die ganze Wahrheit Gottes über das Leben und die restlose Liebe Gottes zum Leben in einem. Die Wahrheit Jesu deckt das Leben auf, entbirgt alle Not und Last, macht die tiefe Verlorenheit offenbar. Die Liebe Jesu deckt Sünden zu, birgt verwundete Herzen und schenkt eine tiefe Lebensbeziehung zu Gott. Jesus will Menschenkinder mit seiner Wahrheit frei machen und mit seiner Liebe festhalten. In diesem Land werden Menschenkindern ihre Lasten abgenommen und ihre Erwartungen angenommen und erfüllt. In diesem Land brauchen Menschenkinder einen festen Wohnsitz.

Gott hat einen Baum gepflanzt. Der Baum trägt Lebensfrüchte, obwohl er ein Baum des Todes und des Fluches war. Das Kreuz Jesu war zunächst ein Fluch- und Todeszeichen. Aber durch die Lebenshingabe Jesu wurde das Kreuz zu einem Sieges- und Lebenszeichen verwandelt. Unter dem Baum Gottes, dem Kreuz Jesu, kommen Menschenkinder zum Leben, zur Hoffnung über den Tod. Hier muß das Gespenst der Vergeblichkeit und Vergänglichkeit weichen. Unter dem Kreuz Jesu werden sterbliche, schuldige Menschenkinder mit einem erfüllten Leben hier und mit einem ewigen Leben dort beschenkt. Jesus ist die Durchbruchstelle des Lebens in die Welt des Todes. Und nur in ihm werden Menschenkinder zum Leben hindurchbrechen.

Gott hat einen Anker bereit für seine Menschenkinder. Er kommt herab und zeigt sich den Menschen. Jesus ist die tiefste Stufe, die Gott herabgestiegen ist, und zugleich die höchste Stufe, die ein Mensch emporsteigen kann. Jesus ist der Treffpunkt zwischen Gott und Mensch. Wer in Jesus sein Vertrauen setzt, wirft seinen Lebensanker in Gott selbst hinein. Jesus verbindet Menschenkinder mit Gott und macht aus ihnen Gotteskinder. Zum Leben geboren heißt, zur Gemeinschaft mit Gott geboren, für eine Lebensbeziehung mit ihm gemacht. Die Sünde, die von Gott trennt, nimmt Jesus hinweg. Nun ist der Weg frei bis zum Herzen Gottes.

Menschenkind, geh in sein Land, flieh unter seinen Baum und wirf deinen Anker in sein Herz!

„Wer zu mir kommt, den werde ich nicht hinausstoßen!"
(Johannes 6,37)

8. März

Nur Noten oder auch Musik?

Es war einmal ein Mann, der sammelte Noten. Alle Regale seines Zimmers waren angefüllt mit den Noten wunderbarer Musikstücke. Alles Geld gab der Mann aus, um immer mehr und noch wertvollere alte Notenausgaben zu erwerben. Er sortierte sie sorgfältig ein und freute sich an seiner wachsenden, kostbaren Sammlung.

Eines Tages klingelte ein Durchreisender an seiner Tür. Er war etwas heruntergekommen und stellte sich als „Bruder Tippel" von der Landstraße vor. Der Mann führte seinen bettelnden Gast in die gute Stube, um ihm etwas zu essen zu bringen.

Staunend blickte der Durchreisende auf die vollen Regale mit all den schönen Notenausgaben. Dann fragte er: „Was sind das alles für wunderbare Bände in deinen Schränken?" – „Ich sammle Noten", erwiderte der Gastgeber. „Spielst du sie denn auch?" fragte der andere. Da wurde der Mann etwas verlegen: „Nein, ich spiele kein Instrument, und ich habe auch keine Zeit, die Noten zu spielen, meine Zeit reicht kaum, sie alle zu sammeln!" „Bruder Tippel" schwieg eine Zeit, dann holte er eine alte Mundharmonika aus seiner Manteltasche und begann, darauf zu spielen. Es klang nicht immer ganz rein und sehr virtuos, aber der Mann war mit Hingabe bei seiner Musik.

Als er schließlich ging, verabschiedete er sich: „Ja, ja, so ist das, die einen sammeln ihr Leben lang Noten, die anderen machen ihr Leben lang Musik." (Nach R. Deichgräber)

Was nützen uns die Tage, die wir im Kalender bei uns tragen, wenn wir sie nicht leben? Was nützen uns die Erfahrungen, die wir in Bücher eintragen, wenn wir sie nicht ausleben? Was nützen uns die Einsichten, die wir im Kopf speichern, wenn sie nicht Hand und Fuß bekommen?

„Die Menschen gehen daher und machen sich viel vergebliche Unruhe. Sie sammeln und wissen nicht, wer es einbringen wird!"
(Psalm 39,7)

---

9. März

Ich habe es satt ⌐

Herr, ich habe es satt, den Hals zu verdrehen und jedem Trugbild nachzugaffen. Ich drehe mich nicht mehr um. Geradeaus sehe ich und schweige. Ich gönne meinem Nacken Ruhe. Denn mein Nacken ist müde vom ewigen Drehen und Wenden.

Mache mich zu einem Menschen, der geradeaus geht, daß ich nur auf deinen Weg schaue, den Weg, den du zeigst.

Meine Ohren sind müde vom Lärm der Züge und Autos, müde vom Nachhall der Worte, vom Kopfweh kommender Tage, sehr, sehr müde und beinahe ertötet vom klingenden, betäubenden Lärm.

Ich habe es satt, gereizt zu werden, gereizt von den vielen Dingen draußen und von der Selbstsucht drinnen.

Herr, reize du mich, daß deine große Liebe mich treibt, und ich in Ewigkeit fröhlich bin. (John Mbiti)

„Die auf ihn sehen, werden erquickt und strahlen vor Freude!"
(Psalm 34,6)

10. März

Alles ist in Bewegung

Wir kommen woher und gehen wohin. Wir treten aus dem Raum der Vergangenheit, huschen über den schmalen Flur der Gegenwart und gelangen in das Zimmer einer dunklen Zukunft. Alles ist in Bewegung.

Die Erde unter uns dreht sich. Die Wolken über uns ziehen weiter. Die Menschen neben uns hasten voran. Die Fragen in uns halten uns auf Trab. Die Wissenschaft bringt uns immer neue Möglichkeiten. Alles ist in Bewegung.

Die Zeiger an der Uhr drehen sich. Kalenderblätter wechseln. Jahreszeiten folgen einander nach. Die Jahre vergehen. Jahrzehnte versinken in der Erinnerung. Das Leben verändert sich. Auf den Tag folgt die Nacht. Auf die Nacht ein neuer Tag. Leben ist erfahren, ergehen, erleben. Menschen brechen auf, reisen und rasen. Kaum angekommen, machen sie neue Pläne und finden neue Wege. Alle sind unterwegs. Viele Menschen hasten auf vielen Wegen mit vielen Schritten in viele Richtungen auf viele Ziele zu. Hindernisse tun sich auf. Wir gehen weiter. Gefahren drohen uns. Wir lassen uns nicht aufhalten. Stolpersteine bringen uns zu Fall. Wir rappeln uns wieder hoch. Ängste wollen uns lähmen. Sie machen uns nur noch mehr Beine. Sorgen werden riesengroß. Wir versuchen sie abzuschütteln, indem wir noch schneller rennen. Alles ist in Bewegung.

„Unstet und flüchtig sollst du sein auf Erden!"

(1. Mose 4,12)

11. März

Aber wohin?   ~

Menschen sind unterwegs. Zu Hause packt sie das Fernweh und läßt sie abfahren. Sie wollen weit weg und suchen die Fremde. In der Ferne bekommen sie Heimweh und haben Sehnsucht nach Haus und Bekannten. Menschen sind unterwegs. Sie haben ihr Leben hingebracht. Aber wohin? Sie haben ihre Jahre zugebracht. Aber wozu? „Wohin soll ich gehen, und wozu soll ich leben?", sind die bangen Fragen des Unterwegs-Menschen. Vor uns liegen eine unsichere Zukunft und ein sicherer Tod. Aber wir müssen weiter. Hinter uns liegt eine schuldhafte Vergangenheit, die wir nicht so ohne weiteres loswerden. Doch der Strom der Zeit reißt uns mit. Unter uns wackelt der Grund, und wir halten uns krampfhaft an vergängliche Dinge. Über uns ziehen dunkle Wolken und Weltgewitter auf. Wir rennen, um vor ihnen im Haus des Glücks Unterschlupf zu finden. Neben uns Stimmen der Ratlosigkeit und Verführung. Und wir lassen uns locken. In uns kämpfen Träume gegen Verzweiflung. Und um uns sterben die Hoffnungen, eine nach der anderen, an Enttäuschung. An uns nagen die Zweifel, und die Leiden zehren die wenigen Lebenskräfte auf. Es ist jeden Tag das gleiche Hoffen und Bangen, Wagen und Zagen. Und immer weiter geht die Lebensreise. Aber wohin?

„Wohin soll ich gehen vor deinem Geist?"

(Psalm 139,7)

12. März

Zuflucht nehmen ⌢

Wohin auch immer wir gehen, reisen, fliehen, Gott ist schon vor uns da. Alle Träume und Türme bis an den Himmel enden bei Gott. So hoch hinaus Menschen auch gelangen mögen, Gott ist noch über ihnen und vor ihnen. Auch der Tod ist kein Ausweg, und im Sterben ist kein Friede. Der Tod führt uns nur noch direkter in die Hände Gottes und vor sein Angesicht. Nehmen wir Flügel der Morgenröte und reisen an die letzten Enden der Erde über die weitesten Meere, auch dort wird Gottes Hand auf uns warten, und seine Augen werden uns sehen. Hüllen wir uns in das dunkelste Dunkel, und verbergen wir uns in der finstersten Nacht, für Gott stehen wir immer im Licht, und alle Wege sind vor ihm offen und klar.

Es gibt in der ganzen weiten Welt keinen Raum ohne Gott, keine Zeit ohne Gott, keine Wirklichkeit, die Gott nicht umfangen und umfassen könnte. Eine sinnlose Flucht vor Gott und eine heillose Flucht vor der Wahrheit muß eine gezielte Zuflucht zu Gott werden.

„Wohin soll ich gehen vor deinem Geist, und wohin soll ich fliehen vor deinem Angesicht?" Wir gehen mit unserem Leben zu Gott und fliehen unter sein Angesicht. Gott möchte unseren aufgeregten und verwirrten Geist mit seinem Geist der Liebe beruhigen. Gott möch-

61

te, daß wir unter seinen Augen geborgen und sicher sind. Wohin soll denn das Leben gehen? Zu ihm. Zu Gott. In seine Nähe, unter seine Hand und Augen.

Ich habe mein Leben nicht nur hingebracht, sondern ihm hingebracht. Ich habe meine Jahre nicht nur zugebracht, sondern zu ihm gebracht. Alles habe ich ihm übergeben. Nun bin ich restlos untergebracht bei ihm. So aufgescheucht und zerbrechlich mein Leben auch ist, in der Liebe Gottes bin ich völlig untergebracht.

„Von allen Seiten umgibst du mich und hältst deine Hand über mir!"
(Psalm 139,5)

13. März

Von guten Mächten wunderbar geborgen ⌣

Wer sein Leben zu Jesus hingebracht, ihm ganz übergeben hat, der ist in seiner Fürsorge gut untergebracht. Das Leben ruht in seiner Hand aus. Menschen wissen nun, woher sie kommen, aus der Güte und Weisheit Gottes, und wohin sie gehen, Gott und seinem Reich entgegen. Nun können sie das Leben wirklich erfahren, erleben, erglauben, erbeten, erhoffen und erlangen. Alles ist in Bewegung, aber in einem Lebenszusammenhang, auf einem gebahnten Weg, durch eine aufgestoßene Tür, zu einem vorbereiteten Ziel. Von allen Seiten umgibt uns Gottes Gegenwart.

Gott geht uns voran. Er schließt uns Zukunftsträume auf, ebnet die Wege, öffnet die Türen und bereitet alles vor. Wo immer wir im Glauben hingelangen, Gott ist schon vor uns da und hat alles für uns vorbereitet. So wird das Leben zu einem Nachfolgen, Nachdenken, Nachleben, Nachsinnen und Nachahmen. Wir sind befreit von der Riesenlast, alles selber eröffnen und erkämpfen zu müssen. Wir leben hinter einem Herrn her, dem alle Welt und alle Zeit gehören.

Gott ist hinter uns. Wo unter unseren Händen Leben zerbricht oder mißlingt, heilt und versöhnt, verbindet und erstattet Gott es in seiner Güte. Die Spur, die wir zurücklassen, muß nun nicht mehr nur aus Sünde und Schuld, aus Blut und Tränen bestehen. In seiner versöhnenden Kraft verwandelt Gott unsere Lebensspur in eine Heils- und Segensspur.

„Ich gehe oder liege, so bist du um mich und siehst alle meine Wege!"
(Psalm 139,3)

14. März

Völlig eingehüllt –

Gott ist unter uns in seiner tragenden Liebe. Seine glühende Liebe sucht immer die tiefste Stelle unseres Lebens. Wo wir ganz tief besorgt und geängstigt sind, da ist Gott noch unter uns. Wo wir tief in Trauer und Leid hineingeraten, da reicht seine Barmherzigkeit noch tiefer. Wo Menschen ganz tief in Verzweiflung und Resignation hineinfallen, da fängt uns Gottes Treue auf. Selbst die tiefste Verstrickung in Sünde und Schuld nimmt Gott noch auf sich, indem das Lamm Gottes unsere Sünde hinwegträgt.

Gott ist über uns in seiner bergenden Macht. Was auch immer für Mächte nach unserem Leben greifen, die Macht des Bösen, der Lüge, des Schicksals und des Todes, Gott hält seine mächtige Hand über uns. Er deckt uns zu und bewahrt uns vor einem letzten Zerbrochen- und Angetastetwerden.

Gott ist neben uns als Ratgeber und Begleiter. Als Freund teilt er unsere Freude. Als Tröster leidet er mit uns. Aus dem traurigen Begleiter der Angst wird nun der göttliche Begleiter der Hoffnung. Gott ist viel mehr um uns besorgt, als wir es selbst je sein können. Wie seinen Augapfel birgt und umhüllt Gott die Seinen.

Gott wohnt mit seinem Geist in uns. Unser zerbrechliches Leben, unser sterblicher Leib soll eine Wohnung seines Heiligen Geistes sein. Seine ganze Herrlichkeit soll in uns zur Auswirkung und zum Ausdruck kommen. Gott nimmt Wohnung bei uns, damit wir einmal ganz bei ihm wohnen und zu Hause sein können.

Und Gott ist schließlich für uns. Sein Treueversprechen ist unverbrüchlich. Es gilt unter allen Umständen und ohne jede Einschränkung. Die letzte Garantie für unser Leben liegt nicht in unserem Glauben, unserer Erfahrung, sondern in seiner absoluten Treue. Gott ist für uns. Wer mag dann noch gegen uns sein? Gott spricht für uns. Wer will dann noch gegen uns sprechen? Und selbst wenn uns unser Herz verdammt, ist Gott noch größer und in seiner Liebe für uns da.

„Ich bin bei euch alle Tage bis an der Welt Ende!"

(Matthäus 28,20)

15. März

Am Ende

Gott ist vor uns und hinter uns. Er ist unter uns und über uns. Gott ist neben uns und in uns. Und Gott ist für uns. Von allen Seiten umgibt er uns. Alle Tage begleitet er uns. Immer hält er seine Hände über uns. Darin sind wir wirklich gut untergebracht. Hier ist der beste Ruheort zum Wohnen und Bleiben, zum Leben und Überleben. Hier ist der Raum, in dem die Sehnsucht, die uns in Bewegung bringt, auch gestillt wird. Hier ist das Gelaß Gottes, in dem wir die Gelassenheit finden können. Hier ist das Gemach, wo wir zur Ruhe kommen. Es gibt nur einen Ort auf dieser Welt, an dem die Erfüllung des Lebens nicht geringer ist als die Sehnsucht. Und das ist die Fürsorge und Güte Gottes für unser Unterwegs-Leben. Alles ist in Bewegung. Und alles ruht bei ihm aus. Denn wir sind gut untergebracht in seiner Treue und Barmherzigkeit.

„Ich bin am Ende!" sagen Menschen aus eigener Kraft.

„Am Ende bin ich noch immer bei dir!" sagen Menschen aus der Kraft des Glaubens und Vertrauens.

„Deine Augen sahen mich, als ich noch nicht bereitet war, und alle Tage waren in dein Buch geschrieben, die noch werden sollten... Am Ende bin ich immer bei dir!"

(Psalm 139,16ff)

16. März

Loslassen und Gewinnen

Eine Krähe erbeutete einst ein großes Stück Fleisch und erhob sich damit in den Himmel. Zwanzig andere Krähen flogen ihr nach, um sie zu verfolgen. Gierig und erbittert griffen sie die Krähe an, um ihr den leckeren Bissen zu entreißen. Schließlich ließ die Krähe das Fleischstück fallen. Darauf ließen die anderen Krähen von ihrer Verfolgung ab und flogen schreiend dem Fleischstück nach.

Da krächzte die Krähe zu sich selbst: „Nun ist es friedlich und ruhig hier oben. Der ganze wunderbare Himmel gehört mir!"

„Laß fallen, was dich so beschwert, sei einer, der auf Jesus hört, mit ihm gewinnst du das Leben!" (Heinz Fuhrmann)

„Jesus sprach zu ihnen: Sehet zu und hütet euch vor aller Habgier; denn niemand lebt davon, daß er viele Güter hat!"

(Lukas 12,15)

17. März

Ein Stab, ein Mantel und eine Muschel

Alle Menschen sind Wanderer, und jedes Leben ist eine Reise. „Fare well", sagen sich Menschen und meinen damit beides: Lebewohl und reise gut. So ist unser ganzes Leben eine Wallfahrt, ein feierliches Gehen (Wallen) zu einem erhabenen Ziel. Wir sind hier auf Erden nur Gäste und Pilger. Der Patron aller Pilger auf Erden ist Jakobus. Er soll einer Legende nach bis Spanien gereist sein und dort als Pilger umhergezogen sein. Über seinem Grab baute man später das berühmte Wallfahrtskloster Santiago de Compostela. Jakobus soll nur drei Dinge bei sich gehabt haben. Einen festen Stab, einen weiten Mantel und eine Muschel, eine Jakobsmuschel. Der Stab ist auf dem Weg eine gute Stütze. Er bedeutet den Trost im eigentlichen Sinn, den „Trust", den Vertrag, den Gott mit uns Menschen gemacht hat. Gott verträgt und trägt uns, er hält uns die Treue. An diesem Stab kann man sich unterwegs festhalten.

Der Mantel ist auf dem Weg ein wichtiger Schutz. Er bedeutet die Liebe, die einhüllt und birgt, schützt und wärmt.

Die Muschel war das Kennzeichen der Pilger. Am Mantel mit einer Schnur befestigt, war sie das Erkennungszeichen, das für Klöster und Herbergen die Gewährung von Unterkunft und Verpflegung bedeutete. Die Jakobsmuschel gleicht einer offenen Hand, einmal einer bittenden Hand, dann auch einer gebenden Hand. So gebrauchten die Pilger ihre Muschel unterwegs zum Wasserschöpfen und Trinken. Die Muschel, die sich zum Wasser herunterneigt, ist die bittende Hand. Und die Muschel, die das Wasser in den durstigen Leib gießt, ist die gebende Hand. So sind wir Menschen unterwegs. Wir halten uns an den Stab der Treue Gottes. Wir bergen uns in die Liebe Gottes wie in einen warmen, weiten Mantel. Und wir tragen die Jakobsmuschel als Zeichen, daß wir die Herberge erbitten, aber einander auch gewähren.

„Der Herr behüte dich vor allem Übel, er behüte deine Seele. Der Herr behüte deinen Ausgang und Eingang von nun an bis in Ewigkeit!" (Psalm 121,7f)

18. März

Leben ist Einsamsein

Ein einzigartiges Leben ist immer auch ein einsames Leben. Zu der Einmaligkeit des Menschen gehört auch seine Einsamkeit. Weil wir einzig sind, sind wir auch einzeln.

Ein Same wird ausgebracht, und durch die Schmerzen der „Einsamkeit" wird vielfältige Frucht eingebracht. Das ist die Fülle und die Freude des Lebens. Die fruchtbare Einsamkeit ist also die, ein ganzer Mensch zu sein, der ausgesät wird und Frucht des Lebens bringt.

Die furchtbare Einsamkeit ist die, als Same erhalten zu bleiben und am Ende ganz allein zu sein.

Einsamkeit hat immer zwei Gesichter, ein freundliches und ein schreckliches. Das freundliche Gesicht der Einsamkeit blickt uns liebevoll an und ermutigt uns, in der Einsamkeit zu uns selber, zum Wesentlichen, zum Schöpferischen zu finden. Das düstere Gesicht der Einsamkeit erschreckt uns mit der Aussicht, ohne einen Lebenszusammenhang allein und verlassen zu bleiben.

„Wenn das Weizenkorn nicht in die Erde fällt und erstirbt, so bleibt es allein (furchtbare Einsamkeit!). Wenn es aber erstirbt, so bringt es viel Frucht (fruchtbare Einsamkeit!)."

(Johannes 12,24)

19. März

Einsamkeit als Chance

Gott und Mensch sind voneinander und zueinander hin gemacht. Mann und Frau sind voneinander genommen und aufeinander bezogen. Mutter und Kind sind auseinander und füreinander geworden. Diese Trennungen und zugleich Beziehungen machen die Einsamkeit und die Sehnsucht nach Einswerden. In der Einsamkeit liegt die Chance zum wieder Eins- und Ganzwerden verborgen.

Die Geburt ist die erste Erfahrung der Einsamkeit. Aber nur durch diese Erfahrung kann ein Mensch zum Leben, zu sich selber und zu seiner Bestimmung kommen. Als ein Same wird er ausgestreut, und zur Einmaligkeit jedes Geborenen gehört auch seine

Einsamkeit. Jeder kann sie schöpferisch nutzen als Antrieb zur Liebe, Begegnung und Beziehung.

Einsamkeit bedeutet darum ursprünglich etwas ganz Kostbares: zum Einen neigen – Einen lieben – Einem gehören.

So kann die Einsamkeit die Chance sein, zur Eindeutigkeit des Glaubens zu führen. Nur einen Herrn zu haben, nur einer Stimme zu folgen, nur eine Liebe zu pflegen, nur ein Ziel zu haben, sind die Chancen der Einsamkeit.

„Wer mich liebt, der hält meine Worte, und mein Vater wird ihn lieben, und wir werden zu ihm kommen und Wohnung bei ihm machen!"

(Johannes 14,23)

20. März

Innen und Außen

Im Wohnzimmer tickt unsere alte Wanduhr gemütlich vor sich hin. Sie ist ruhig und in Bewegung zugleich. Ihr Pendel bewegt sich gleichmäßig und stetig. Die Zeiger rücken in Ruhe immer weiter. Die Uhr wirkt wie eine tiefe Ruhe und eine ständige Bewegung zugleich.

Aber zu ihrer äußeren Bewegung gehört eine innere Spannung. Wenn die Uhr nicht aufgezogen und die Feder nicht gespannt ist, kann das Pendel nicht lange in Bewegung bleiben. Wenn man dann das Pendel von außen anstößt, schlägt es einige Male aus, und man meint, die Uhr geht. Aber nach wenigen Bewegungen steht das Pendel wieder still.

So ist es auch im menschlichen Leben. Die äußeren Impulse und Appelle, Ermahnungen und Aufforderungen zu einer Bewegung und Veränderung bringen nur kurzlebige Auswirkungen. Was haben Menschen alles gewollt und sich vorgenommen, was haben sie einander alles angemahnt und sich aufgelegt, zugemutet und abverlangt. Was haben sie alles angefangen und in Gang gebracht, und wie schnell war es dann wieder vorbei.

Wenn der Mensch nicht im Innern von Gott selbst angerührt und erfüllt, in Spannung gebracht und motiviert wird, nützen alle äußeren Impulse nur wenig. Wenn aber Gott selbst durch seinen Geist der Liebe in uns seine bewegende und motivierende Kraft einsetzt, dann sind auch die Anstöße und Ermutigungen von außen wichtig. So brauchen wir innen die Spannkraft des Geistes Gottes und von außen die Anstöße und Impulse der anderen.

„Ich bitte darum, daß Christus wohne durch den Glauben in euren Herzen und ihr in der Liebe eingewurzelt und gegründet werdet!"
(Epheser 3,17)

21. März

Sagen und Entsagen

Reden und Raten, aber auch Schweigen und Ruhen sind wichtig. Haben und Handeln, aber auch Verzichten und Lassen sind nötig. Nur in der Spannung von Sagen und Entsagen kann sich das Leben ereignen.

Es gibt so viel zu tun und zu sagen. Berge von Schuld müssen abgetragen und tiefe Täler aus Angst müssen mit Zuversicht aufgefüllt werden. Wunden wollen verbunden und Kränkungen geheilt sein. Es gibt so viel zu reden im Großen und zu raten im Kleinen. Aber das Schweigen und Entsagen ist genauso wichtig. Einmal weil es für vieles keine Worte gibt. Die letzten Geheimnisse Gottes, die tiefsten Fragen der Menschen, die äußersten Grenzen des Lebens lassen oft nur das Entsagen zu. Müssen wir wirklich alles benennen und erklären, besprechen und beweisen? Ist nicht ehrliches Schweigen manchmal besser als leichtfertiges Reden?

Zum anderen ist Entsagen auch die Erfahrung, daß es für manche Wahrheiten und Erkenntnisse, Erfahrungen und Einsichten nicht immer die Ohren von Verstehenden gibt. Auch da bleibt nur das Ent-sagen. Und schließlich meint Entsagen auch, daß man vieles Schöne, Normale eben nicht tut, lebt oder erfährt, um sich auf das Wesentliche und Wichtigste zu konzentrieren.

Gott kann beides segnen, das Sagen und Entsagen, das Tun und Lassen.

„Ich will schweigen und meinen Mund nicht auftun, denn du hast es getan!"
(Psalm 39,10)

22. März

Wie der Dieb ins Paradies gelangte ✝

Ein Dieb kam zum Himmelreich und pochte an die Tür. „Macht auf!"
Der Apostel Petrus, der die Schlüssel zum Himmelreich besitzt,
hörte das Klopfen und ging zur Tür. „Wer ist da?" – „Ich." – „Wer
bist du?" – „Ein Dieb. Laß mich ins Himmelreich." – „Nein, hier ist
kein Platz für Diebe." – „Und wer bist du, daß du mich nicht
einlassen willst?" – „Der Apostel Petrus." – „Dich kenn ich! Du bist
der, der Christus verleugnete, noch bevor der Hahn krähte. Ich weiß
alles, Bruder!" Da kehrte Petrus um und suchte Paulus. „Geh,
Paulus, sprich du mit ihm." Paulus ging zur Tür. „Wer ist da?" –
„Ich, der Dieb. Laß mich ins Himmelreich!" – „Hier ist für Diebe
kein Platz." – „Und wer bist du, daß du mich nicht einlassen willst?"
– „Ich bin der Apostel Paulus." – „Ach Paulus! Ich weiß, du bist
jener, der die Christen verfolgte. Und du bist jetzt im Paradies!" –
Da kehrte auch Paulus um und erzählte Petrus, was der Dieb gesagt
hatte. „Nun", sprach Petrus, „dann werden wir den Evangelisten
Johannes schicken. Er hat Christus keinmal verleugnet. Soll er mit
dem Dieb reden." Johannes ging zur Tür. „Wer ist da?" – „Ich, der
Dieb. Laß mich ins Himmelreich!" – „Da kannst du lange bitten,
Dieb. Für solche Sünder wie dich ist hier kein Platz." – „Und wer
bist du, daß du mich nicht einlassen willst?" – „Ich bin der Evangelist Johannes." – „Aha, du bist ein Evangelist. Weshalb betrügt ihr
die Menschen? Ihr habt im Evangelium geschrieben: ‚Klopft an, so
wird euch aufgetan; bittet, so wird euch gegeben.' Jetzt stehe ich
hier schon seit zwei Stunden und klopfe an, aber niemand tut mir
auf. Wenn du mich nicht auf der Stelle ins Himmelreich einläßt,
dann kehre ich auf die Erde zurück und sage den Menschen, daß
ihr im Evangelium die Unwahrheit geschrieben habt!" Da erschrak
Johannes und ließ den Dieb ins Himmelreich. (Nach einem russi-
schen Märchen)

*„Bittet, so wird euch gegeben. Suchet, so werdet ihr finden. Klopfet
an, so wird euch aufgetan."*

(Matthäus 7,7)

23. März

Die beste Vorsorge

Ein italienischer Schriftsteller will ein Buch schreiben über die Jugendkriminalität. Er ruft gegen 23 Uhr zwölf wohlhabende Familien an, um dort die Eltern zu fragen, ob sie wüßten, wo ihre Kinder jetzt seien. Bei seinen ersten sechs Anrufen melden sich Kinder, die keine Ahnung haben, wo sich ihre Eltern befinden.

„Wer für ein Jahr sorgen will, muß Korn säen. Wer für zehn Jahre sorgen will, muß Bäume pflanzen. Wer aber für hundert Jahre vorausdenkt, muß sich um seine Familie kümmern!" (Chinesisches Sprichwort)

„Als ich noch Kind in meines Vaters Hause war, ein zartes, das einzige unter der Obhut meiner Mutter, da lehrte er mich und sprach: Laß dein Herz meine Worte aufnehmen; halte meine Gebote, so wirst du leben!"

(Sprüche 4,3f)

24. März

Tränen der Freude

Eine Diakonisse ging einst als Missionarin nach China. Mit viel Mühe und unter manchen Entbehrungen baute sie dort eine kleine Gemeinde auf. Nun lag sie an den Folgen einer schweren Krankheit im Sterben. Da kam eine durch ihren Dienst gläubig gewordene Chinesin an ihr Sterbelager, setzte sich der Missionarin zu Füßen, streichelte sie unter vielen Tränen und sagte: „Schwester Minna, ich danke dir, daß deine Füße über unsere hohen Sinping-Berge gestiegen sind, um uns die Erlösungsbotschaft von Jesus zu bringen. Ich wäre heute nicht hier und nicht im Glauben bei Gott, wenn deine Füße nicht zu uns nach China gekommen wären!"

„Die mit Tränen säen, werden mit Freuden ernten. Sie gehen hin und weinen und tragen edlen Samen und kommen mit Freuden und bringen ihre Garben!"

(Psalm 126,5f)

25. März

Jesus

Jesus,
   nicht von oben herab zwingt deine Liebe den Menschen Gemeinschaft auf.
Jesus,
   Stufe für Stufe steigst du hinab zum Menschen, füllst die Schale mit Wasser, den Dreck wegzunehmen, der an den Füßen haftet.
Jesus,
   du kennst die Wege, die Menschen gehen, die Irrwege und Umwege, die Trampelpfade, Sehnsuchtsstraßen, die vergeblichen, und die, die Ziele finden, die sauberen und schmutzigen, die nach oben und nach unten.
Jesus,
   du bist dir nicht zu schade, dich niederzubeugen, dich schmutzig zu machen, dich hinzugeben für die Menschen.
Jesus,
   Stufe für Stufe steigst du zu uns, füllst die Schale mit Wasser, das reinigt und heilt, gibst den Becher deiner Liebe; damit wir sie erkennen, die Schwestern und Brüder, und mit ihnen den Weg gehen, der du bist, Jesus zu dir! (P. Alexander Holzbach)

„Und wie er geliebt hatte die Seinen, so liebte er sie bis ans Ende... Danach goß er Wasser in ein Becken und hob an, den Jüngern die Füße zu waschen, und trocknete sie mit dem Schurz, mit dem er umgürtet war."

(Johannes 13,1.5)

26. März

Ein Blick in die Augen

Der Befehlshaber der Besatzungstruppen sagte zu dem Bürgermeister des Bergdorfes: „Wir sind sicher, daß ihr einen Verräter in eurem Dorf versteckt. Wenn ihr ihn uns nicht übergebt, werden wir euch und die Dorfbewohner in Angst und Schrecken versetzen!"
   In der Tat versteckte sich ein Mann im Dorf, der aber gut und aufrichtig schien und von allen geliebt wurde. Aber was konnte der

Bürgermeister tun, wenn das Wohlergehen des ganzen Dorfes auf dem Spiel stand? Tagelange Beratungen im Dorfrat führten zu keinem Entschluß. Also beriet der Bürgermeister die Angelegenheit mit dem Dorfgeistlichen. Der Priester und der Bürgermeister suchten eine ganze Nacht in der Schrift und stießen zuletzt auf ein Wort: „Es ist besser, einer stirbt, und das Volk wird gerettet." Also übergab man den unschuldigen Mann den Besatzungstruppen. Er wurde grausam gefoltert, bis seine Schreie im ganzen Dorf zu hören waren, und schließlich wurde er getötet. Zwanzig Jahre später kam ein Prophet durch jenes Dorf, ging direkt zu dem Bürgermeister und sagte: „Was habt ihr getan? Dieser Mann war von Gott ausersehen, der Retter dieses Landes zu werden. Und ihr habt ihn ausgeliefert, so daß er gefoltert und getötet wurde."

„Was konnte ich tun?", wandte der Bürgermeister ein. „Der Priester und ich sahen in der Schrift nach und handelten entsprechend."

„Das war euer Fehler", sagte der Prophet, „ihr saht in die Schrift. Ihr hättet auch in seine Augen sehen sollen!" (Anthony de Mello)

„Öffne mir die Augen, daß ich sehe die Wunder an deinem Gesetz!"
(Psalm 119,18)

27. März

Worte, Worte und das Wort

Die Geschichte von der Erschaffung der Welt am Anfang der Bibel gehört anerkanntermaßen zu den großen Werken der Weltliteratur. In einer einmalig schönen und dichten Sprache wird in wenigen Sätzen die Entstehung der ganzen Welt von den Gestirnen des Himmels bis zu den kleinsten Lebewesen auf Erden beschrieben. Die Schöpfungsgeschichte umfaßt 787 Worte.

Das Glaubensbekenntnis der Christen, in dem das ganze Evangelium von der Schöpfung, Erlösung und Heiligung zusammengefaßt und glaubend, betend und bekennend zugleich ausgesprochen wird, umfaßt 107 Worte.

Die zehn Gebote Gottes für das menschliche Leben, die, würden sie vom Menschen angenommen und ausgelebt, die ganze Welt verändern könnten, umfassen 103 Worte.

Das Vaterunser ist das Gebet, das die Welt umspannt. Es ist das

Gebet aller Christen auf Erden, ein Gebet, das von Gott kommt und zu Gott geht. Ein Gebet, das niemand ganz ausbetet, das immer noch weiter und größer ist als alles, was Menschen beten können. Es umfaßt 63 Worte. (In der deutschen Fassung nach Martin Luther.)

Und Gott selbst in seiner ganzen Fülle und Liebe kam in einem Wort zur Welt. Das Wort wurde Mensch und wohnte unter uns: Jesus.

Die Verordnung der EG über die Einfuhr von Karamelbonbons umfaßt 25.911 Worte.

„Bewahre, was dir anvertraut ist, und meide die ungeistlichen, losen Geschwätze!"

(1. Timotheus 6,20)

28. März

Der Mantel und der Mensch

Gott hat nach dem Unglück der Sünde nicht den Menschen zugeschnitten, daß er in seinen Mantel paßt. Er hat den Mantel zugeschnitten, daß er dem Menschen paßt . (1. Mose 3,21)

Der Vater hat nach der glücklichen Heimkehr des verlorenen Sohnes nicht den Sohn zugeschnitten, daß er dem Kleid paßt, sondern das Festkleid zugeschnitten, daß es dem Sohn paßt. (Lukas 15,22)

Wie oft haben wir einen Menschen, den Ehepartner, die Kinder, die Eltern, Freunde und Helfer, zugeschnitten, daß sie in unseren Mantel passen? Schneiden wir besser unseren Mantel zu, damit er den Menschen paßt!

„In Demut achte einer den anderen höher als sich selbst, und ein jeglicher sehe nicht auf das Seine, sondern auch auf das, was des anderen ist!"

(Philipper 2,3f)

29. März

In den eigenen Ketten gefangen

Eine Geschichte aus dem Mittelalter erzählt von einem Schmied. Er hatte Kräfte wie ein Bär und konnte besonders gute Ketten schmieden, die niemand zu sprengen vermochte. Eines Tages wurde der Schmied bei einem Diebstahl überrascht und in das Gefängnis gebracht. Dort wurde er mit Ketten gefesselt. Er lachte in sich hinein, weil er daran dachte, wie leicht er mit seinen Riesenkräften die Ketten würde sprengen können. Doch sein Lachen verwandelte sich in Schmerz, als er an der Kette das Zeichen seiner Schmiede erkannte. Nun saß er in seinen eigenen Ketten gefangen, und die waren so gut gemacht, daß selbst er ihnen nicht entkommen konnte.

Wie oft haben Menschen vermessen gedacht, sie könnten sich aus Zwängen und Abhängigkeiten schnell befreien, bis sie merkten, daß die eigenen Fehler und Werke sie gefangen nehmen. Niemand entkommt aus eigener Kraft den Ketten seiner Schuld und Abhängigkeit. Da brauchen wir einen, der uns losbindet und die Freiheit schenkt.

„Ihr aber seid zur Freiheit berufen. Allein sehet zu, daß ihr durch die Freiheit nicht der Sünde Raum gebet, sondern in der Liebe diene einer dem anderen!"

(Galater 5,13)

30. März

Versöhnt

Ein Mann wurde nach und nach blind. Mit allen Mitteln der eigenen Kraft und der medizinischen Kunst kämpfte er gegen die Erblindung. Als die Ärzte ihm nicht mehr helfen konnten, ging er mit seinen Gefühlen weiter gegen die Erkrankung an. Ein guter Freund sah mit Schmerzen, wie der Mann im Unglück verfiel. Er nahm allen Mut zusammen und riet ihm, sich mit seiner Blindheit zu versöhnen.

Es war ein langer Kampf. Zunächst Verweigerung, dann sprach der Mann über seine Blindheit mit bitteren und bösen Worten. Ganz langsam verwandelten sich die Worte in Resignation, Toleranz und schließlich in Ergebung und Einwilligung. Eines Tages war er soweit, daß er seine Blindheit annehmen und sich mit ihr aussöhnen konnte.

Seine Sehkraft hatte er verloren, aber er hatte die Lebenskraft wiedergefunden. Und wie schön war sein Gesicht, als er wieder lachte.

„Der Herr aber richte eure Herzen zu der Liebe Gottes und zu der Geduld Christi."

(2. Thessalonicher 3,5)

31. März

Einer ist anders

An einem Auto vor mir lese ich auf einem Aufkleber: „Macht macht immer kaputt!" Ja, denke ich, und mir fallen die vielen Kriege und Gewalttaten ein. Ich sehe vor mir die Spur von Blut und Tränen, die die Mächtigen hinter sich herziehen. Militärische Macht, Finanzmacht, Körperkraft oder seelische Übermacht haben andere unterdrückt und ihr Leben zerstört. Zwischen den Völkern im Großen und den Menschen in Familien und Gruppen im Kleinen hat Macht viel kaputtgemacht. Und die Antwort sprühen dann die jungen Leute an die Häuserwände: „Macht kaputt, was euch kaputtmacht!" So geht die Spirale von Gewalt und neuer Gewalt unaufhörlich weiter.

Und doch stimmt der Aufkleber nicht. Jesus war anders. Er hat seine ganze göttliche Macht an die Liebe gebunden. Darum macht er nicht kaputt, sondern baut auf. Jesus hat nicht andere geopfert, um selbst zu überleben. Er hat sich in seiner Liebe selbst geopfert, damit wir überleben. Jesus hat alle Macht und Gewalt, aber er bindet sie an die vollkommene Liebe und baut damit das Leben auf. Seine Liebesmacht und seine machtvolle Liebe brauchen wir dringender als irgendetwas zum Leben.

„Ein jeglicher sei gesinnt, wie Jesus Christus auch war. Er entäußerte sich selbst und nahm Knechtsgestalt an. Er erniedrigte sich selbst und ward gehorsam bis zum Tode!"

(Philipper 2,5.7f)

75

1. April

Der Schmerz der Liebe

Ein König verliebte sich leidenschaftlich in eine Sklavin. Er ließ sie aus dem Sklavenhaus holen und in den königlichen Palast bringen. Er wollte sie heiraten und sie zu seiner Ehefrau machen. Aber an dem Tag, an dem sie den Palast betrat, wurde die Frau auf rätselhafte Weise krank. Es ging ihr von Tag zu Tag schlechter. Die besten Ärzte wurden gebeten, die kostbarsten Arzneien verabreicht. Aber nichts half, und die Frau schwebte zwischen Leben und Tod. Verzweifelt bot der König die Hälfte seines Königreiches dem, der sie heilen konnte. Aber niemand fand sich. Schließlich tauchte ein Weiser auf, der bat, mit der Frau allein sprechen zu dürfen. Nachdem er lange mit ihr geredet hatte, kam er vor den König, der gierig auf das Urteil wartete.

„Eure Majestät, es gibt eine Medizin für die Frau, aber sie wird sehr schmerzhaft sein. Nicht für die Frau, aber für Eure Majestät!"

„Nenne die Medizin, und sie soll sie bekommen, gleichgültig, was sie kostet!" rief der König. „Armer König, die Frau liebt einen Eurer Diener. Gebt sie frei, und sie wird sofort gesund!"

Der König begehrte die Frau so sehr, daß er sie nicht freigeben wollte. Aber er liebte sie so sehr, daß er sie nicht sterben lassen wollte. Wird die Liebe über die Begierde siegen?

„Herr, du kennst all mein Begehren, und mein Seufzen ist dir nicht verborgen!"

(Psalm 38,10)

2. April

Das bessere Lied

Der polnische König und sächsische Kurfürst, August der Starke, hatte einst im Musiksaal des Dresdener Schlosses eine erlesene Gesellschaft zu einem abendlichen Konzert eingeladen. Ein berühmter Musiker sollte ihnen eine Probe seines Könnens zeigen und die vornehmen Leute unterhalten. Man erwartet fröhliche Weisen und wunderbare Tanzmelodien. Doch der Künstler ist von ganz anderer Musik erfüllt, als er all die armen Reichen dort im

Saal ansieht. Ganz langsam beginnt Johann Sebastian Bach sein Spiel, und feierlich klingt es durch den Saal: „Ein Lämmlein geht und trägt die Schuld der Welt und ihrer Kinder..." Es wird still im Raum, und die Menschen lauschen, ergriffen von der wunderbaren Musik. Dann ist die letzte Zeile verklungen: „...und spricht: Ich wills gern leiden!"

Nach einer langen Stille geht der Kurfürst auf Bach zu, zieht seinen Ring vom Finger, steckt ihn Johann Sebastian Bach an und sagt: „Trag er den Ring zum Andenken an diese Stunde und zum Zeichen, daß ich ihm lebenslang verbunden bin in Dankbarkeit und Freundschaft. Er hat mir an diesem Abend viel gegeben. Durch sein Lied hat er zu mir geredet, wie noch keiner es vermocht hat. Ich danke ihm."

„Ein Lämmlein geht und trägt die Schuld der Welt und ihrer Kinder; es geht und büßet in Geduld die Sünden aller Sünder; es geht dahin, wird matt und krank, ergibt sich auf die Würgebank, entsaget allen Freuden, es nimmet an Schmach, Hohn und Spott, Angst, Wunden, Striemen, Kreuz und Tod und spricht: Ich wills gern leiden!" (Paul Gerhardt)

„Siehe, das ist Gottes Lamm, welches die Sünde der Welt hinwegträgt!"

(Johannes 1,29)

---
3. April

Unvergleichlich

Jesus Christus ist nicht nur ein Leuchtender, sondern das Licht, nicht nur ein Wegweiser, sondern der Weg,
nicht nur ein Wahrhaftiger, sondern die Wahrheit.

Jesus Christus ist nicht nur ein Lebendiger, sondern das Leben, nicht nur ein Großer, sondern der Herr aller Herren,
nicht nur ein guter Mensch, sondern die Güte Gottes in Person.

Jesus Christus ist der einzige, in dem wir Gott selbst erkennen, wie er ist, und zugleich der einzige, von dem wir ganz erkannt sind, wie wir sind. Jesus Christus ist der einzige, der die Wahrheit über den Menschen und die Liebe zum Menschen verbindet, der einzige, der die Macht über den Tod mit der Liebe zum Leben versöhnt. Jesus Christus ist der einzige, der Anfang, Mitte und Ende zugleich ist, der einzige, der in der tiefsten Tiefe und in der höchsten Höhe bei uns ist. Jesus Christus ist der einzige, der die Schuldfrage, die Sinnfrage, die Machtfrage, die Wahrheitsfrage, die Todesfrage, die Menschheitsfrage und die Gottesfrage beantwortet hat. Er ist der einzige, der unser volles Vertrauen verdient und niemals enttäuscht hat. Jesus ist unvergleichlich!

„In Jesus wohnt die ganze Fülle Gottes leibhaftig, und ihr habt diese Fülle in ihm, der das Haupt ist über alle Reiche und Gewalten!"

(Kolosser 2,9f)

4. April

Verhaftet

„Jesus soll für dich ein Erlöser alles dessen sein, was du durch Sünden an dir verderbt hast. Und mit alledem schmiege dich ganz an ihn, denn du hast mit Sünden verderbt alles, was an dir ist: Herz, Sinne, Leib, Seele, Kräfte und was an und in dir ist. Es ist alles ganz krank und verdorben. Darum flieh zu ihm, an dem kein Gebrechen ist, sondern lauter Gutes, auf daß er ein Erlöser für alle deine Verderbnis sei, innen und außen. Wer Gott eng anhaftet, dem haftet alles an, was göttlich ist, und den flieht alles, was Gott ungleich und fremd ist." (Meister Eckehart)

„In ihm haben wir die Erlösung durch sein Blut, die Vergebung der Sünden, nach dem Reichtum seiner Gnade, die er uns reichlich hat widerfahren lassen in allerlei Weisheit und Klugheit!"

(Epheser 1,7f)

5. April

Die sieben Krüge voll Gold

Ein Barbier kam an einem verwunschenen Baum vorbei, als er eine Stimme hörte: „Möchtest du die sieben Krüge voll Gold haben?" Er blickte sich um und sah niemand. Aber seine Habgier war geweckt: „Ja, natürlich möchte ich sie haben!" – „Dann geh sofort nach Hause", sagte die Stimme, „dort wirst du sie vorfinden."

78

Der Barbier lief, so schnell er konnte, nach Hause. Und wirklich, dort waren die sieben Krüge voll Gold, außer einem, der nur halbvoll war. Der Barbier konnte jetzt den Gedanken nicht ertragen, daß ein Krug nur halbvoll war. Er war besessen von dem Wunsch, ihn zu füllen, sonst könnte er einfach nicht glücklich sein. Er ließ allen Familienschmuck einschmelzen und füllte ihn in den halbvollen Krug. Aber der Krug wurde nicht voll. Es war zum Verzweifeln. Er sparte und knauserte und hungerte sich und seine Familie fast zu Tode. Aber ohne Erfolg. Gleichgültig, wieviel er in den Krug hineintat, er wurde nicht voll. Also bat er den König, sein Gehalt zu verdoppeln. Der Krug verschlang jede Münze und blieb doch nur halbvoll. Der Barbier war früher mit seinem kleinen Gehalt so glücklich. Nun hatte er das doppelte Gehalt und die sieben Krüge voll Gold und wurde immer trauriger, verzweifelter und ärmer. Was sollte er nur machen? Geben Sie ihm doch einen guten Rat! (Nach einer alten Legende)

„Es ist ein böses Übel, das sah ich unter der Sonne: Reichtum, wohl verwahrt, wird zum Schaden dem, der ihn hat!"

(Prediger 5,12)

6. April

Reichtum

Die Lehrerin spricht in der Schule mit den Kindern über den Reichtum. Worin der Reichtum besteht und woran man reiche Menschen erkennen könne, fragt sie die Schülerinnen und Schüler. Reiche haben ein großes Haus und einen schicken Wagen. Sie tragen teure Kleidung und machen weite Reisen. Sie haben oft Dienstboten und Angestellte. Sie haben wertvollen Schmuck und sind gut versichert. So kommen die Antworten der Kinder zusammen. Schließlich ruft ein Junge in die Klasse hinein: „Wir sind reich. Meine Mutter sagt immer, wir sind kinderreich!" Die ganze Klasse lacht schallend.

„Siehe, Kinder sind eine Gabe des Herrn, und Leibesfrucht ist ein Geschenk."

(Psalm 127,3)

7. April
Die andere Sicht

Auf einem steilen, holprigen Weg begegnet ein Mann einem kleinen Mädchen, das schwer beladen und mühsam seinen Weg geht. „Du trägst aber eine schwere Last!" sagt der Mann bedauernd und voller Mitleid mit dem Kind. Darauf schaut das Mädchen ihn verwundert an: „Ich trage doch keine Last, ich trage meinen Bruder!"

Nur in der Liebe wird eine Last erträglich. Nur die Liebe mißt die Last nicht nach der Schwere, sondern nach der Nähe. Darum trug Jesus unsere Sünde und nahm auf sich unser Leben. Er trug in Liebe keine Last, sondern seine Schwestern und Brüder.

„Fürwahr, er trug unsere Krankheit und lud auf sich unsere Schmerzen. Um unserer Missetat willen ist er verwundet und um unserer Sünde willen zerschlagen, die Strafe liegt auf ihm, auf daß wir Frieden hätten, und durch seine Wunden sind wir geheilt!"

(Jesaja 53,4f)

8. April
Liebe rechnet nicht

Mann und Frau geraten in einen Streit. „Warum hältst du mir immer meine Fehler vor, die ich früher einmal gemacht habe? Ich denke, du hast sie sie mir längst vergeben und vergessen." – „Ja, ich habe dir vergeben und auch vergessen," antwortet die Ehefrau, „aber ich möchte auch sicher sein, daß du nicht vergißt, daß ich dir vergeben und alles vergessen habe!"

Die Liebe führt nicht Buch, rechnet nicht auf, hält nicht vor, trägt nicht nach. Die Liebe vergibt.

„Die Liebe rechnet das Böse nicht zu, sie erträgt alles, sie glaubt alles, sie hofft alles, sie duldet alles!"

(1. Korinther 13,5.7)

9. April

Brückenbauer

In Südafrika besucht ein Seelsorger einen schwarzen Gefangenen, der um einen Besuch und das Abendmahl gebeten hat. Das Gespräch und die kleine Feier werden von einem weißen Aufseher bewacht. Zu dritt sind die Männer in einem Raum eingeschlossen. Als er mit dem Abendmahl beginnt, sagt der Pfarrer zu dem Gefängniswärter: „Wir Christen feiern das Abendmahl auch im Gefängnis als offene Gemeinde und als Zeichen der Freiheit, die für alle bereit ist", und bittet den Aufseher, am Abendmahl teilzunehmen. Zögernd kommt der Wärter dazu. Der Pfarrer bricht das Brot für alle drei und gibt den Kelch dem Gefangenen, dann dem Aufseher, und alle trinken aus dem einen Kelch. Zur Segensbitte reichen sich die Männer die Hände und wünschen sich den Frieden Gottes.

Über alle Unterschiede und Gegensätze hinweg, leben alle von einem Brot der Vergebung und trinken alle aus einem Kelch der Versöhnung. Schwarze und Weiße, Gefangene und Wärter könnten sich unter der Liebe Jesu die Hände reichen. Damit es dazu kommt und die Bereitschaft dazu wächst, sind priesterliche Menschen nötig, die als Brückenbauer in die Versöhnung einladen.

„Denn Jesus ist unser Friede, der aus beiden eines gemacht hat und hat den Zaun abgebrochen, der dazwischen war, nämlich die Feindschaft, und hat Frieden gemacht und beide versöhnt mit Gott in einem Leib!"

(Epheser 2,14.16)

10. April

Der ist wie ein Baum

Mauretanische Häuptlinge kamen einst aus der Wüste in fruchtbares Stromland. Dort erblickten sie zum ersten Mal in ihrem Leben Bäume. Von deren Anblick ergriffen und fasziniert, weinten sie vor Staunen. Bäume sind Leben, Zauber, Geheimnis und Wunder in einem. Sie sprechen alle unsere Sinne direkt an. Einen Baum anzusehen, ist zu jeder Jahres- und Tageszeit ein Erlebnis. Nie sieht sich das Auge satt an ihrer Schönheit und Vielfalt. Das

Rauschen der Bäume zu hören, ist wie auf die Melodien des Lebens achten. Immer neue Töne, immer wieder anders und überraschend für unsere Ohren. Den Stamm und seine Rinde betasten, den Duft von Blättern und Nadeln einsaugen, sind elementare Erfahrungen. Und schließlich die kostbaren Früchte zu schmecken, welch ein Genuß. Es gibt kaum ein größeres Glück, als unter einem Baum, von seinem Schatten gekühlt, von seiner Schönheit berauscht, von seinem Duft betört, in den Himmel hineinzuträumen.

Bäume sind allen vier Elementen des Lebens direkt verwandt. Aus der Erde erhält der Baum seine Festigkeit und Kraft. Mit Hilfe des Wassers bezieht er seine Nahrung aus der Tiefe der Erde. Seine Blätter atmen, und atmend verwandeln sie Stickstoff in Sauerstoff. Dazu bedarf es der Sonne. So verbindet der Baum die schweren Elemente Erde und Wasser mit den leichten der Luft und des Lichtes. Der Baum ist wie eine Leiter von der Erde zum Himmel.

Ohne daß der Baum rennt und rotiert, spendet er alles zum Leben: Schönheit und Schatten, Schutz und Sauerstoff, Früchte und Heilkräfte und schließlich Bauholz und Brennholz.

„Ein Mensch, der Lust hat am Wort Gottes, der ist wie ein Baum, gepflanzt an den Wasserbächen, der seine Frucht bringt zu seiner Zeit!"

(Psalm 1,2f)

11. April

Liebe und Tod

Nur die Liebe und der Tod verändern wirklich etwas. Doch die Liebe ist stärker als der Tod. Der englische Diktator Oliver Cromwell verurteilte einen seiner Gegner zum Tod auf dem Schafott. Dessen Frau bat Oliver Cromwell um Gnade für ihren Mann. Doch Cromwell blieb hart, lehnte das Gnadengesuch ab und sagte der Frau: „Morgen früh um sechs, wenn die Glocke läutet, muß ihr Mann sterben!" Aber am nächsten Morgen um sechs Uhr läutete die Glocke nicht. Als der Küster oben im Turm nachschaute, sah er, daß sich die Frau des Verurteilten am Klöppel der Glocke festgehalten hatte, um so das Anschlagen der Totenglocke zu verhindern. Dabei waren allerdings ihre Arme zerschmettert. Als Oliver Cromwell davon hörte, begnadigte er ihren Mann.

„Wisset, daß ihr nicht mit vergänglichem Silber oder Gold erlöst seid, sondern mit dem teuren Blut Christi als eines unschuldigen und unbefleckten Lammes!"

(1. Petrus 1,18f)

12. April

Jesus, Du bist anders.

Du stelltest Dich zur Ehebrecherin,
als sich alle von ihr distanzierten.
Du kehrtest bei dem Zöllner ein,
als sich alle über ihn empörten.
Du riefst die Kinder zu Dir,
als alle sie wegschicken wollten.
Du vergabst dem Petrus,
als er sich selbst verdammte.
Du lobtest die opfernde Witwe,
als sie von allen übersehen wurde.
Du verjagtest den Teufel,
als alle anderen auf ihn hereingefallen wären.
Du versprachst dem Schächer das Himmelreich,
als alle ihm die Hölle wünschten.
Du riefst Paulus in die Nachfolge,
als alle ihn als Verfolger fürchteten.
Du flohst den Ruhm,
als alle Dich zum König machen wollten.
Du liebtest die Armen,
als alle Reichtum erstrebten.
Du heiltest Kranke,
als sie von anderen aufgegeben waren.
Du schwiegst,
als alle Dich verklagten,
verspotteten und auspeitschten.
Du starbst am Kreuz,
als alle ihr Passah feierten.
Du nahmst die Schuld auf Dich,
als alle ihre Hände in Unschuld wuschen.
Du erstandest vom Tode,
als alle meinten, alles sei zu Ende.
Jesus ich danke Dir, daß Du anders bist.

*„Da sprachen sie alle: Bist du denn Gottes Sohn? Er sprach zu
ihnen: Ihr sagt es, ich bin es!"*

(Lukas 22,70)

13. April

Gewißheit

Im April 1945 wurde Friedrich Justus Perels in Berlin aus seiner
Gefängniszelle gezerrt und von einem SS-Sonderkommando auf der
Straße erschossen. Kurz vor seinem Tod schrieb er an seine Frau:
„Heute, am Karfreitag, steht der ganze Trost des Kreuzes Jesu
Christi unmittelbar vor unseren Augen. Das ist eine starke und
ewige Gewißheit, daß er für unsere Sünden dahingegeben ist und
daß wir durch seine Wunden geheilt sind. Diese Gewißheit gibt er
uns und macht uns damit in der großen Trübsal fröhlich und reißt
uns aus der Angst und Qual. Das erfahre ich hier in ganz reichem
Maße. Und daran und an nichts anderes dürft und sollt auch ihr
euch halten."

*„Aber in dem allen überwinden wir weit durch den, der uns geliebt
hat. Denn ich bin gewiß, daß weder Tod noch Leben, weder Engel
noch Fürstentümer noch Gewalten, weder Gegenwärtiges noch
Zukünftiges, weder Hohes noch Tiefes noch eine andere Kreatur
kann uns scheiden von der Liebe Gottes, die in Christus Jesus ist,
unserem Herrn!"*

(Römer 8,37-39)

14. April

Leben um Leben

Elise Rivet trat 1913 mit 23 Jahren als Schwester Elisabeth in Lyon
ins Kloster ein. Später wurde sie Priorin und nahm während der
deutschen Besatzung französische Widerstandskämpfer in ihrem
Kloster auf. 1944 wurde sie verhaftet und bald darauf in das KZ
Ravensbrück gebracht. Man nannte Mutter Elisabeth die „Seele von
Ravensbrück", weil ihre Liebe die Frauen immer wieder aufrich-
tete.

Am Karfreitag 1945 wurden 500 Frauen für den Transport in ein Vernichtungslager aufgerufen. Unter den Frauen war eine junge Mutter, die verzweifelt weinte, weil sie ihr Kind im Lager zurücklassen mußte. Schon wurden die Frauen zum Abtransport zusammengetrieben, als Elisabeth der Mutter schnell noch zuflüsterte, wie sie mit dem Kind fliehen könnte. Sie selbst ging an Stelle der Mutter auf den Lastwagen, und ihre letzten Worte zu der jungen Frau waren: „Ich gehe in den Himmel!"

Auf dem Wagen betete und redete Mutter Elisabeth mit den anderen Todeskandidatinnen. Im tiefen Glauben an die Erlösung durch Jesus ging sie für einen anderen Menschen in den Tod.

„Ihm, der uns liebt und der uns erlöst hat von unseren Sünden mit seinem Blut und uns zu Königen und Priestern gemacht hat vor Gott, seinem Vater, ihm sei Ehre und Gewalt von Ewigkeit zu Ewigkeit! Amen."

(Offenbarung 1,5f)

15. April

Das Kreuz rettet mich

Paul Claudel erzählt in seinem Stück „Der seidene Schuh", wie Piraten ein Schiff überfallen. Sie rauben es aus und binden den Kapitän an einen Schiffsmast und versenken das Schiff. Der Kapitän soll mit seinem Schiff untergehen. Doch der Mast löst sich aus dem untergehenden Schiff und trägt den Kapitän an die Oberfläche des Meeres. Dort auf der endlosen Fläche des Ozeans schwimmt nun der Kapitän, an den Mast seines Schiffes gebunden, und betet angesichts seiner Lage: „Herr, ich bin sicher, daß du mich so gefesselt hast. Enger kann ich nicht an dich gebunden sein. Und mag ich auch meine Glieder, eines um das andere, durchgehen, keines kann ich auch nur ein wenig von dir entfernen. Und so bin ich wirklich ans Kreuz geheftet. Das Kreuz aber, das mich fesselt, rettet mich!"

„Es sei aber fern von mir, mich zu rühmen als allein des Kreuzes unseres Herrn Jesus Christus, durch den mir die Welt gekreuzigt ist und ich der Welt!"

(Galater 6,14)

16. April

Das ändert die Lage

Er lebt.
Der Stein ist abgewälzt vom Grab Jesu.
Nichts ist unabänderlich seitdem.
Keine Situation ausweglos.
Nicht der Tod und nicht das Leben.
Wo wir nicht weiterwissen, ist nicht Ende.
Von Gott kann alles erwarten, wer ihm alles zutraut.
Wenn wir sagen: „Es ist genug",
sagt er: „Es beginnt".
Seine Morgensonne geht auf über
jeder Hoffnungslosigkeit.
Wo ich keine Kraft habe, sagt er:
„Ich brauche dich".
Aus dem gebrechlichsten Halm weiß er
Brot zu machen für andere.
Der Stein ist abgewälzt vom Grab Jesu.
Er lebt. Jetzt.

„Gott aber sei Dank, der uns den Sieg gibt durch unseren Herrn Jesus Christus."

(1. Korinther 15,57)

17. April

Die Osterkerze ⚊

Ein grausamer Verwalter quälte die leibeigenen Bauern in Rußland so sehr, daß sie ihn umbringen wollten. Doch Petruschka war dagegen. Er meinte, sie hätten kein Recht dazu, und er würde auch an Ostern das Feld pflügen. Tatsächlich kam am zweiten Ostertag der Befehl, das Haferfeld des Gutes zu pflügen. Die Bauern kamen, und niemand wagte, sich zu widersetzen. Alle Bauern schimpften und murrten über den Verwalter. Aber Petruschka kam im österlichen Festgewand, sang laut die Osterpsalmen und grüßte die Menschen mit dem Ostergruß. Dazu hatte er eine Osterkerze vorne an dem Querholz angebracht. So pflügte er singend und feiernd das

86

Feld. Als der Verwalter das hörte, versank er in tiefes Nachdenken. Schließlich ritt er, weil seine Frau ihn drängte, doch zu den Bauern hinaus, um sie heimzuschicken. Am Ende des Dorfes scheute sein Pferd, und er fiel mit seinem schweren Körper in den spitzen Pfahl des Gatters. Die Bauern kamen abends vom Feld und sahen erschrocken den toten Verwalter in seinem Blute liegen. Alle ritten schnell nach Hause. Nur Petruschka drückte dem Verwalter die Augen zu und brachte seine Leiche auf seinem Wagen ins Gutshaus. (Nach Leo Tolstoj)

„Ich elender Mensch! Wer wird mich erlösen von dem Leibe dieses Todes? Ich danke Gott durch Jesus Christus, unseren Herrn!"

(Römer 7,24f)

---

18. April

Osterlied

Die Erde ist schön, und es lebt sich
leicht im Tal der Hoffnung.
Gebete werden erhört. Gott wohnt
nah hinterm Zaun.

Die Zeitung weiß keine Zeile vom
Turmbau. Das Messer
findet den Mörder nicht. Er
lacht mit Abel.

Nicht irr surrt die Fliege an
tödlicher Scheibe. Alle
Wege sind offen. Im Atlas
fehlen die Grenzen.

Das Wort ist verstehbar. Wer
Ja sagt, meint Ja, und
Ich liebe bedeutet: Jetzt und
für ewig.

Der Zorn brennt langsam. Die
Hand des Armen ist nie ohne Brot.
Geschosse werden im Flug
gestoppt.

Der Engel steht abends am Tor. Er
hat gebräuchliche Namen und
sagt, wenn ich sterbe:
Steh auf.

(Rudolf Otto Wiemer)

„Die Erlösten des Herrn werden wiederkommen, ewige Freude wird über ihrem Haupte sein, Freude und Wonne werden sie ergreifen, und Schmerz und Seufzen werden fliehen!"

(Jesaja 35,10)

19. April

Warum hast du uns das getan? —

Einst hatten sich europäische Siedler unter den Indianern angesiedelt. Aber sie waren zu den Eingeborenen grausam und betrogen sie schändlich. Nur eine Familie begegnete den Indianern wie Freunden und mit Achtung. Ein Indianer faßte darum Vertrauen und besuchte die Familie öfter, obwohl sie sich nicht recht verständigen konnten. Eines Tages erschien er aufgeregt bei den Siedlern und bat sie, mit ihm zu kommen. Sie verstanden aber nicht, was er wollte. So nahm der Indianer schließlich das Kind der Familie und rannte mit ihm fort. Die entsetzten Eltern folgten ihm und schrien nach ihrem Kind. Ihr Schmerz war groß. Wie ein Freund hatte sich der wilde Mann gezeigt und nun raubte er ihnen ihr einziges Kind. Endlich blieb der Indianer stehen und gab den Eltern, als sie herangekommen waren, ihr Kind wieder. Als sie sich umschauten, sahen sie, wie die ganze Siedlung in Flammen aufging. Die Indianer hatten den Plan gefaßt, die europäische Siedlung niederzubrennen. Der eine hatte seine Freunde retten wollen, und da er keine andere Möglichkeit sah, sie aus der Siedlung herauszubringen, raubte er zum Schein ihr Kind, um sie so vor dem Tod zu bewahren.

Wir verstehen oft nicht, warum Gott dieses schickt oder jenes nimmt. Dann fragen wir, wie es die Eltern Jesu auch taten: „Warum hast du uns das getan?" (Lukas 2,48) Später werden wir dann verstehen, daß Gott gute Absichten und richtige Pläne mit uns hatte.

„Was ich tue, das weißt du jetzt nicht; du wirst es aber hernach erfahren!"

(Johannes 13,7)

20. April

Mein Psalm

Ohren gabst Du mir,
hören kann ich nicht,
der Du Taube heilst,
Herr, erbarm Dich mein.

Augen gabst Du mir,
sehen kann ich nicht,
der Du Blinde heilst,
Herr, erbarm Dich mein.

Hände gabst Du mir,
wirken kann ich nicht,
der Du Lahme heilst,
Herr, erbarm Dich mein.

Leben gabst Du mir,
glauben kann ich nicht,
der Du Tote rufst,
Herr, erbarm Dich mein.

Menschen gabst Du mir,
lieben kann ich nicht,
der Du Wunder tust,
Herr, erbarm Dich mein.

(Paul Ernst Ruppel)

„Wie sich ein Vater über Kinder erbarmt, so erbarmt sich der Herr über die, die ihn fürchten!"

(Psalm 103,13)

21. April

Die religiöse Pflicht

Ein Rabbi ging mit seinen Schülern aus dem Lehrhaus und sagte ihnen, er wolle noch eine religiöse Pflicht erfüllen. Die Schüler fragten ihn: „Wo gehst du hin?" Er antwortete: „Ich gehe ins Badehaus, um zu baden."

Die Schüler fragten verwundert, ob das denn eine religiöse Pflicht sei. Der Rabbi antwortete: „Wenn schon die Statuen der Könige in den Parks täglich geputzt und gewaschen werden, wieviel mehr ist das für einen Lebenden, der nach dem Ebenbilde des lebendigen Gottes erschaffen ist, wichtig!" (Nach einer rabbinischen Legende)

Wer denn sonst sollte mein Leben lieben, wenn nicht Gott, der es gab, und ich, der es empfing. So haben Gott und Mensch einen Lebensbund und ein Geheimnis der Liebe.

„Der barmherzige Mensch tut sich selber Gutes!"

(Sprüche 11,17)

22. April

Jesus ist unter uns ⁓

Der alte Abt eines berühmten Klosters war traurig darüber, daß kaum noch junge Mönche in das Kloster kamen und ihr Dienst mit ihnen alt und schwach geworden war. Da suchte er bei einem Rabbi einen Rat, und der gab ihm eine Weisung mit, die der Abt aber nur einmal seinen Klosterbrüdern sagen sollte: „Der Messias ist unter euch!"

Als der Abt diesen Satz einmal seinen Brüdern gesagt hatte, gingen sie ganz anders miteinander um, feierten ganz anders ihre Gottesdienste und Gebetszeiten. Sie lebten zusammen, als wenn sie das endlich bekommen hätten, worauf sie schon lange gewartet hatten.

Die Besucher des Klosters waren angerührt und begeistert von dem Zusammenleben der Mönche. Und bald kamen wieder viele junge Leute, um in das Kloster einzutreten.

„Denn wo zwei oder drei versammelt sind in meinem Namen, da bin ich mitten unter ihnen!"

(Matthäus 18,20)

23. April

Aus einem April

„Wieder duftet der Wald.
Es heben die schwebenden Lerchen
mit sich den Himmel empor,
der unseren Schultern schwer war;
zwar sah man noch durch die Äste den Tag,
wie er leer war, –
aber nach langen, regnenden Nachmittagen
kommen die goldübersonnten
neueren Stunden,
vor denen flüchtend an fernen Häuserfronten
alle die wunden
Fenster furchtsam mit Flügeln schlagen.
Dann wird es still. Sogar der Regen geht leiser
über der Steine ruhig dunkelnden Glanz.
Alle Geräusche ducken sich ganz
in die glänzenden Knospen der Reiser."

(Rainer Maria Rilke)

Was unseren Schultern zu schwer war, die Tage, die leer blieben und von langem Regen verdüstert waren, müssen nun dem Frühling, der Macht der Sonne weichen. Noch viel mehr aber kommen die goldübersonnten neueren Stunden aus der Lebens- und Auferstehungsmacht Jesu Christi. Wenn uns die Sonne der Liebe Jesu aufgeht und mehr Kraft in unserem Alltag gewinnt, dann wird es still, die Angst wird leiser, die Sorgen ducken sich vor dem neu aufbrechenden Hoffnungsleben.

„Euch aber, die ihr meinen Namen fürchtet, soll aufgehen die Sonne der Gerechtigkeit und Heil unter ihren Flügeln!"

(Maleachi 3,20)

24. April

Weg und Ziel ⟶

Die Schöpfung der Welt ist ein wunderbarer Weg. Am Anfang steht das Chaos, ein Tohuwabohu, ein von Finsternis beherrschter, bodenloser Abgrund. In dieses Chaos tritt Ordnung, in das „Wüst-und-Leer" die schöpferische Form und in die Finsternis das Licht aus Gott. In sechs Tagen geht Gott einen Weg der Schöpfung, und alles wird Gestalt nach seiner Liebe und seinem Plan.

Die Schöpfung der Welt hat aber auch ein wunderbares Ziel, die Vollendung und Heiligung, die Segnung und Ruhe am siebten Tag. Schöpfung ist also ein Weg zu einem Ziel. Die sechs Tage des Weges und der siebte als Ziel sind eine Schöpfung. Der Weg wird sinnvoll, weil er ein Ziel hat. Das Ziel wird sinnvoll, weil es einen Weg dahin gibt. Schöpfung ist der Weg und das Ziel, das Wirken und das Ruhen, die sechs Tage und der siebte.

So ist es auch in der Geschichte des Volkes Israel. Aus der finsteren Not der Unterdrückung in Ägypten erlebte Israel zwei wunderbare Durchbrüche. Der eine Durchbruch geschah als Durchzug durch das Meer beim Auszug. Es war der Durchbruch auf den Weg. Der andere war der Durchzug durch den Jordan beim Einzug. Es war der Durchbruch in das Ziel zur Ruhe im verheißenen Land. Gott führte sein Volk unter Wehen auf den Weg und unter Wundern an das Ziel.

So ist es auch im Leben Jesu. Sein Lebensweg aus Lieben und Leiden kam ans Ziel in der Auferstehung von den Toten. Von der Auferstehung her wird das Kreuz als Weg sinnvoll. Und vom Kreuz her wird das Ziel, die Ruhe und Erlösung, erreicht.

Und so ist es schließlich auch in unserem Leben. In einem ersten Durchbruch gelangen wir unter Schmerzen und Wehen der Geburt auf den Weg des Lebens. In einem zweiten Durchbruch gelangen wir unter Schmerzen und Wehen des Todes an das Ziel des Lebens, zur Auferstehung.

Bei Gott sind Weg und Ziel eine Schöpfung, eine Geschichte und ein Leben.

„So lasset uns nun Fleiß tun, hineinzukommen zu dieser Ruhe!"

(Hebräer 4,11)

25. April

Krank und gesund

Es gibt den Weg, die Bewegung, den Gang der sechs Tage. Sie sind Alltage und enthalten das Wirken. Und es gibt das Ziel, das Zuhause, die Ruhe, das Vollkommene, den siebten Tag. Er ist der heilige Tag und enthält den Segen Gottes.

Die sechs Tage und der siebte Tag finden ihre Entsprechung im Menschen. Die sechs Tage bedeuten die Wirklichkeit des Tuns und Handelns, des Sichtbaren und Gewöhnlichen, des Alltäglichen und Praktischen.

Der siebte Tag ist die Wirklichkeit des Verborgenen und Heiligen, des Stillen und Unsichtbaren, des Göttlichen und Vollkommenen.

Sind im Menschen diese beiden Wirklichkeiten versöhnt und bilden eine Einheit der Beziehung, so ist der Mensch gesund. Er ist unterwegs und zu Hause zugleich. Er ist alltäglich und heilig zugleich. Er ist Schaffender und Ruhender in einem.

Kranksein hingegen ist das Isolieren des einen vom anderen. Das Zerbrechen der Einheit von Weg und Ziel, unterwegs und zu Hause, menschlich und göttlich, alltäglich und heilig ist das Kranksein, nämlich ein Zerbrochensein im Innersten. Der Mensch braucht also die Heilung.

Er braucht die Versöhnung beider Wirklichkeiten. Der Kranke ist einsam und verlassen, weil er die andere Wirklichkeit des Ruhens, Geheiligt- und Gesegnetseins sucht und vermißt. Werden sie wieder verbunden, so entstehen Heil und Freude. Man wird geheilt, wenn man die andere Seite wiederfindet. Das wahre Heil ist das Zusammenbringen der beiden Wirklichkeiten. Das will uns Jesus schenken in seiner Liebe, indem er uns wieder anschließt an die Wirklichkeit Gottes, der Ruhe und des Zuhauses bei ihm.

„Dein ist das Licht des Tages, dein ist das Dunkel der Nacht. Leben und Tod sind in deiner Hand. Dein sind auch wir und beten dich an. Du, Herr, hast uns zu dir hin geschaffen, und unser Herz ist unruhig, bis es Ruhe findet in dir. Laß uns ruhen in deinem Frieden und erwachen, dich zu rühmen." (Augustin)

26. April
Gott nimmt uns nichts weg

Der römische Kaiser sagte einst spöttisch zu einem Rabbi: „Euer Gott ist doch ein Dieb, denn es heißt in Euren Schriften, daß Gott dem Adam eine seiner Rippen wegnahm!" Der Rabbi lachte und antwortete: „Diebe kamen gestern Nacht zu uns ins Haus. Sie haben uns einen silbernen Krug geraubt und uns statt dessen einen goldenen Krug gebracht!" – „Ach", sagte der Kaiser, „solche Diebe könnten doch jede Nacht kommen." – „Genau", sagte der Rabbi, „war es nicht Adams Gewinn, daß Gott ihm eine Rippe nahm und ihm eine Frau gab?"

Wenn Gott uns etwas wegnimmt, dann nur, um uns noch viel mehr zu schenken.

„Wie köstlich ist deine Güte, Gott, daß Menschenkinder unter dem Schatten deiner Flügel Zuflucht haben! Sie werden satt von den reichen Gütern deines Hauses."

(Psalm 36,8f)

27. April
Die Fachleute haben immer recht!

Ein Mann starb. Der Priester war dabei, und der Arzt stellte den amtlichen Totenschein aus. Familie und Freunde des Mannes kamen zur Beerdigung, und die Nachbarn trugen ihn zu Grabe. Als sie den Sarg in das Grab hinablassen wollten, kam der Mann plötzlich wieder zu sich und schlug heftig gegen den Sargdeckel. Erschrocken öffneten sie den Sarg. Der Mann richtete sich auf. „Was tut ihr?" fragte er die staunende Menge. „Ich lebe, ich bin nicht tot!" Verwundert schwiegen die Leute. Schließlich holten sie den Totenschein hervor und sagten dem Mann: „Guter Freund, sowohl der Arzt als auch der Priester haben deinen Tod bescheinigt. Die Fachleute können sich doch nicht irren!"

So schraubten sie den Sargdeckel wieder zu, und der Mann wurde begraben, wie es sich gehörte und amtlich vorgeschrieben war.

Mit welchen amtlichen Scheinen haben wir welche Menschen lebendig begraben?

„Wo sind die Klugen? Wo sind die Schriftgelehrten? Wo sind die Weltweisen? Hat nicht Gott die Weisheit dieser Welt zur Torheit gemacht?"

(1. Korinther 1,20)

28. April

Gott ist überall

Ein Ungläubiger fragte einmal einen Rabbi, warum Gott einen Dornbusch auswählte, um daraus mit Mose zu reden. Der Rabbi antwortete: „Hätte Gott einen Johannisbrotbaum oder einen Maulbeerbaum gewählt, so würdest du doch die gleiche Frage stellen. Doch ich will dir eine Antwort geben: Gott nahm den ärmlichen, stacheligen und kleinen Dornbusch, um uns zu zeigen, daß es keinen Ort auf Erden gibt, an dem Gott nicht gegenwärtig und mächtig ist. Noch nicht einmal einen Dornbusch!"

Gott ist überall, und überall kann er uns begegnen, im alltäglichsten Alltag, im dunkelsten Dunkel, in der wüstesten Wüste, im dornigsten Gestrüpp, im feurigsten Feuer.

„Herr, unser Herrscher, wie herrlich ist dein Name in allen Landen!"

(Psalm 8,2)

29. April

Wo wohnt Gott?

Im Kindergarten unterhalten sich die Kinder mit der Erzieherin über Gott. „Gott wohnt im Himmel", meinen die einen. „Gott wohnt auf Erden unter den Menschen", sagen die anderen. Schließlich löst ein kleiner Junge, dessen Vater Arzt ist, die schwierige Frage auf eine ganz lockere Art: „Wohnen tut Gott im Himmel, aber seine Praxis hat er in der Kirche!" Wie schön wäre es, wenn Gott, der in einem Licht wohnt, wo niemand hinkommen kann, seine Praxis nicht nur in den Kirchen und Gemeinden, sondern auch bei uns zu Haus, in Beruf und Freizeit hätte. Gott wohnt im Himmel, aber seine Praxis hat er da, wo Menschen in seinem Namen leben, handeln, denken und entscheiden.

„Der Herr ist erhaben, denn er wohnt in der Höhe!"

(Jesaja 33,5)

„Gott wurde Mensch und wohnte unter uns, und wir sahen seine Herrlichkeit!"

„Jesus sprach: Wer mich liebt, der wird mein Wort halten, und mein Vater wird ihn lieben, und wir werden kommen und Wohnung bei ihm machen!"

(Johannes 1,14; 14,23)

---

30. April

Blind und sehend? —

Ein Ehepaar hatte eine sehr häßliche Tochter. Lange blieb sie bei den Eltern, da kein Mann sich fand, sie zu heiraten. Schließlich kam ein blinder Mann, der sie liebte und heiratete. Die beiden wurden glücklich. Da kam eines Tages ein Arzt in ihr Leben, der versprach, dem Mann das Augenlicht wiedergeben zu können. Nun mischte sich in die Hoffnung auf eine Heilung auch die Angst vor der Zerstörung des Glücks.

Sollte der Ehemann einer häßlichen Frau am Ende lieber blind bleiben? Muß man sehen können um jeden Preis? Kann es auch eine Gnade und Bewahrung sein, nicht alles sehen zu können? Sollte die wirkliche Liebe nicht auch die wirkliche Sicht tragen können? Viele Fragen, und jeder muß seine eigene Antwort finden.

„Jesus sprach: Ich bin zum Gericht in diese Welt gekommen, auf daß, die da nicht sehen, sehend werden, und die da sehen, blind werden!"

(Johannes 9,39)

---

1. Mai

Der Geschäftige —

Ein Rabbi sah einen Mann auf der Straße eilen, ohne links und rechts zu schauen. „Warum rennst du so?" fragte er ihn. „Ich gehe meinem Erwerb nach!" antwortete der Mann.

„Und woher weißt du", fragte der Rabbi weiter, „daß dein Erwerb vor dir herläuft und du ihm nachjagen mußt? Vielleicht ist dein Erwerb dir im Rücken, und du brauchst nur einzuhalten, um ihn zu bekommen. So aber läufst du ihm davon!"

„Denn so spricht Gott, der Heilige Israels: Wenn ihr umkehrtet und stille bliebet, so würde euch geholfen!"

(Jesaja 30,15)

2. Mai

Der rote Faden der Liebe

Der sprichwörtliche Ariadnefaden geht zurück auf die griechische Sage von Theseus und Ariadne. Auf der Insel Kreta hauste in einem unterirdischen Labyrinth ein Ungeheuer, halb Mensch und halb Stier, der Minotauros. Alle neun Jahre mußten die Inselbewohner, um sich vor den wahllosen Zugriffen des Ungeheuers zu schützen, sieben junge Mädchen und sieben junge Männer bringen. Der Held Theseus meldete sich freiwillig zum Opfer im Labyrinth.

Ariadne, die schöne Tochter des Königs von Kreta, verliebte sich in Theseus. Sie gab ihrem Geliebten ein dickes Knäuel mit rotem Garn, damit er es in den Irrgängen unter Tage abspulen und so den Weg zurückfinden könnte. Theseus befestigte das Ende des Garns am Eingang der Höhle und ließ auf seinem Weg in das Innere der Höhle den Faden laufen. Tief unten, in der Mitte des Labyrinths, konnte Theseus den Minotauros überwinden. Der rote Faden half dann den jungen Leuten, aus den vielen verworrenen Gängen des Irrgartens wieder herauszufinden.

Auch Gott gibt uns in seiner Liebe seinen roten Faden mit, damit wir aus allen Wirren des Lebens heraus zu ihm zurückfinden können.

„Ich habe dich je und je geliebt, darum habe ich dich zu mir gezogen aus lauter Güte!"

(Jeremia 31,3)

3. Mai

F(f)este feiern

„Ein Leben ohne Fest ist ein langer Weg ohne Einkehr!" (Demokrit)

Das Fest ist wie eine Oase in der Wüste, wie frisches Wasser nach langem Weg. Der eintönige Weg der Alltage wird unterbrochen und gekrönt von den Festtagen.

Zu einem Fest gehört ein großes Ja. Das Ja zum Leben, zueinander, zu Gott, zur Schöpfung, zur Liebe, zur Zukunft. Nur Menschen voller Ja und Hoffnung können Feste feiern und Freude erleben. Das Ja wird an einem Fest nicht gedacht, sondern erlebt, ausgedrückt und mit anderen geteilt.

Zu einem Fest gehören Spielraum und Phantasie. Jenseits von Nützlichkeit und Zweck wird ein Fest spielerisch gelebt. Das Eilige, Rationelle, Effektive hat keinen Zutritt. Man läßt die Zeit laufen und läuft nicht hinter ihr her und findet sie doch.

Zu einem Fest gehört Ganzheitlichkeit: Leib, Seele und Geist werden angerührt. Alle Sinne werden angesprochen.

Zu einem Fest gehören die Fülle und der Glanz. Alles Kleinliche, Enge und Beschränkte wird für einen Moment aufgehoben. Das Fest ist eine Vorschattung der Vollendung und Fülle. Die festliche Kleidung, das gute Essen, maßvolles Trinken und der geschmückte Raum sind Anzeichen der Fülle und der Freude.

„Der auferstandene Christus macht das Leben zu einem beständigen Fest!" (Athanasius)

„Dies ist der Tag, den der Herr macht. Laßt uns freuen und fröhlich an ihm sein. Schmückt das Fest mit Maien bis an die Hörner des Altars!"

(Psalm 118,24.27)

4. Mai

Kein Unterschied

Als 1989 die letzte Kaiserin Österreichs im Alter von 97 Jahren starb, wurde sie in der Kaisergruft der Habsburger begraben. Die Kaiserin Zita hatte zwar einfach und zurückgezogen gelebt, wurde nun aber mit allem Prunk beerdigt. Der große Leichenzug gelangte zur Grabstätte. Der Zeremonienmeister klopfte an das Tor. Der Wächter fragte von innen: „Wer begehrt Einlaß?" Der Zeremonienmeister: „Zita, die Kaiserin von Österreich, Königin von Ungarn, Königin von Böhmen, Dalmatien und Kroatien, Großherzogin der Toscana, Herzogin von Lothringen, Großfürstin von Siebenbürgen, Markgräfin von Mähren, Fürstin von Trient und Brixen, Prinzessin von Portugal... (mehr als 50 Titel!)"

Der Wächter von innen: „Kenne ich nicht!"

Wieder klopft der Zeremonienmeister an die Tür. Der Wächter von innen: „Wer begehrt Einlaß?" Der Zeremonienmeister: „Zita, Ihre Majestät, die Kaiserin und Königin!" Der Wächter: „Kenne ich nicht!" Noch einmal klopft es. „Wer begehrt Einlaß?" – „Zita, ein sterblicher und sündiger Mensch!" – „So komme sie herein!" Und dann öffnen sich die großen Tore zur Kaisergruft in Wien.

„Denn es ist hier kein Unterschied: Sie sind allzumal Sünder und mangeln des Ruhmes, den sie bei Gott haben sollten, und werden ohne Verdienst gerecht aus seiner Gnade durch die Erlösung, die durch Jesus Christus geschehen ist."

(Römer 3,23f)

5. Mai

Automobil

Das Automobil ist mehr als ein Gebrauchsgegenstand, mehr als das „Heilig Blechle", mehr als des Deutschen liebstes Kind, es ist eine Weise des Lebens und Menschseins. Nicht es bewegt sich von selbst, auto-mobil, nein: ich bewege mich selbst.

Ich bin ein Führer und habe den Führerschein dabei. Ich lenke, ich schalte, ich gebe Gas, ich bremse, ich überhole (Sieg), ich werde überholt (Niederlage). Ich fahre selbst, ich fahre gut, ich erfahre das Leben und die Welt. Ich fahre schnell (Rausch), ich fahre, wohin ich will (Freiheit). Ich fahre fort (wovon und wohin?), ich nehme andere mit (großmütig). Das Auto gehört mir, man gönnt sich ja sonst nichts, das Auto gehorcht mir. Ich bin der Führer, ich bin automobil, der mit dem Golf tanzt.

„Ihr wisset nicht, was morgen sein wird. Denn was ist euer Leben? Ein Dampf seid ihr, der eine kleine Zeit währt, danach aber verschwindet er."

(Jakobus 4,14)

6. Mai

Christomobil

Ist die Bewegung und Erfahrung meines Lebens aus mir selbst und für mich selbst, oder bin ich mobil durch Jesus, bewegt von Jesus und motiviert von seiner Liebe, und mobil für Jesus, unterwegs in seinem Namen? Wer ist Jesus im Gefährt meines Lebens? Ist er das Ersatzrad, das ich bei einer Panne im Leben glücklich dabei habe und gut brauchen kann? Ist er das Antriebsrad, das mein Leben vorwärts und in Schwung bringt? Ist er gar das Lenkrad, das die ganze Lebensgeschichte steuert? Aber ich habe noch alles selbst in der Hand und lenke nach meinen Wünschen.

Oder ist Jesus der Lenker selber, dem ich die Führung meines Lebens ganz übergeben habe? Ich bin Beifahrer und kann mich auf die Fähigkeiten und die Übersicht meines Herrn voll und beruhigt verlassen.

„Er lenkt ihnen allen das Herz, er gibt acht auf alle ihre Werke!"

(Psalm 33,15)

7. Mai

Sieg oder Niederlage

Wo verläuft die Grenze zwischen Erfolg und Mißerfolg? Ist die Atombombe ein Erfolg? Ist die moderne Industrie ein Fortschritt oder der Anfang vom Untergang? Ist Reichtum ein Erfolg oder die teuerste Form des Scheiterns? Ist die Ehe eine Erfüllung oder der stärkste Ausdruck einer Sehnsucht? Ist die moderne Medizin die Bewahrung oder die Entwürdigung des Lebens? Eröffnen Erfolge wirklich die Freiheit des Lebens oder führen sie nur in goldene Käfige? Ist unter dem lieblichen Mantel des Sieges das gefährliche Schwert des Scheiterns verborgen?

Bernhard Shaw hat einmal gesagt: „Ich fürchte den Erfolg mehr als alles!" Ist das Sterben ein Erfolg oder eine Niederlage? Ist der Kreuzestod Jesu ein Sieg oder ein Scheitern?

Es gibt keine scharfe Grenze zwischen Erfolg und Mißerfolg. Eine Niederlage bedeutet immer Schmerzen und Verlust. Aber daraus können Reifung und Gewinn des Lebens wachsen. Ein Erfolg bedeutet immer Schönes und Bereicherung. Aber aus ihm kann das Verderben entspringen.

Darum sehen wir noch tiefer in den Hintergrund des Lebens hinein: Eine Niederlage, die im Plan Gottes mit uns beschlossen ist, ist keine Niederlage mehr!

„In seiner Niederlage findet der Gläubige seinen Sieg!" (Søren Kierkegaard) Gott redet durch Erfolge und Mißerfolge mit uns. Ob wir ihn in beidem hören können?

„Jesus zeigte seinen Jüngern, wie er müßte nach Jerusalem gehen und viel leiden und getötet werden und am dritten Tage auferstehen!"

(Matthäus 16,21)

8. Mai

Alter und Lebensalter ⌣

Jedes Lebensalter hat seinen Zauber und seine Mühe. Die Kindheit ist die Zeit des Entdeckens und Spielens, des Träumens und Lernens. Und wieviel Schmerzen und Tränen sind darin!

Die Jugend ist die Zeit des Wählens und Findens. Ausbildung und Beruf, Freunde und Lebenspartner, Lebensaufgabe und Lebensziel werden gesucht und gefunden. Welch ein Abenteuer und Anstrengung zugleich! Die Zeit der Erwachsenen ist die Zeit des Ausgestaltens und Verwirklichens. Ausbauen und Festmachen, vertraute Wege und erreichte Ziele kennzeichnen diesen Abschnitt. Und in alles mischt sich die Not. Das Alter ist die Zeit des Zurücknehmens, Entsagens und Loslassens. Aus dem Lebensalter wird das Alter, aus dem Aufbauen das Abbauen, aus dem In-die-Hand-Nehmen das Aus-der-Hand-Geben. Alter ist die Zeit des Übergangs von der Zerstreuung zur Sammlung, vom Tun zum Sein, vom Gewinnen zum Verschenken, von der Vielfältigkeit zur Einheit, vom menschlichen zum göttlichen, vom irdischen zum ewigen Sein. Welch eine hohe Schule und wieviel Mühsal und Leiden!

„Ein Tag, der sagt dem andern, mein Leben sei ein Wandern zur großen Ewigkeit. O Ewigkeit, so schöne, mein Herz an dich gewöhne, mein Heim ist nicht in dieser Zeit!" (Gerhard Tersteegen)

„Gott hat alles schön gemacht zu seiner Zeit. Auch hat er die Ewigkeit in ihr Herz gelegt; nur daß der Mensch nicht ergründen kann das Werk, das Gott tut, weder Anfang noch Ende!"
(Prediger 3,11)

9. Mai

Manchmal ist mein Gebet

Manchmal ist mein Gebet so wie ein Arm,
den ich nach oben recke,
um dir zu zeigen, wo ich bin,
inmitten von Milliarden Menschen.

Manchmal ist mein Gebet so wie ein Ohr,
das auf ein Echo wartet,
auf ein leises Wort,
einen Ruf aus deinem Mund.

Manchmal ist mein Gebet wie eine Lunge,
die sich dehnt,
um frischen Wind in mich hineinzuholen –
deinen Hauch.

Manchmal ist mein Gebet wie eine Hand,
die ich vor meine Augen lege,
um alles abzuschirmen,
was mir den Blick verstellt.

Manchmal ist mein Gebet so wie ein Fuß,
der fremden Boden prüft,
ob er noch trägt, und einen Weg sucht,
den ich gehen kann.

Manchmal ist mein Gebet so wie ein Herz,
das schlägt,
weil ohne seinen Schlag das
Leben nicht mehr weitergeht.

Manchmal ist mein Gebet
nur ein gebeugter Kopf vor dir –
zum Zeichen meiner Not
und meines Dankes an dich.

EINMAL WIRD MEIN GEBET so wie ein Auge sein,
das dich erblickt,
wie eine Hand, die du ergreifst –
das Ende aller Worte.

(Paul Roth)

„Der Herr hört mein Flehen; mein Gebet nimmt der Herr an!"
(Psalm 6,10)

10. Mai

Die vereitelte Scheidung

Es geschah einmal, daß eine Frau in Sidon mit ihrem Mann zehn Jahre lang lebte, ohne daß sie ein Kind gebar. Dem Gesetz in diesen Angelegenheiten folgend, gingen sie zum Rabbi, um sich scheiden zu lassen.

Der Rabbi sprach zu ihnen: „Bei eurem Leben! Wie ihr, als ihr euch trauen ließet, bei einem festlichen Gelage zusammenkamt, so solltet ihr auch jetzt nicht ohne ein festliches Gelage auseinandergehen."

Sie folgten dem Rat des Rabbi und bereiteten ein großes Fest. Als der Mann den guten Wein reichlich gekostet hatte, fühlte er sich wohl und sagte zu seiner Frau: „Du kannst dir aus meinem Hause das mitnehmen, was dir am besten gefällt; und damit kehre in das Haus deines Vaters zurück!" – Als er eingeschlafen war, befahl sie ihren Knechten und Mägden, ihn und das Bett, auf dem er schlief, in das Haus ihres Vaters zu bringen. Morgens wachte der Mann auf, sah sich verwundert um und sprach: „Wo bin ich eigentlich?" – „Du bist im Hause meines Vaters", sagte die Frau, „du hattest mir doch erlaubt, daß ich das, was mir am besten gefällt, mitnehmen kann. Nichts gefällt mir besser in der ganzen Welt als du!"

Da gingen sie wieder zusammen zum Rabbi. Der betete für sie. Und bald darauf wurde die Frau schwanger. (Nach einer rabbinischen Geschichte)

„Das ist die Botschaft, die ihr von Anbeginn gehört habt, daß wir uns untereinander lieben sollen!"

(1. Johannes 3,11)

11. Mai

Unsere Werke sind Gottes Werke

Kann man Christen an guten Werken erkennen? Christen sind zuerst einmal gute Werke Gottes. Christen sind das Liebeswerk Gottes, und als solche tun sie dann auch gute Werke, Werke der Liebe.

Wer sich gefallen läßt, was Gott so gerne an uns tut, der wird dann auch gerne tun, was Gott gefällt.

Wer sich von Christus dienen läßt, der wird dann auch ihm mit seinem ganzen Leben dienen wollen.

Wir können nichts für Gott tun, wenn wir nicht empfangen haben, was er für uns getan hat.

Wir sind in allem Gottes Werk, das dann – wie ein Kunstwerk auch – in seiner Wirkungsgeschichte weitergeht. Wenn ein Maler ein Bild, ein Bildhauer eine Figur geschaffen hat, wirken die Werke weiter und erfreuen die Betrachter.

So möchte Gott, daß seine Kinder, seine Kunstwerke, dann weiterwirken.

„Denn wir sind sein Werk, geschaffen in Christus Jesus zu guten Werken, welche Gott zuvor bereitet hat, daß wir darin wandeln sollen!"

(Epheser 2,10)

12. Mai

Die Rose von Jericho

Die Legende erzählt von der Rose aus Jericho. Sie blüht in herrlicher Pracht und duftet mit wunderbarer Süße, solange sie genügend Wasser aus dem Boden beziehen kann. Wenn kein Regen mehr fällt und die Feuchtigkeit des Bodens nachläßt, rollt sie sich zusammen wie ein Ball. Bevor ihre Wurzeln austrocknen, rollt sie sich zusammen und läßt sich vom Wind forttreiben, um irgendwo, wo es Wasser gibt, wieder zu blühen und zu duften.

Wenn jeder von uns, wenn die Wasser des Lebens und der Fluß der Liebe eintrocknen, sich gleich zusammenrollen und verduften würde? Wenn jeder, der in einer Wüste der Not und im Mangel des Leides wohnt, sich gleich davonmachen und nach besseren Orten Ausschau halten würde, wo kämen wir da hin? Und wie heißt der Wind, der uns dann forttreiben und bewegen würde? Wäre das der Zeitgeist oder der Sturm der Entrüstung, wären das die lauen Winde der Bequemlichkeit oder die Böen der Angst?

Um Gottes Willen wollen wir in der Not bleiben, im Leid, in der Wüste der Einsamkeit, bis es wirklich Gottes Geist ist, der uns an einen anderen Ort treibt, wo wir für ihn blühen und wachsen können.

„Der Gott aber aller Gnade, der euch berufen hat zu seiner ewigen Herrlichkeit in Christus, der wird euch, die ihr eine kleine Zeit leidet, aufrichten, stärken, kräftigen, gründen!"

(1. Petrus 5,10)

13. Mai

Ein Haus

Ein Makler wollte einer jungen Frau ein Haus verkaufen. Ihre Antwort: „Wozu brauche ich ein Haus? Ich wurde im Krankenhaus geboren, im Kindergarten verwahrt, im College erzogen, in einem Auto bekam ich meinen Heiratsantrag, in der Kirche heiratete ich, wir essen in Restaurants, die Vormittage verbringe ich im Büro, die Nachmittage in Cafes, abends gehen wir ins Kino oder zum Tanzen. Und wenn ich sterbe, werde ich vom Bestattungsinstitut beerdigt. Alles, was ich brauche, ist eine Garage!"

Wir haben das Haus Gottes (oikos), seine Ökonomie in der Schöpfung, ihre Werte und Rhythmen, ihre tragenden und bergenden Räume verlassen und sind in einer bitteren Aufenthaltslosigkeit gelandet. Dann haben wir die Dinge selbst in die Hand genommen und scheitern nun mit unseren Wolkenkuckucksheimen und unseren Babeltürmen, mit unseren Luftschlössern und Elendshütten und finden kein Zuhause mehr.

„Eines bitte ich vom Herrn, das hätte ich gerne: daß ich im Hause des Herrn bleiben könne mein Leben lang!"

(Psalm 27,4)

14. Mai

Mutterhände

Es war einmal eine arme Schneiderfamilie mit vielen Kindern. Hans, der Älteste, sollte in die Welt hinausziehen, um selbst seinen Unterhalt zu verdienen. Beim Abschied streichelte ihn die Mutter mit ihren abgearbeiteten Händen, die rauh und rissig von all den Mühen waren. Hans schloß sich auf seiner Wanderung zwei Prinzen an und wurde ihr Diener. Sie kamen in eine Stadt, in der die Leute erzählten, der König des Landes wolle dem seine hübsche Tochter zur Frau geben, der eine Probe bestehe. Aber schon viele hatten vergeblich versucht, die Aufgabe zu erfüllen. Sofort meldeten sich die Prinzen beim König, und Hans ging auch mit ihnen. Sie kamen in einen herrlichen Saal des Schlosses. Aus einer Wand streckten sich ihnen drei Händepaare entgegen. Der König stellte sich daneben und fragte: „Welche dieser Hände dünken euch am verehrungswürdigsten?" Die Prinzen dachten nur an die schöne Prinzessin und fühlten die Hände. Der eine Prinz wählte die zartesten der Hände aus, der zweite die am reichsten geschmückten Hände. Der König forderte auch Hans auf. Er fühlte und sah die Hände und dachte bei dem dritten Paar, die abgearbeitet und rauh waren, an seine Mutter. Er sagte: „König, diese Hände erinnern mich an meine gute Mutter, sie sind am verehrungswürdigsten!" Nun kamen die drei Frauen hinter der Wand hervor. Die Frau mit den rissigen Händen war die Mutter des Königs, und sie sagte zu Hans: „Du hast dich nicht von Schönheit und Reichtum verlocken lassen. Dein Herz ist gut, darum verdienst du meine Enkelin als Frau – und den Reichtum dazu." Da wurden auch die Eltern und Geschwister herbeigeholt, und alle freuten sich über das glückliche Paar.

„Laß deinen Vater und deine Mutter sich freuen und fröhlich sein, die dich geboren hat!"

(Sprüche 23,25)

15. Mai

In die Geschichte eingehen

Unterwegs frage ich einen jungen Mann, was er so macht. „Ich suche noch meinen Platz!" – „Was würden Sie denn am liebsten tun?" – „Ich würde gern etwas schaffen, wovon man in 500 Jahren noch redet!" Das ist der Traum vieler Menschen: in die Geschichte eingehen, etwas Bleibendes wirken, über das Vergängliche und Vergebliche hinauswirken. Gott gab uns das Leben nicht, damit wir es vertändeln. Wir haben den Kopf nicht nur zum Huttragen oder Essen. Unsere Hände wollen nicht nur in die Tasche gesteckt werden. Unser ganzes Leben ist auf Betätigung und Bestätigung aus.

Was können wir tun, damit wir nicht nur in die Geschichtsbücher eingehen und in 500 Jahren noch jemand von uns redet, sondern daß unser Leben bis in Ewigkeit gültig, aufgehoben und bedeutsam ist? Gott bietet uns eine wunderbare Möglichkeit an, als seine Kinder teilzuhaben an seinem Werk und Reich, das von Ewigkeit zu Ewigkeit dauert. Was wir im Namen Gottes leben und tun, lieben und leiden, darüber wird man in Ewigkeit noch sprechen. Als Gottes Kinder gehen wir in die längste und größte Geschichte ein.

Gott trägt unseren Namen in sein Lebensbuch ein und läßt uns bis in Ewigkeit teilhaben an seiner Herrschaft. Es muß nichts Großes sein, was wir tun, aber etwas bei Gott Gültiges, etwas am Ende noch Gültiges. Wenn alles im Sterben vergeht, bleibt nur das, was mit Gott, aus Gott und zu Gott gelebt ist, auch wenn es die alltäglichste Arbeit war.

„Selig sind die Toten, die in dem Herrn sterben. Ja, der Geist spricht, daß sie ruhen von ihrer Arbeit; denn ihre Werke folgen ihnen nach!"

(Offenbarung 14,13)

16. Mai

Gewinn und Verlust

Es gibt nur einen wirklichen und am Ende noch gültigen Gewinn für mich, wenn Gott mich ganz gewonnen hat. Es gibt nur ein wirkliches und am Ende nicht entschuldbares Versagen, wenn ich mich Gott versagt habe. Alles, was bei Menschen Versagen genannt wird, kann Gott in seiner Liebe vergeben. Aber wer sich Gott selber versagt, richtet eine Mauer der Trennung auf, die Gott nicht gewaltsam einrennt. Auf unser menschliches Versagen hin gibt Gott uns seine Zusage: „Ich will ihnen vergeben alle Missetaten, womit sie wider mich gesündigt haben!" (Jeremia 33,8)

Aber wer sich Gott versagt, versagt dann im tiefsten Sinn im Leben. Und alles, was wir gewinnen an Zeit und Kraft, Bildung und Wissen, Geld und Gut, Einsicht und Erfahrung ist kleiner als der Gewinn, der darin liegt, daß Gott mich ganz gewonnen hat.

„Was mir Gewinn war, das habe ich um Christi willen für Schaden geachtet..., auf daß ich Christus gewinne und in ihm erfunden werde!"

(Philipper 3,7ff)

---

17. Mai

Wie ein Augapfel

Unser menschliches Auge ist ein Wunderwerk. Der Augapfel liegt geschützt in der von Knochenwänden gebildeten Augenhöhle mit den Augenmuskeln, Nerven und Gefäßen eingebettet in Fettgewebe. Der überaus empfindliche innere Teil des Auges wird von drei Häuten sorgsam geschützt. Die Lederhaut, die vorne in die Hornhaut übergeht, bildet die äußere Schutzschicht. Die mittlere Haut ist die Aderhaut, die die innerste Schicht, die Netzhaut, mit Blutgefäßen versorgt. Die Lider mit ihren Wimpern schließen die Augenhöhle nach vorne ab, und der Sehnerv leitet von der Netzhaut die Gesichtseindrücke nach hinten zum Sehzentrum des Gehirns weiter. Wir sehen Bilder und Bewegungen, Formen und Farben, Hell und Dunkel, weil alles wunderbar zusammenspielt und lebensmäßig verbunden ist.

Das gleiche Auge, das aus dem Leib herausgenommen wird und auf einem Teller liegt, ist ein trauriger, ja ekliger Anblick. Das gleiche Auge ist im Lebenszusammenhang ein Wunderwerk und daraus entnommen ein Jammerbild.

So ist der Mensch im Lebenszusammenhang mit Gott und im Verbund mit ihm ein Wunder und Geheimnis, ein kostbarer, wichtiger und wertvoller Teil des Lebens. Ohne Gott und den lebendigen

Zusammenhang mit seiner Wirklichkeit gleichen Menschen traurigen und trostlosen Gestalten. Darum ist der Lebensbund und -zusammenhang mit Gott so wichtig und lebensnotwendig.

„Behüte mich wie einen Augapfel im Auge!"

(Psalm 17,8)

18. Mai

Zielorientiert leben

Charlie Brown übt mit Pfeil und Bogen. Er schießt auf eine Wand und, wo der Pfeil gerade hingetroffen hat, malt er den Kreis darum und die Zwölf auf das Einschußloch. So hat er immer das Ziel getroffen. Jemand, der zuschaut, sagt: „Charlie, das geht anders herum. Du mußt erst die Zwölf und den Kreis malen, und dann mit dem Pfeil die Mitte treffen!" Machen wir es nicht auch oft so? Menschen leben, und wohin sie gerade gekommen sind, machen sie den Kreis und haben das Ziel getroffen. Die einen arbeiten und rackern, schaffen und werkeln und sagen am Ende: „Arbeit war mein Leben!" Andere setzen mehr auf Vergnügen und Genuß, sie machen den Kreis herum und haben das Ziel getroffen. Wieder andere suchen Bildung und Ausbildung, Kultur und Wissenschaft und haben am Ende ihr Ziel auf diese Weise erreicht. Noch andere wollen Leben erfahren im Reisen und Unterwegssein. Sie sind ständig auf Achse und suchen ferne Länder und verwegene Abenteuer. Am Ende nennen sie es als Lebensziel und haben es auch erreicht.

Irgendwann sagt uns dann mal jemand, daß es anders herum geht. Gott setzt unserem Leben ein Ziel, und wir müssen es zu erreichen versuchen. Gott hat dem Menschen als Lebensziel die Gemeinschaft mit ihm vorgegeben und auch die Möglichkeit eröffnet, es zu erreichen. Darum sollten wir nicht ich-orientiert, sondern ziel-orientiert leben. Gott zu treffen, ist der Sinn unseres Lebens, und ihn zu verfehlen, ist die Sünde des Lebens.

„Ich vergesse, was dahinten ist, und strecke mich nach dem, das da vorne ist, und jage dem vorgesteckten Ziel nach!"

(Philipper 3,13f)

19. Mai

Sehnsucht

„Die Sehnsucht gibt dem Herzen Tiefe." (Augustin) Wer nicht mehr offen und aufbruchbereit ist, lebt flach und oberflächlich. Nur wo Menschen noch auf Größeres und Weiteres, Höheres und Tieferes aus sind, bleibt das Leben lebendig. Nur wenn wir noch auf Letztes und Vollkommenes warten, nur wenn wir als Menschen noch mit Gott rechnen, bleiben die Tage spannend und bleibt das Leben dynamisch. Die Sehnsucht, die im Menschen wohnt und ihn wach und in Bewegung hält, ist die Sehnsucht nach Gott und seiner grenzenlosen Liebe. Nur in Gott ist die Erfüllung so stark wie die Sehnsucht. Nur in ihm finden wir Ruhe und Geborgenheit, wonach unser Innerstes schreit.

Unsere Sehnsucht nach Gott aber ist nur die eine Seite eines großen Zusammenhangs. Auch Gott hat Sehnsucht nach uns. „Der Mensch ist die Sehnsucht Gottes." (Augustin) Alles in Gott drängt und verlangt nach uns. Gott äußert sich und tritt aus sich heraus in seiner Liebe. In Jesus ist Gott außer sich vor Liebe, kommt uns ganz nah und sucht uns auf, wo wir wohnen, im menschlichen, irdischen, versehrten Leben. Meine Sehnsucht nach Gott will ich nicht unterdrücken, sondern ausdrücken, und Gottes Sehnsucht nach mir will ich nicht ausschlagen, sondern in sie einschlagen. So wird das Leben ein Weg zur Erfüllung.

„Gott, du bist mein Gott, den ich suche. Es dürstet meine Seele nach dir, mein ganzer Mensch verlangt nach dir!"

(Psalm 63,2)

20. Mai

Geneigtes Leben

Reife Ähren erkennt man am gebeugten Halm. Beugen ist nicht Ausdruck der Schwäche, sondern sichtbares Zeichen der Reife.

Bäume neigen sich, wenn Früchte wachsen. Geneigtes Leben ist wertvoller, als hartnäckig und halsstarrig vor sich selbst zu stehen.

Beugen und Neigen greift nach dem höchsten Ziel, um im Staunen und Anbeten über sich hinauszuleben. Sich überheben und sich vermessen stürzt dagegen in die tiefsten Abgründe.

Der Höhe unserer Berufung, Gottes Kinder und Haushalter zu sein, entspricht die Tiefe der Beugung. Der Größe des Lebens entspricht die Tiefe der Neigung.

1. Neigen ist Anbetung und Verherrlichung Gottes. Wir beugen uns, um Gott zu erheben. Bevor andere Mächte uns schändlich beugen, beugen wir uns fröhlich vor dem Lebendigen.

2. Neigen ist Gehorsam und Nachfolge Jesu. Wir beugen uns vor Christus, um damit gegen vieles andere aufzustehen.

3. Neigen ist Ausdruck besonderer Gaben und Aufgaben. Hohe Berufungen machen uns nicht stolz, sondern demütig und mutig.

4. Neigen ist, Lasten und Leiden zu tragen. Manche Not wird unser Leben beugen. Und wir sehen darin das Reifwerden besonderer Lebensfrüchte.

5. Neigen ist Zuneigung und Liebe. Wirkliche Liebe wird es nur in der Gestalt tiefer Zuneigung geben. Wer einem anderen ganz zugeneigt ist, vergibt sich nichts, aber er schenkt viel und gewinnt dabei an Größe.

„Ich neige mein Herz, zu tun deine Gebote!"

(Psalm 119,112)

---

21. Mai

Vom Winde verweht

Der kleine Prinz durchquerte die Wüste und begegnete nur einer Blume mit drei Blütenblättern, einer ganz armseligen Blume. „Guten Tag", sagte der kleine Prinz. „Guten Tag", sagte die Blume. „Wo sind die Menschen?" fragte höflich der kleine Prinz. Die Blume hatte eines Tages eine Karawane vorüberziehen sehen. „Die Menschen? Es gibt, glaube ich, sechs oder sieben. Ich habe sie vor Jahren gesehen. Aber man weiß nie, wo sie zu finden sind. Der Wind verweht sie. Es fehlen ihnen die Wurzeln, das ist sehr übel für sie." – „Adieu", sagte der kleine Prinz. „Adieu", sagte die Blume. (Antoine de Saint-Exupéry)

Das ist sehr übel für uns Menschen, wenn wir nicht in Gottes Liebe und Leben, seiner Geschichte und Gemeinde wurzeln. Der Wind der Zeit wird uns verwehen.

„Gesegnet aber ist der Mensch, der sich auf den Herrn verläßt und dessen Zuversicht der Herr ist. Der ist wie ein Baum, am Wasser gepflanzt, der seine Wurzeln zum Bach hin streckt. Denn obgleich die Hitze kommt, fürchtet er sich doch nicht, sondern seine Blätter bleiben grün; und er sorgt sich nicht, wenn ein dürres Jahr kommt, sondern er bringt ohne Aufhören Früchte. "

(Jeremia 17,7f)

22. Mai

Wir sind Empfänger

Kinder, die taub waren, blieben früher immer auch stumm, obwohl sie voll ausgebildete Sprachorgane hatten. Gehörlose waren immer sprachlose Menschen. Das erinnert uns daran, daß wir nur sagen können, was wir auch hören, nur wiedergeben können, was wir auch empfangen haben. Wir sind nur Empfänger und in allem, was wir von uns geben, angewiesen, es vorher bekommen zu haben. Lebensraum und Lebenszeit, Lebenskraft und Lebensgefährten, Lebenswege und Lebensziel haben wir nicht aus uns. Wir haben sie empfangen und müssen nun richtig mit ihnen umgehen.

Auch unsere äußere Bauart erinnert daran, daß wir mit zwei Ohren doppelt so viel hören, wie wir dann mit einem Mund sagen können. Menschliche Worte sind immer nur Antworten und setzen den Anspruch und Zuspruch voraus. Darum ist beim Erlernen der Mutter- oder Fremdsprache der passive Wortschatz, also, was wir hören und verstehen, immer größer als der aktive Wortschatz, also, was wir sagen und anderen zu verstehen geben können.

Auch das innerste geistliche Leben erinnert uns daran, daß wir Empfänger sind. Jedes Gebet zu Gott ist im Grunde ein Gebet von Gott. Denn Beten und Glauben sind letztlich nicht unsere menschlichen, sondern Gottes Möglichkeiten in uns Menschen. Was wir zu Gott sagen, haben wir zuvor von ihm empfangen. Das wird am deutlichsten am Vaterunser. Jesus hat uns das Gebet gegeben, damit wir es zu Gott beten.

Unser Denken ist Nachdenken, unser Leben Nachleben, unser Sprechen Nachsprechen, unser Beten Nachbeten. Wir sind immer erst Nachfahren, bevor wir dann auch Vorfahren für andere werden. Darum ist die wichtigste Frage, wem wir nachleben, nachdenken, nachfolgen, nachsprechen und nachbeten.

„Und Jesus sah Levi am Zoll sitzen und sprach zu ihm: Folge mir nach! Und er stand auf und folgte ihm nach."

(Markus 2,14)

23. Mai

Aufwachen

Als David Livingstone in Afrika unterwegs war, kam es hin und wieder vor, daß ein Stamm von Eingeborenen ihn bat: „Gib uns unseren Schlaf wieder!" Sie baten um die ungestörte Ruhe vor nächtlichen Überfällen und Störungen. Das ist begreiflich und verständlich. Wenn aber diese Bitte in unseren Gemeinden so zum Ausdruck kommt, daß Menschen ihre Ruhe haben und nicht aufgeweckt werden wollen vom Evangelium, dann ist das eine tödliche Bitte. Die Predigten sollen uns beruhigen und versichern, daß alles in Ordnung ist. Die Gottesdienste sollen schön sein und uns in unserem Geschäft und Beruf, Gelderwerb und Lebensgenuß nicht stören. „Gib uns Schlaf" durch das Evangelium von der Liebe Gottes und der Herrlichkeit des ewigen Lebens. Doch das wirkliche Evangelium möchte auch aufwecken und das Signal geben zum Kampf gegen die Sünde und die Bequemlichkeit, gegen Genußsucht und Lustprinzip, gegen den Zeitgeist und gegen Modetorheit, gegen Unglaube und Aberglaube. Darum ist unsere Bitte: „Gib uns ein Erwachen und eine Erweckung!"

„Wache auf, der du schläfst, und stehe auf von den Toten, so wird dich Christus erleuchten!"

(Epheser 5,14)

24. Mai

Es ist umgekehrt

In der deutschen Sprache konjugieren wir: ich, du, er, sie, es. In der hebräischen Sprache ist es umgekehrt. Dort konjugiert man: er, sie, es, du, ich. Für ein Kind beginnt der Weg zum Ich tatsächlich mit dem Wahrnehmen der Umgebung. Ein Kind tritt in die Welt des Er, Sie und Es ein und hört und sieht und nimmt wahr. Erst viel später kommt das Du, die direkte persönliche Anrede und Beziehung, und zum Schluß stehen auch das Ich und das Ichbewußtsein. Leben erschließt sich also nicht von mir her auf das Du und die Welt, sondern umgekehrt von der Weltwahrnehmung und dem Du her zur Entdeckung und Entfaltung des Ichs und der eigenen Persönlichkeit. Jede neue Orientierung beginnt mit dem Wahrnehmen der Umgebung, der Verbindung zu Menschen, und erst am Schluß entsteht die Verarbeitung und Veränderung in mir. So ist es auch in der Glaubensbeziehung. Gott macht sich bemerkbar in der Welt, der Geschichte, in Ereignissen und Dingen, dann spricht er mich persönlich an, und am Ende steht meine Antwort: Ich glaube.

Wenn heute diese Lebensbewegung umgekehrt verläuft, indem Menschen mit sich und ihren Meinungen beginnen, über das Du zum Leben und zur Welt kommen wollen, ist alles auf den Kopf gestellt. Steht meine Sicht und mein Ich am Anfang, ist die große Möglichkeit, wirklich zum Leben und zu mir zu finden, schon verspielt.

Wenn es also umgekehrt ist, dann müssen auch wir umkehren mit der Konjugation des Lebens. Er, Gott, steht am Anfang, sie, die Welt, ist vor uns da, es, das Leben, wartet auf uns. Du Herr, hast schon vor meiner Geburt in Liebe an mich gedacht, darum bin ich dein Kind und freue mich am Leben.

„Einer kehrte um und pries Gott mit lauter Stimme und fiel auf sein Angesicht zu Jesu Füßen und dankte ihm!"

(Lukas 17,15f)

25. Mai

Gebet

Gebet ist die größte Möglichkeit der Menschen, aber es nimmt den kleinsten Raum in ihrem Tun ein. Gebet ist die schönste Pflicht der Glaubenden, aber sie wird am schlechtesten erfüllt. Gebet ist die einfachste Form der Liebe und Hingabe, aber es wird das schwierigste Problem daraus. Allen Menschen steht im Gebet die Tür zu Gott weit auf, aber nur die wenigsten gehen wirklich hindurch. Gebet ist die nächstliegende Form, über sich selbst hinauszuwachsen, aber die Menschen greifen lieber nach den allerfernsten Praktiken. Es ist viel leichter in der Arbeit treu zu sein, als im

Gebet. Wir glauben, daß das Gebet am meisten bewirkt, aber wir leben, als ob unser Wirken am meisten ergibt. Gebet ist die sicherste Möglichkeit, an all den Gaben Gottes teilzuhaben, aber nirgends sind wir so unsicher wie im Leben des Gebetes. Gott weiß, was wir brauchen, ehe wir ihn darum bitten, aber er möchte es uns geben, wenn wir darum bitten.

„Herr, lehre uns beten!"

(Lukas 11,1)

26. Mai

Die Königin

Das Gebet ist die Königin aller guten Taten. Sie kann alle anderen Taten nicht ersetzen, aber sie ist die wichtigste Tat, die durch keine andere zu ersetzen ist. Aus dem Gebet fließt das Tun wie von selbst in die richtige Bahn. Und das beste Tun mündet wie von selbst in seine höchste Form, das Gebet,ein.

Dem Betenden geht die Arbeit leicht von der Hand. Und dem Arbeitenden fließt das Gebet leicht aus dem Herzen. So bilden Beten und Arbeiten ein Ganzes, bilden einen wunderbaren Lebenszusammenhang.

Unsere Zeit ist eine gebetsarme Zeit. In den Tagen der Hast und Hetze, der Eile und Erregung, der Unruhe und Unrast, der Automaten und Atome will das Beten nicht so recht gelingen. Die Königin des Lebens ist abgesetzt. Die Gier nach dem Mehr und die Angst vor dem Weniger treiben uns als grausame Tyrannen in die Besinnungslosigkeit. Wer setzt das Gebet, die Königin alles Tuns, wieder auf den Thron?

„Betet allezeit mit Bitten und Flehen im Geist und wachet dazu mit allem Anhalten und Flehen für alle Heiligen!"

(Epheser 6,18)

27. Mai

Ist der Weg frei? (-)

In Surinam haben sich die Christen, weil ihre Hütten nur aus einem Raum bestehen, einen Gebetsplatz im Wald gesucht, wohin sie täglich gingen, um dort in der Stille allein mit Gott zu reden. Die Gebetswege waren mit der Zeit wie ausgetretene kleine Pfade.

Eines Tages sagte ein Eingeborener zu seinem Nachbarn ganz liebevoll: „Du, auf deinem Gebetsweg wächst langsam das Gras!"

Der Weg zu Gott im Gebet ist immer frei. Gott wartet mit Sehnsucht darauf, daß wir Zeit haben und Ruhe finden, mit ihm zu reden und auf ihn zu hören. Ist auf unserem Gebetsweg auch Gras gewachsen, weil wir ihn so selten benutzen?

„Durch Gebet weicht der Staub von der Seele und die Last vom Gewissen und die Angst aus dem Herzen. Der Mensch wird frei, die Fesseln fallen zu seinen Füßen nieder. Gebet ist der Zusammenschluß mit dem Erlöser!" (Hermann Bezzel)

„Sorget nichts, sondern in allen Dingen lasset eure Bitten im Gebet und Flehen mit Danksagung vor Gott kundwerden!"

(Philipper 4,6)

28. Mai

Wie beten wir richtig? (-)

Während ein Techniker vom Störungsdienst das Telefon repariert, unterhalten sich im Arbeitszimmer des Pfarrers drei Geistliche über die richtige Gebetshaltung. Der eine meint, im Knien ließe es sich am besten beten, das wäre die einzige richtige Haltung vor Gott. Der andere erklärt, daß er am besten im Stehen betet und dazu die Hände flehend zu Gott erhebt. So würde die Sehnsucht und Bedürftigkeit am deutlichsten ausgedrückt. Der dritte ist anderer Meinung. Für ihn ist die richtige Gebetshaltung, auf dem Boden ausgestreckt vor Gott zu liegen, so wie es in der Bibel steht, daß Menschen im Gebet vor Gott liegen. Da mischt sich der Fernmeldetechniker ein und sagt: „Also ich habe am besten gebetet, als ich einmal mit dem Kopf nach unten an einem Telefonmast hing!"

Es gibt viele verschiedene Gebetshaltungen. Aber eine ist die beste, wenn wir mit ganzem Ernst, aus tiefstem Herzen, in reinster Absicht und höchster Not Gott anrufen.

„Wer läuft am schnellsten zu Gott? – Der Lahme! Wie eilt, wie springt, wie stürzt er in Gottes unendlich geöffnete Arme!" (Ernst Ginsberg)

„Rufe mich an in der Not, so will ich dich erretten, und du sollst mich preisen!"

(Psalm 50,15)

29. Mai

Mundwerk und Handwerk

Es hatte lange nicht geregnet. Die Ernte auf den Feldern drohte zu verdorren. Die Gemeinde wurde zu einem Bittgottesdienst um Regen eingeladen. Die Not trieb viele zum Beten, und die Kirche füllte sich mittags um zwei Uhr in der glühenden Hitze eines Sommersonntags.

Auch ein kleiner, fünfjähriger Junge kam und brachte seinen Regenschirm mit. „Was willst du mit dem Schirm?", fragte ihn streng der Küster an der Tür. „Es ist doch Bittgottesdienst für den Regen", sagte der Junge, „und wenn es dann auf dem Heimweg regnet, hab ich den Schirm." Beten, das sind nicht nur Worte, sondern ist ein Handeln im Glauben. Gebete sind nicht nur Mundwerk, sie sind Handwerk der Christen in dieser Welt. „Christen, die beten, sind lauter Helfer und Heilande der Welt, sie sind Beine, die die Welt tragen. Wie ein Schuster einen Schuh macht und ein Schneider einen Rock, also soll ein Christ beten. Eines Christen Handwerk ist das Beten." (Martin Luther)

Und das glaubensvolle Beten müssen wir von den Kindern wieder lernen.

„Betet aber im Glauben und zweifelt nicht. Denn wer da zweifelt, der ist gleich wie die Meereswoge, die vom Winde getrieben und bewegt wird. Ein Zweifler ist unbeständig in allen seinen Wegen."

(Jakobus 1,6.8)

30. Mai

Morgens

...empfangen wir den neuen Tag als ein Geschenk von Gott. Der Dank wird uns gegen alles Fehlende und Negative positiv machen.

...stellen wir den Tag unter Gottes Regie. Dann sind wir nicht von Angst oder Zorn oder Neid bestimmt.

...vertrauen wir unsere Familie und Freunde der Fürsorge Gottes an. So sind wir frei vom ängstlichen Sorgen und können uns aneinander freuen.

...legen wir Gott auch die schwierigen Aufgaben und Menschen hin, damit wir mit ihnen richtig umgehen.

...geben wir unser ganzes Leben in Gottes Hand. So wird dieser einzelne Tag ein Tag mehr im Leben, ein Schritt weiter zum Ziel, ein Stück mehr zur Reifung. Dieser Tag bekommt seinen besonderen Glanz und sein besonderes Gewicht. Er ist kein grauer Alltag und kein Tag wie jeder andere. Er ist ein besonderer Tag vor Gott, mit Gott und zu Gott.

„Das Gebet in der Frühe entscheidet über den Tag. Vergeudete Zeit, derer wir uns schämen, Versuchungen, denen wir erliegen, Schwächen und Mutlosigkeit in der Arbeit, Unordnungen und Zuchtlosigkeit in unseren Gedanken und im Umgang mit anderen Menschen haben ihren Grund sehr häufig in der Vernachlässigung des morgendlichen Gebetes." (Dietrich Bonhoeffer)

„Herr, frühe wollest du meine Stimme hören, frühe will ich mich zu dir wenden und aufmerken!"

(Psalm 5,4)

31. Mai

Dreimal täglich

Abends, morgens und mittags
loben wir Dich,
Gebieter über das All,
wir preisen Dich, wir danken Dir
und bitten Dich,
menschenfreundlicher Herr,

lenke unser Gebet in Deine Gegenwart
und laß unsere Gedanken nicht abirren
zu schlechtem Reden und Sinnen,
sondern befreie uns von allem,
was unseren Seelen schaden kann.
Zu Dir, Herr, erheben wir unseren Blick,
und auf Dich setzen wir unsere Hoffnung.
Denn Dir gebührt aller Ruhm,
alle Ehre und Anbetung,
dem Vater, dem Sohn und dem heiligen Geist,
jetzt und allezeit
und von Ewigkeit zu Ewigkeit. Amen!

(Gebet aus der russisch-orthodoxen Kirche)

„Daniel hatte in seinem Obergemach offene Fenster nach Jerusalem, und er fiel dreimal am Tag auf seine Knie, betete, lobte und dankte seinem Gott."

(Daniel 6,11)

1. Juni

Richtig leben

Wozu sind wir Menschen denn nun da, und wie können wir richtig leben, aufleben, erleben und überleben? Augustin hat einmal gesagt, daß wir Menschen dazu geschaffen wurden, um Gott zu genießen und die Welt zu gebrauchen. Aber der Mensch hat diese Ordnung verdreht und auf den Kopf gestellt. Er will die Welt genießen und Gott gebrauchen. Und beides geht nicht. Die Welt können wir nicht im letzten Sinn genießen, weil sie die Erfüllung für unsere Sehnsucht nicht bietet und enthält. Die Welt, das sind wir ja auch. Wir sind aber auf Größeres aus und werden niemals in der Welt die Stillung unserer Lebenssehnsucht erfahren. Darum führt ein konsequenter Weltgenuß dann auch zur Weltzerstörung und -vernichtung. Und Gott gebrauchen, wird deswegen nicht gehen, weil sich Gott dazu nicht hergibt. So liegt die Ursünde des Menschen darin, daß er seine Welt zum Gott und seinen Gott zum Gebrauchsgegenstand macht. An beidem scheitert der Mensch. Darum müssen wir umdenken und umkehren. Nur Gott schenkt uns die Freude, die wir suchen, die Erfüllung, auf die wir aus sind. Und wenn wir in Gott zum Frieden gekommen sind, dann können wir auch die Welt und ihre unzähligen Möglichkeiten zur Lebensgestaltung und Lebenserhaltung nutzen.

„Habe deine Lust am Herrn, der wird dir geben, was dein Herz wünscht!"

(Psalm 37,4)

---

2. Juni

Ich wachse

Die Zeder
Ich wachse langsam. Meine Zeit
ist eine lange Geduldigkeit.
An jedem wuchs ich, was mir ward,
kein Reif zu jäh, kein Frost zu hart.
Ich wachs am Dunkel, draus ich stieg,
ich wachs am Licht, darin ich mich wieg,
ich wachs am Wurm, der an mir nagt,
ich wachs am Sturm, der durch mich jagt.
Verwandelnd zwing ich jede Kraft,
hinaufzudehnen meinen Schaft.
Ich dulde Blitz und Glut und Guß,
ich weiß nur, daß ich wachsen muß.
Und schau ich hoch auf alle Welt,
und kommt die Stunde, die mich fällt:
Schmück Tempel ich und Paradies
des Gottes, der mich wachsen ließ.

(Ernst Bertram)

„Der Gerechte wird grünen wie ein Palmbaum, er wird wachsen wie eine Zeder auf dem Libanon. Die gepflanzt sind im Hause des Herrn, werden in den Vorhöfen Gottes grünen. Und wenn sie auch alt werden, werden sie dennoch blühen, fruchtbar und frisch sein, daß sie verkündigen, wie es der Herr recht macht!"

(Psalm 92,13ff)

3. Juni

Weise Worte sind besser —

Es war einmal ein Hirtenbüblein, das war wegen seiner weisen Antworten, die es auf alle Fragen gab, weit und breit berühmt. Der König des Landes hörte auch davon, glaubte es nicht und ließ das Büblein kommen. Da sprach er zu ihm: „Kannst du mir auf drei Fragen, die ich dir vorlegen will, Antwort geben, so will ich dich ansehen wie mein eigen Kind, und du sollst bei mir in meinem königlichen Schloß wohnen." Sprach das Büblein: „Wie lauten die drei Fragen?" Der König sagte: „Die erste lautet: Wie viele Tropfen Wasser sind in dem Weltmeer?" Das Hirtenbüblein antwortete: „Herr König, laßt alle Flüsse auf der Erde verstopfen, damit kein Tröpflein mehr daraus ins Meer läuft, das ich nicht erst gezählt habe, so will ich Euch sagen, wie viele Tropfen im Meere sind." Sprach der König: „Die andere Frage lautet: Wie viele Sterne stehen am Himmel?" Das Hirtenbüblein sagte: „Gebt mir einen großen Bogen weiß Papier", dann machte es mit der Feder so viele feine Punkte darauf, daß sie kaum zu sehen und fast gar nicht zu zählen waren und einem die Augen vergingen, wenn man darauf blickte. Darauf sprach es: „So viele Sterne stehen am Himmel, als hier Punkte auf dem Papier: Zählt sie nur." Aber niemand war dazu imstand. Sprach der König: „Die dritte Frage lautet: Wie viele Sekunden hat die Ewigkeit?" Da sagte das Hirtenbüblein: „In Hinterpommern liegt der Diamantberg, der hat eine Stunde in die Höhe, eine Stunde in die Breite und eine Stunde in die Tiefe; dahin kommt alle hundert Jahr ein Vöglein und wetzt sein Schnäblein daran, und wenn der ganze Berg abgewetzt ist, dann ist die erste Sekunde von der Ewigkeit vorbei."

Sprach der König: „Du hast die drei Fragen aufgelöst wie ein Weiser und sollst fortan bei mir in meinem königlichen Schlosse wohnen, und ich will dich ansehen wie mein eigenes Kind." (Aus den Märchen der Brüder Grimm)

„Der Weisen Worte, in Ruhe vernommen, sind besser als des Herrschers Schreien unter den Törichten."

(Prediger 9,17)

4. Juni

Neuen Mut

„Der Heilige Geist kommt herab und erfüllt die Jünger, die vorhin dasaßen in Trauer und Furcht, und macht ihre Zungen feurig und zerspalten, entzündet sie, daß sie keck werden und frei von Christus predigen und sich vor nichts fürchten.

Da siehst du ja klar, daß nicht sein Amt sei, Bücher schreiben noch Gesetze machen, sondern daß er ein solcher Geist ist, der in das Herz schreibt und schafft einen neuen Mut, daß der Mensch vor Gott fröhlich wird und Liebe zu ihm gewinnt und danach den Leuten mit fröhlichem Gemüte dient!" (Martin Luther)

„Gott hat uns nicht gegeben den Geist der Furcht, sondern der Kraft, der Liebe und der Besonnenheit!"

(2. Timotheus 1,7)

5. Juni

Unsichtbare Kraft

Wenn beim Werkeln die Kiste mit Nägeln umfällt, und die vielen kleinen und großen Nägel im Sand liegen, wie soll man sie alle einzeln auflesen und zusammenbekommen? Man nimmt einen starken Magnet, fährt einige Male darüber und schon sind die Nägel wieder beisammen. Der Dreck fällt herunter und leicht kann man die Nägel wieder in die Kiste einsortieren. Man sieht dem Magneten nicht an, welche Kraft in ihm steckt, und doch sind die Kräfte wirksam und stark.

Gottes Geist ist eine solche Kraft, mit der Gott über diese Welt und unser Leben fährt. Damals zu Pfingsten tat es Gott und dann immer wieder. Gottes Kraft und seine Liebe heben die Menschen aus dem Staub des Irdischen heraus. Sie werden durch seine Güte angezogen und zur Gemeinde dazugefügt. Gottes Geist sucht uns, hebt uns aus dem Staub der Not und bringt uns hoch und zur Erlösung. Verlorene werden durch Gottes Geist aufgelesen und eingesammelt, und es bildet sich seine Gemeinde mit vielen Gaben und Aufgaben.

„Die nun sein Wort annahmen, ließen sich taufen; und wurden hinzugetan an dem Tage bei dreitausend Menschen!"

(Apostelgeschichte 2,41)

6. Juni

Satt sein ist mehr!

Man erzählt von einem alten Bäcker, der ganz besonderes Brot hatte. „Sie sehen heute so bedrückt aus", fragte der Bäcker einen Mann, der bei ihm Brot einkaufen wollte. „Ich habe Angst um mein Kind, es ist gestern verunglückt und liegt nun in der Unfallklinik." Der Bäcker nahm das Brot auf dem Ladentisch, brach zwei Stücke ab und gab eines davon dem Mann. „Essen Sie mit mir das Brot", sagte er, „ich will an Sie und Ihr Kind denken." So etwas hatte der Mann noch nie erlebt, solch ein Brot noch nie gegessen. Beide aßen ihr Stück schweigend und dachten an das Kind im Krankenhaus und erflehten seine Besserung. Eine Frau kam in den Laden, um Brot zu kaufen. Der Bäcker brach noch einen Bissen ab, reichte ihn der Frau und sagte: „Essen Sie mit uns, sein Kind liegt schwerverletzt im Krankenhaus. Er soll wissen, daß wir seine Not teilen und mit ihm hoffen und beten." Und die Frau nahm das Stückchen Brot und aß es mit den beiden Männern. Brot ist etwas Lebendiges und Stärkendes. Wer es mit anderen teilt und gemeinsam ißt, hat mehr davon: Lebenskraft und Lebensfreude, Lebenshoffnung und Lebenserfüllung. Das besondere Brot ist die Liebe.

„Und Jesus nahm das Brot, dankte, brach es und gab es ihnen. Da wurden ihre Augen geöffnet, und sie erkannten ihn!"

(Lukas 24,30f)

7. Juni

In welchem Kreis?

„Die Leute", sagte der kleine Prinz, „schieben sich in die Schnellzüge, aber sie wissen gar nicht, wohin sie fahren wollen. Nachher regen sie sich auf und drehen sich im Kreis..." Und er fügte hinzu: „Das ist nicht der Mühe wert!" (Antoine de Saint-Exupéry)

Immer schneller, immer aufgeregter und abgelebter drehen sich die Menschen im Kreis. Im Kreis um sich selber, im Kreis um irgendein goldenes Kalb, im Kreis um die Erde. Am Ende sind sie ganz schwindelig und krank. Es gäbe einen besseren Kreis, der uns zur Ruhe kommen und Heilung finden läßt. Es ist der Kreis der Freude und Begegnung, der Kreis des Lebens und der Hoffnung, der Kreis der Liebe und Geborgenheit. Er ist überall zu finden, wo sich Menschen ernsthaft um Christus scharen.

„Und Jesus sah rings um sich auf die, die um ihn im Kreise saßen, und sprach: Siehe, das ist meine Mutter und meine Brüder! Wer Gottes Willen tut, der ist mein Bruder und meine Schwester und meine Mutter."

(Markus 3,34f)

8. Juni

Zum Nachdenken

Eine Kirche, die Angst hat, die Welt zu verlieren, wird sich in der Welt verlieren.

Eine Kirche hat nur soviel Einfluß auf die Welt, wie sie sich von ihr unterscheidet.

Eine Kirche, die nur den Menschen im Blick hat, wird unmenschlich. Nur wenn sie Gott im Blick hat, kann eine Kirche auch menschlich sein. Der schmale Weg der Nachfolge Jesu läßt uns Fremde sein in dieser Welt. Aber nur als Jesusverhaftete werden wir die Weltverhafteten erreichen. Die Kirche ist nicht beauftragt, Gott dem Geschäftsleben, der Presse, der Kultur- und Sportwelt oder der Politik und Wirtschaft anzupreisen. Ihre Diener sind nicht Diplomaten, die Kompromisse herstellen, sondern Propheten, die ein Ultimatum stellen.

Wenn die Kirche zwischen Weltflucht und Weltsucht hin und her taumelt, wird es den Menschen in ihr ganz schwindelig. Nur wenn eine Kirche wirklich Jesus nachfolgt, der in seiner Weltbejahung durch das Kreuz der Weltverneinung hindurchgegangen ist, wird sie das Salz der Erde und das Licht der Welt sein können.

„Habt nicht lieb die Welt noch was in der Welt ist. So jemand die Welt liebt, in dem ist nicht die Liebe des Vaters!" (1. Johannes 2,15)

9. Juni

Traumhaft leben – lebhaft träumen

Nein, Träume sind keine Schäume. Sie sind wichtige Erfahrungen an der Grenze. Träume leben an der Grenze von Tag und Nacht. Wachträume sind Ausdruck einer Sehnsucht, und Nachtträume sind die Verarbeitung des Lebens im Innern. Träume deuten den Zusammenhang von Bewußtem und Unbewußtem an. Nur einen Teil unseres Seins erleben wir bewußt, ein anderer Teil vollzieht sich völlig unbewußt, aber ebenso real. Träume zeigen das Ineinander von aktivem Gestalten und passivem Widerfahren. Ich träume, das spricht von aktivem Wünschen und Wollen. Mir träumt, bedeutet ein Widerfahren, das mich überkommt. Träume wohnen auch an der Grenze von Finsternis und Licht. Gott zeigt in den Träumen sein wahres Gesicht, aber auch die Fratze des Teufels wird in ihnen erkennbar. Wunschträume sind ein Urbild für Glück, wenn wir von Traumhaus und Traumreise und Traumurlaub sprechen. Alpträume hingegen sind das Urbild für Schrecken und Angst. Träume enthalten beides, Offenbarung und Verhüllung zugleich. Im Traum wird etwas deutlich, indem es verborgen wird. Und im Traum verbirgt sich eine Wahrheit, die darin erkennbar wird.

An der Grenzerfahrung im Traum wird sichtbar, daß unser ganzes Leben an der Grenze wohnt, an der Grenze von Tag und Nacht, Bewußtsein und Unterbewußtsein, aktivem Wollen und passivem Erleiden, Gott und Teufel, Sehnsucht und Angst, Offenbarung und Verhüllung.

Die Bibel erzählt immer wieder davon, daß Gott die Träume, in denen der Mensch normalerweise seine Alltagserlebnisse und Lebenswünsche verarbeitet, benutzen kann, um sein Wesen und Wirken zu offenbaren, seine Gerichte oder sein Heil anzukündigen, besondere Führungen und Berufungen zu schenken und Menschen auf besondere Dinge aufmerksam zu machen.

„Und Jakob träumte, und siehe, eine Leiter stand auf Erden, die rührte mit der Spitze an den Himmel, und die Engel Gottes stiegen daran auf und nieder!"

(1. Mose 28,12)

10. Juni

Aufwachen und Aufstehen

Was haben wir eigentlich bei unserer Geburt gemacht? Wir waren dabei, aber wir wurden geboren und mit dem Leben beschenkt.

Was machen wir eigentlich beim Aufwachen? Wir sind dabei, aber es geschieht mit uns, und der neue Tag liegt wie eine wunderbare Gabe vor uns. Aufgeweckt werden wir, geboren werden wir. Also Leben beginnt immer mit dem Geschenk des Lebens und des Tages, das wir passiv empfangen. Aber dann müssen wir aktiv werden. Das Aufstehen passiert dann nicht mehr mit uns, sondern aktiv durch uns. Wenn Menschenkinder dann wach und des Lebens bewußt geworden sind, müssen sie aktiv werden und den Tag und das Leben auch gestalten. Aufwachen heißt: Wir nehmen unser Leben auch in die Hand und gestalten es bewußt und willentlich und aktiv. So wird unser ganzes Leben und jeder einzelne Tag ein wunderbarer Zusammenhang von Empfangen und Tun, von passivem Beschenktwerden und aktivem Tätigwerden sein.

„Mache dich auf, werde licht; denn dein Licht kommt, und die Herrlichkeit des Herrn geht auf über dir!"

(Jesaja 60,1)

11. Juni

Gott ist wunderbar

„Du bist ein wunderbarer, liebevoller Gott.
Du regierst uns wunderbar und freundlich.
Du erhöhst uns, wenn du uns erniedrigst.

Du machst uns gerecht, wenn du uns zu Sündern machst.
Du führst uns gen Himmel, wenn du uns in die Hölle stößt.
Du gibst uns den Sieg, wenn du uns unterliegen läßt.

Du tröstest uns, wenn du uns trauern läßt.
Du machst uns fröhlich, wenn du uns heulen läßt.
Du machst uns singen, wenn du uns weinen läßt.

Du machst uns stark, wenn wir leiden.
Du machst uns weise, wenn du uns zum Narren machst.
Du machst uns reich, wenn du uns Armut schickst.
Du machst uns zu Herren, wenn du uns dienen läßt."

(Martin Luther)

„Du lässest mich erfahren viele und große Angst
und machst mich wieder lebendig und holst mich wieder herauf
aus den Tiefen der Erde. Du machst mich sehr groß
und tröstest mich wieder!"

(Psalm 71,20f)

12. Juni

Die beste Einsicht

„Was Jesus für mich ist? Einer, der für mich ist!
Was ich von Jesus halte? Daß er mich hält!" (Lothar Zenetti)

„Ist Gott für uns, wer will gegen uns sein? Er hat den eigenen Sohn
nicht verschont, sondern ihn für uns alle dahingegeben, wie sollte
er uns mit ihm nicht alles schenken?
Denn ich bin gewiß, daß weder Tod noch Leben,
weder Boten des Abgrunds, weder Zufall noch Schicksal,
weder das Unheil von heute noch die Gefahr von morgen,
weder die Gewalten der Erde noch die Mächte in den Sternen,
weder was am Himmel ist noch in der Tiefe,
noch irgendeine Macht uns scheiden kann von der Liebe Gottes,
die uns begegnet ist in Jesus Christus."

(Römer 8,31f.38f)

13. Juni

Wer sind wir?

Jemand fand ein Adlerei und legte es in das Nest einer gewöhnlichen Henne. Das Adlerkind schlüpfte zusammen mit den Hühner-
küken aus dem Ei und wuchs mit ihnen heran. Sein ganzes Leben

benahm sich der Adler wie ein Huhn. Er pickte in der Erde nach Würmern und suchte Körner und gluckte und gackerte wie die Hühner im Hinterhof.

Die Jahre vergingen. Eines Tages sah er einen herrlichen Vogel hoch oben im wolkenlosen Himmel kreisen. Anmutig und majestätisch zugleich zog der große Vogel seine Kreise und schwebte lautlos und leicht durch die Lüfte. „Wer ist das?" fragte er sein Nebenhuhn. „Das ist der Adler, der König der Lüfte!" sagte das Huhn. „Aber reg dich nicht auf! Wir Hühner sind von anderer Art." Also dachte der Adler nicht weiter an den königlichen Vogel. Er starb schließlich im Hinterhof in dem Glauben, ein gewöhnliches Huhn zu sein.

Wer sind wir? Was unsere Umgebung aus uns macht? Das, was andere in uns hineinsehen und uns damit prägen? Oder sind wir wirklich, was Gott in uns hineingelegt hat, seine königlichen Kinder? Bleiben wir ein Dreckspatz auf dem Misthaufen vor dem Haus oder ein armes Huhn im Hof hinter dem Haus? Oder werden wir Gottes Kinder, die sich wie Adler erheben und der Sonne entgegenfliegen?

„Der dein Leben vom Verderben erlöst, der dich krönet mit Gnade und Barmherzigkeit, der deinen Mund fröhlich macht, und du wieder jung wirst wie ein Adler!"

(Psalm 103,4f)

14. Juni

Pelz und Brot und Wort

„Nicht der Pelz hält den Menschen warm, sondern das Brot!" lautet ein russisches Sprichwort. Jesus geht noch einen Schritt weiter: „Der Mensch lebt nicht von Brot allein, sondern vom Wort Gottes!"

Was würden wir im äußersten Notfall, wenn nur eins möglich wäre, wählen: die Kleidung, die Nahrung oder die Worte des Lebens?

Wie gut, daß Gott uns alles reichlich schenkt. Und seine Liebe findet in allen dreien ihren Ausdruck: in der Kleidung, die uns wärmt und schützt, in der Nahrung, die uns schmeckt und nährt, in seinen Worten, die uns raten und leiten.

Gottes Worte der Liebe und des Lebens werden nicht gegen die

Kleidung und Nahrung ausgespielt, sondern mit ihnen verglichen. So ist der Mantel das Bild für die Liebe, die einhüllt und birgt, zudeckt und schmückt. Darum ist das Brot das Bild für das beste Wort Gottes an uns, für Jesus, das Brot des Lebens.

Wir brauchen es materiell und spirituell, und Gott gibt es leiblich und geistlich: den Pelz, das Brot und die Worte. Und alles aus Liebe!

„Der Vater sprach: Bringt schnell das beste Kleid hervor und legt es ihm an und bringt das Kalb, das wir gemästet haben, und schlachtet es. Lasset uns essen und fröhlich sein! Denn dieser mein Sohn war tot und ist wieder lebendig geworden; er war verloren und ist gefunden worden!"

(Lukas 15,22ff)

---

15. Juni

Ein Leben, das klingt!

Eine Querflöte ist ein kostbares Stück. Sie ist aus gutem Material kunstvoll gebaut und schon für sich wertvoll und schön. Aber eine Flöte möchte nicht nur schön herumliegen, sie möchte gespielt und zum Klingen gebracht werden. Erst dann wird sie lebendig, sinnvoll und wertvoll. Das kostbare Material braucht eine gute Hand, die sie nimmt, und den Atem des Künstlers, der ihr die Töne und Melodien entlockt. Das wertvolle Material, die geschickte Hand und der lebendige Atem bilden einen Wirkungszusammenhang, der die Musik erzeugt.

So sind auch wir Menschen kostbares Material. Gott hat uns in Liebe geformt und schön gemacht. Aber richtig lebendig, sinnvoll und wertvoll sind wir erst, wenn Gott uns in seine Hand nimmt und seinen Lebensatem in uns hineingibt. Da werden Menschen menschlich und Leben lebendig, und alles singt und klingt uns zur Freude und Gott zur Ehre. Wir Menschen sind nicht gemacht, um schön herumzuliegen. Gott möchte uns in die Hand nehmen und unser Leben zum Klingen bringen, indem sein Geist der Liebe durch uns hindurchströmt.

„Jesus sprach zu ihnen. Friede sei mit euch! Gleichwie mich mein Vater gesandt hat, so sende ich euch. Und er blies sie an und sprach zu ihnen: Nehmet hin den Heiligen Geist!" (Johannes 20,21f)

16. Juni

Ein Gebet

Ich bitte nicht um Wunder und Visionen, Herr,
sondern um Kraft für den Alltag!
Lehre mich die Kunst der kleinen Schritte:

Mache mich findig und erfinderisch,
um im täglichen Vielerlei und Allerlei
rechtzeitig meine Erkenntnisse und Erfahrungen zu notieren,
von denen ich betroffen bin.

Mach mich griffsicher in der richtigen Zeiteinteilung,
schenke mir das Fingerspitzengefühl, um herauszufinden,
was erstrangig und was zweitrangig ist.

Laß mich erkennen, daß Träume nicht weiterhelfen,
weder über die Vergangenheit noch über die Zukunft.
Hilf mir, das Nächste so gut wie möglich zu tun
und die jetzige Stunde als die wichtigste zu erkennen.

Bewahre mich vor dem naiven Glauben,
es müßte im Leben alles glattgehen.
Schenke mir die nüchterne Erkenntnis,
daß Schwierigkeiten, Niederlagen, Mißerfolge, Rückschläge
eine selbstverständliche Zugabe zum Leben sind,
durch die wir wachsen und reifen!

Erinnere mich daran,
daß das Herz oft gegen den Verstand streikt.
Schick mir im rechten Augenblick jemand, der den Mut hat,
mir die Wahrheit zu sagen!
Ich möchte dich und die anderen immer aussprechen lassen.
Die Wahrheit sagt man nicht sich selbst,
sie wird einem gesagt.

Du weißt, wie sehr wir der Freundschaft bedürfen.
Gib, daß ich diesem schönsten, schwierigsten,
riskantesten und zartesten Geschäft des Lebens gewachsen bin!

Verleihe mir die nötige Phantasie,
im rechten Augenblick ein Päckchen Güte
mit oder ohne Worte an der richtigen Stelle abzugeben.

Mach aus mir einen Menschen,
der einem Schiff mit Tiefgang gleicht,
um auch die zu erreichen, die „unten" sind.

Bewahre mich vor der Angst,
ich könnte das Leben versäumen.
Gib mir nicht, was ich mir wünsche,
sondern was ich brauche.

(Antoine de Saint-Exupéry)

„Mein Herz freut sich, daß du so gerne hilfst!"

(Psalm 13,6)

---

17. Juni

Gute Aussichten

„Menschen, die aus der Hoffnung leben, sehen weiter!
Menschen, die aus der Liebe leben, sehen tiefer!
Menschen, die aus dem Glauben leben, sehen alles in einem anderen Licht!" (Lothar Zenetti)

Christen sehen über die vielen Schwierigkeiten nicht hinweg, aber sie sehen über ihnen die großen Möglichkeiten Gottes.

Christen sehen an den vielen Leiden nicht vorbei, aber sie sehen unter all den Nöten die viel tiefere Liebe Jesu.

Christen schließen vor dem Dunkel der Welt nicht die Augen, sie glauben nicht blind, sondern sie sehen alles von Gott her in einem anderen Licht.

„Denn bei dir ist die Quelle des Lebens, und in deinem Licht sehen wir das Licht!"

(Psalm 36,10)

18. Juni

Zuflucht nehmen

Ein Kaninchen flieht in seine Höhle, wenn es Schutz sucht, und ein Vogel ruht sich in seinem Nest aus. Eine Katze hat ihren Korb, in den sie sich verkriecht, und der Hund nimmt in seiner Hütte Zuflucht.

Wohin kann ein Mensch kommen, der Angst hat und bedrückt ist? Wohin soll ein Mensch gehen, der erschöpft und verzweifelt ist? Mach aus deinen Armen eine Höhle, in die er flüchten kann.

Laß deine Worte wie ein warmes Nest sein, in dem er ausruhen kann. Mach aus deinem Haus einen Korb, in dem andere Zuflucht nehmen können. Und laß deine Liebe wie eine sichere Wand sein, die schützt und birgt.

„Ein jeder von ihnen wird wie eine Zuflucht vor dem Wind und wie ein Schutz vor dem Platzregen sein!"

(Jesaja 32,2)

19. Juni

Frei im Begrenzten

Im Freien sind wir gar nicht frei, sondern bedrückt und belastet von der Sorge des Überlebens. Im begrenzten Raum sind wir geschützt und sicher, gut aufgehoben und geborgen. Eine Nacht im Freien, ein Leben ohne geschützten Raum, allein in der Wüste, das ist nicht die Freiheit, sondern die Preisgegebenheit des Lebens. Die Haut begrenzt unser Inneres, die Kleidung begrenzt unseren Leib, das Haus unser Ruhen, die Atmosphäre unser Leben. Wirklich frei sind wir nur in festen Umrissen und Räumen. Der freie Fall ist nicht frei, sondern besessen von der Angst, denn der Aufprall kommt. Nur wenn wir gehalten sind, sind wir frei. Nur in der Bindung der Liebe können wir uns frei entfalten, ohne abzustürzen und unterzugehen. Darum ist die Freiheit des Glaubens eine enge Bindung an Jesus. Nur in der kindlichen Abhängigkeit von seiner Liebe werden wir königlich unabhängig von allen anderen Mächten und Diktaten, Zwängen und Meinungen. Jesus hält mich fest, darum bin ich frei. Ich halte mich an Jesus fest, darum bin ich geborgen.

„Meine Seele hängt an dir, und deine rechte Hand hält mich!"

(Psalm 63,9)

20. Juni

Eingepflanzt

Jede Pflanze hat ihre Eigenart und Identität. Sie ist unverwechselbar und einzigartig, ein Getreidehalm, eine Sommerblume, ein Obstbaum, ein Weinstock. Aber um leben, sich entfalten und wachsen zu können, brauchen alle Pflanzen den Lebenszusammenhang der vier Elemente. Sie brauchen Erde, um Wurzeln und Halt finden zu können. Sie brauchen Wasser, um aus der Erde die Nährstoffe aufnehmen zu können. Sie brauchen die Luft und die Lebensstoffe, die sie enthält, und schließlich auch Sonnenlicht und Wärme als Lebensenergie.

So sind auch wir Menschen einmalig und kostbar, einzigartig und wertvoll. Aber leben und entfalten, wachsen und bleiben können wir nur in Lebenszusammenhängen. Wir brauchen eine lebendige Gemeinde, in der wir verwurzelt sind. Wir brauchen Gottes lebendiges Wort, das uns die Nährstoffe zum Wachsen gibt. Wir brauchen Gottes lebendigen Geist, der uns befruchtet und bewegt, und wir brauchen seine Liebe, die uns Licht und Wärme schenkt wie eine Sonne.

Sind wir nur eine schöne Pflanze oder sind wir in Gottes Lebenszusammenhang eingepflanzt?

„Die gepflanzt sind im Hause des Herrn, werden in den Vorhöfen unseres Gottes grünen. Und wenn sie auch alt werden, werden sie dennoch blühen, fruchtbar und frisch sein."

(Psalm 92,14f)

21. Juni

Glaubensfrüchte

Das Ziel des Sommers ist die Frucht: der Weizen auf den Feldern, das Obst an den Bäumen, die Früchte im Garten, der Wein in den Bergen. Es geht im Leben um das Aufblühen und im Aufblühen um das Fruchtbringen. „Gib, daß der Sommer deiner Gnad in meiner Seele früh und spat viel Glaubensfrücht erziehe." (Paul Gerhardt)

So soll die Kraft Jesu auch in unserem Leben zur Entfaltung kommen. Es geht darum, daß unser Leben unter der Sonne der Liebe Jesu zur ganzen Schönheit aufblüht. „Verleihe, daß zu deinem Ruhm ich deines Gartens schöne Blum und Pflanze möge bleiben!" (Paul Gerhardt)

Aber die Blüte des Lebens zielt auf die Frucht des Glaubens: Geduld und Barmherzigkeit, Frieden und Versöhnlichkeit, Demut und Dankbarkeit. Wir wünschen uns einen Sommer der Gnade und bitten unseren Herrn: „Mach in mir deinem Geiste Raum, daß ich dir werd ein guter Baum, und laß mich Wurzeln treiben." (Paul Gerhardt)

Das Hineinwachsen in Gott, das Gegründetsein in seinem Wort, das Wurzeln in seiner Liebe, das sind die Voraussetzungen für ein fruchtbares Leben.

„Der ist wie ein Baum, gepflanzt an den Wasserbächen, der seine Frucht bringt zu seiner Zeit, und seine Blätter verwelken nicht."
(Psalm 1,3)

22. Juni

Steigerung

Der Sommer ist die Zeit der Steigerung und Reife. Alles wächst aus zur ganzen Süße und Schwere. Unter dem Glanz und der Kraft der Sommersonne reifen die Ähren und Beeren, die Früchte und Reben. Das Jahr findet seinen Höhepunkt.

Auch für unseren Glauben wünschen wir uns eine solche Zeit der Steigerung und Reife, des Wachsens und Vollendetwerdens. Unter der Liebe Jesu soll unser Vertrauen reifen und fest werden.

Die Sommerzeit erinnert uns auch daran, daß die letzte Ausreifung nicht durch unser Mühen und Kämpfen, sondern durch Gottes liebendes Schenken Gestalt bekommt. Wie oft haben wir es packen und meistern, zwingen und erarbeiten wollen, und es hat wenig gebracht. Nun gibt es uns Gott in seiner Liebe geschenkweise in

die Hand. Da bleibt nur das Staunen und Loben. Mit der gesteiger-
ten Reifung kann auch das Loben und Danken, das Singen und
Anbeten eine Steigerung erfahren. Ob unsere Dankbarkeit mit den
wachsenden Segnungen mitwächst?

*„Lobe den Herrn, meine Seele, und was in mir ist, seinen heiligen
Namen. Lobe den Herrn, meine Seele, und vergiß nicht, was er dir
Gutes getan hat."*

(Psalm 103,1f)

23. Juni

Sommer

Atme, Seele, erhöhter, weil du den Sommer lobst.
Dunkler, goldener und röter schwellen dir Reben und Obst.

Goldene Schatten schweben. Sind sie nicht mehr verbannt?
Träuft dir von selber das Leben in die lässige Hand?

Oft hat sie fruchtlos gegriffen. Nun auf einmal geschah's.
Sieh, es leuchten geschliffen Birnen wie Goldtopas.

Und wie weit du auch gingest, wölbt sich das funkelnde Haus.
Singe, Seele, du singest nie das Irdische aus.

(Werner Bergengruen)

Wenn wir schon das Irdische und den Zauber der Schöpfung nicht
aussingen werden, wieviel weniger das Geistliche und die Geheimnisse der Erlösung in Jesus! Und doch wollen wir uns die Spur
geben lassen auch für den Sommer im Glauben: Atme, Seele,
erhöhter... Sieh, es leuchten... Singe, Seele ...

*„Singet dem Herrn und lobet seinen Namen, verkündet von Tag zu
Tag sein Heil!"*

(Psalm 96,2)

24. Juni

Schauen und Staunen

Um die Beziehung zwischen Gott und seiner Welt zu umschreiben, haben die Inder ein wunderbares Bild gebraucht: „Gott tanzt seine Schöpfung." Er ist der Tänzer, die Schöpfung der Tanz. Sie sind eins und sind doch zwei. Der Tänzer ist etwas anderes als der Tanz. Und doch gibt es das eine nicht ohne das andere. Wenn der Tänzer einhält, gibt es keinen Tanz mehr. Der Tänzer geht in seinem Tanz nicht auf, aber er kommt in ihm zum Ausdruck. So ist auch die Schöpfung der Ausdruck eines liebenden, schöpferischen Gottes. Alles Leben ist der Ausdruck von Gottes Überfluß an Liebe und Macht. Wenn wir Gottes Schöpfung sehen, sollten wir nicht soviel grübeln und denken, analysieren und philosophieren, reden und lärmen. Wir sollten still werden und dem Tanz zuschauen, lauschen und staunen, bis wir den Tänzer selbst sehen und erkennen.

„Lobe den Herrn, meine Seele! Herr, mein Gott, du bist sehr herrlich; du bist schön und prächtig geschmückt. Licht ist dein Kleid, das du anhast!"

(Psalm 104,1f)

25. Juni

Den richtigen Weg wissen

Ein großes Passagierschiff gelangt vor den Hafen und wartet auf die Einfahrt in die Flußmündung. Der alte Kapitän begrüßt den Lotsen, einen ganz jungen Mann, der gerade sein Examen bestanden hat. Etwas besorgt fragt der Kapitän den jungen Lotsen: „Kennen Sie denn auch alle die Klippen und Gefahren, Sandbänke und flachen Stellen in dem Fluß?" Der junge Lotse antwortet: „Nein, ich kenne nicht alle gefährlichen Stellen des Flusses, aber ich kenne die Fahrrinne ganz genau, durch die hindurch ich Ihr Schiff sicher in den Hafen leiten kann!"

Wir müssen nicht erst alle Gefahren des Lebens bestanden, alle Klippen und Abgründe durchlebt haben, um richtig zu leben. Besser ist, wenn wir den guten Weg zum Ziel und den richtigen Weg zum Überleben wissen. Das Vertrauen in einen richtigen Weg ist besser als die Erfahrung von Scheitern und Zerbrechen. Darum halten wir uns an den einen, der von sich gesagt hat, daß er der Weg und die Wahrheit und das Leben ist, an Jesus. Er bringt uns mit Liebe und Sorgfalt an das Ziel unseres Lebens.

„Bewahre mich Gott, denn ich traue auf dich!"

(Psalm 16,1)

26. Juni

Denk an das Eisen

„Betrachte in der Schmiede ein rohes Eisen. So ist es zu nichts nütze. Soll es zu einem Werkzeug werden, so nimmt es der Schmied und legt es auf die Esse ins Feuer, bis es glüht. Dann kommt es auf den Amboß unter den Hammer, daß die Funken stieben. So wird es zu einem nützlichen Gerät geformt.

Darum, o Mensch, denke an das Eisen! Gott will dich zu etwas Rechtem bilden, wozu du dich nicht selber machen kannst. Er schmiedet dich mit dem Hammer seiner Gerichte, läutert dich im Feuer deiner Trübsal.

Es schmerzt und tut weh. Aber halte stand und erkenne die Liebe Gottes, der dich unter dem Kreuz zu einem Gefäß seiner Liebe machen will!" (Martin Luther)

„O welch eine Tiefe des Reichtums, beides, der Weisheit und der Erkenntnis Gottes! Wie gar unbegreiflich sind seine Gerichte und wie unerforschlich seine Wege!"

(Römer 11,33)

27. Juni

In Tagen der Krankheit

Herr, Tage der Krankheit gefallen uns nicht.
Ich wollte nicht krank sein. Keiner will es.
Und doch weißt Du, wozu mir diese Tage gut sind.
Ich weiß es noch nicht.
Aber alles, was wir aus Deiner Hand empfangen, ist gut.

Laß mich auch diese Krankheit von Dir annehmen.
Du sonderst mich aus in die Stille.
Du löst mich heraus aus den Pflichten,
die mich sonst ganz in Anspruch nehmen.
Du drängst mich ins Alleinsein.
Aber Du bedrängst mich nicht.
Du nimmst mir die Kollegen, die ich alle so genau kenne.
Nun bin ich ohne sie.
Und sie sagen: Er ist krank; er ist gestürzt;
es sind die Nierensteine; er hat eine schwache Pumpe.
Herr, laß mich etwas von dem erkennen,
was Du mir in diesen Tagen zeigen willst.
Herr, laß mich Deiner Heimsuchung stillhalten.
Herr, lehre mich, ganz von Dir abhängig zu werden.
Herr, laß mich schweigen,
daß ich Deine Stimme wieder deutlicher höre.
Du willst mich auch in diesen Tagen segnen.
Sei Du der helle Schein in meinem Krankenzimmer,
der Trost, der mich froh macht.
Sei Du die Liebe, die mich erneuert.
Sei Du die Freude, die mich zum Danken drängt.

(Paul Toaspern)

*„Der Herr wird ihn erquicken auf seinem Lager; du hilfst ihm auf
von aller seiner Krankheit."*

(Psalm 41,4)

28. Juni

Ich rauchte Matthäus

„Wenn Sie mir dieses Neue Testament unbedingt aufdrängen wollen, werde ich mir aus jeder einzelnen Seite eine Zigarette drehen."
Selbstbewußt schaut der Mann Gaylord Kambarami, seines Zeichens Mitarbeiter der Bibelgesellschaft von Zimbabwe, an.
„Nun gut", gab Kambarami zur Antwort, „das können Sie meinetwegen machen. Aber Sie müssen mir versprechen, das Neue Testament zu lesen, bevor Sie es rauchen."
Der Mann willigte ein, packte die Bibel und machte sich aus dem

Staub. Letztes Jahr nahm Kambarami, mittlerweile Generalsekretär der Bibelgesellschaft von Zimbabwe, an einem Kongreß teil. Während des Vortrages zeigt der Redner plötzlich auf den Generalsekretär, wandte sich an die übrigen Zuschauer und sagte: „Dieser Mann erinnert sich sicherlich nicht mehr an mich. Aber vor 15 Jahren schenkte er mir ein Neues Testament, obwohl ich ihm androhte, es als Zigarettenpapier zu verwenden. Ich rauchte Matthäus, ich rauchte Markus, ich rauchte Lukas. Aber dann stieß ich im dritten Kapitel des Johannesevangeliums auf den Vers 16: Denn Gott hat die Menschen so sehr geliebt, daß er seinen einzigen Sohn für sie hergab. Jeder, der an ihn glaubt, wird nicht verlorengehen, sondern das ewige Leben haben. Von jenem Moment an, konnte ich nicht mehr weiterrauchen, und mein Leben änderte sich von Grund auf."

Heute ist der ehemalige Bibelraucher Pfarrer in Zimbabwe.

„Das Wort des Herrn ist vollkommen und erquickt die Seele. Das Zeugnis des Herrn ist gewiß und macht die Unverständigen weise!"
(Psalm 19,8)

29. Juni

Gott ist wirklich, weil er wirkt

Ludwig Harms erzählt von einem Gastwirt in England. Der ging den Weg des Verderbens und zog seine Gäste mit in das Verderben hinein. Reichlich Alkohol und zweifelhafte Vergnügungen waren der Lebensinhalt des Wirts und seiner Gäste. Eines Tages stirbt in seiner Verwandtschaft ein naher Angehöriger. Ob er will oder nicht, er muß zur Trauerfeier in die Kirche und die Predigt anhören. Aber in seiner Abneigung gegen Gottes Wort beschließt er, während der Predigt beide Ohren zuzuhalten. So sitzt der Gastwirt taub unter den Zuhörern und verschließt sich dem Wort Gottes buchstäblich. Da sticht ihn eine Mücke in die Nase. Gedankenlos nimmt er die Hand vom Ohr und verscheucht die lästige Mücke. In dem kurzen Augenblick hört er den Satz des Predigers: „Bestelle dein Haus, denn du mußt sterben." Schnell hält er sich wieder die Ohren zu und wartet auf das Ende der Feier. Aber das eine Wort geht nun mit ihm nach Hause, und er kann es nicht wieder loswerden. Das Wort steht morgens mit ihm auf, geht abends mit ihm zu Bett, kehrt

in seinen Träumen wieder. Der Mann kann es nicht loswerden. Am
Ende ergibt er sich Gott, kehrt um und beginnt ein neues Leben. Er
bestellt sein Haus und lädt Gott in seinen Lebenshaushalt ein. Aus
dem Wirtshaus und dem Ort der Sünde wird eine Herberge und ein
Ort der christlichen Gastfreundschaft.

*„Das Wort Gottes ist lebendig und kräftig und schärfer als ein
zweischneidiges Schwert und dringt durch und ist ein Richter der
Gedanken und Sinne des Herzens!"*

(Hebräer 4,12)

---

30. Juni

Das bessere Programm

„Man lebt nur einmal", sagen die Leute und wollen alles in einzelne
Tage hineinpacken. In der Angst, etwas zu versäumen, will man
alles auskosten, koste es, was es wolle. Kein Preis ist zu hoch, keine
Torheit zu albern, kein Weg zu weit, keine Mühe zu groß. Weil am
Ende das Nichts steht, spielen Menschen um alles. Alles mitma-
chen, alles nachmachen, alles durchmachen. Ein Leben, das gar
nicht alles ist, soll alles enthalten. Daraus ergibt sich ein Krampf
und Kampf, der nur unglücklich, in der Enttäuschung enden kann.
– Wie anders leben Menschen, die wissen, daß dieses Leben ein
Teil eines größeren Ganzen ist, und daß ihre Lebenszeit auf eine
Ewigkeit hin angelegt ist. Die Angst, etwas zu versäumen, verwandelt sich in die Freude, teilzuhaben an den Geschenken des Lebens,
die über das Irdische und Zeitliche hinausgehen. Wichtiger als nur
irdische Güter werden Gottes Güte und eine Lebensbeziehung, die
über den Tod hinaus besteht. „Man gönnt sich ja sonst nichts!"
sagen die Leute und wollen für eine besondere Vorliebe ihre
Begründung anführen. Irgendetwas wird ihr Ein-und-Alles, und sie
hängen fest an ihrer begrenzten Liebhaberei.

Gott hat gegen das Alles-oder-Nichts und gegen das billige
Ein-und-Alles der Menschen ein besseres Programm: ein erfülltes
Leben hier, im Glauben an den Lebendigen, und ein ewiges Leben
dann, mit einer letzten Erfüllung.

*„Du tust mir kund den Weg zum Leben: Vor dir ist Freude die Fülle
und Wonne zu deiner Rechten ewiglich!"* (Psalm 16,11)

140

1. Juli

Das Leben auf den Punkt gebracht

Ein Lebenskreis enthält unendlich viele Punkte. Ein ganzes Leben ist eine runde Sache, aber es besteht aus vielen einzelnen Zeitpunkten. Wie bunte Perlen reihen sich die unterschiedlichsten Punkte unseres Lebens auf der Lebenskette aneinander. Und unter wieviel verschiedenen Gesichtspunkten kann man das Leben sehen: hell und dunkel, groß und winzig, schön und schrecklich, lustvoll und wehmütig, herrlich und bedrückend.

Wenn man all die unzähligen Zeitpunkte auf dem Kreis des Lebens und all die verschiedenen Gesichtspunkte im Verständnis des Lebens auf einen Punkt bringen müßte, welcher Punkt könnte das sein?

Ein Lebenskreis wird von einem Punkt her getragen und gebildet. Um ihn dreht sich alles. Alles geht von ihm aus, alles ist auf ihn bezogen und von ihm her verständlich. Gott ist der Mittelpunkt unseres Lebenskreises. Gott ist die Mitte der Welt, der Geschichte und des Lebens. Er stiftet Lebensraum und Lebenszeit, er zeigt den Lebensweg und das Lebensziel, er gibt Lebenskraft und Lebensfreude, er schenkt Lebensmittel und Lebensgefährten. Da ist das Leben auf den Punkt gebracht: Wir haben den lebendigen Gott als die lebendige Mitte. Unser Leben dreht sich um ihn.

„Herr, ich hoffe auf dich und spreche: Du bist mein Gott! Meine Zeit steht in deinen Händen."

(Psalm 31,15f)

2. Juli

Springender Punkt

Das Entscheidende und Ausschlaggebende nennen wir den springenden Punkt, das ist also ein wichtiger Punkt, gleichsam die Hauptsache. Diese Wendung geht auf eine Naturbeobachtung des Aristoteles zurück, der der Ansicht war, daß in einem bebrüteten Vogelei das Herz des kleinen, heranwachsenden Vogels als ein sich bewegender, eben springender Punkt erkennbar sei. Das punctum saliens aus seinem Bericht wurde dann der springende Punkt in der Umgangssprache: Ein Ausdruck für den Punkt, von dem das Leben ausgeht. Der springende Punkt im Leben? Wo ist der Punkt, von dem alles Leben ausgeht? An welchem Punkt entscheidet sich wirklich alles, Leben und Sterben, Sein oder Nichtsein, Überleben oder Zugrundegehen? Der springende Punkt für das Leben ist für uns der, der den Tod überwunden und das Leben lebendig gemacht hat, Jesus Christus. An ihm entscheidet sich alles, und er gibt in allem den Ausschlag. Er ist die Hauptsache oder besser die Hauptperson des Lebens.

Jesus spricht: „Ich bin die Auferstehung und das Leben. Wer an mich glaubt, der wird leben, ob er gleich stürbe; und wer da lebt und glaubt an mich, der wird nimmermehr sterben!"

(Johannes 11,25f)

---

3. Juli

Höhepunkt

In jedem Leben gibt es besondere Zeiten des Glücks und der Erfüllung. Wie Berggipfel ragen sie aus dem Gelände der Zeit hervor und bilden die Höhepunkte: ein guter Schulabschluß, ein bestandenes Examen und die fröhlichen Feiern im Freundeskreis, ein schöner Urlaub, aus dem man mit neuer Kraft und neuen Ideen zurückkehrt, eine tiefe Freundschaft, eine glückliche Heilung nach schwerer Krankheit, Erfolg im Beruf und Wachstum in der Gemeinde und schließlich die besondere Zeit, die man auch so nennt, die Hochzeit. Eine glückliche Liebe, eine gute Ehe, eine lebendige Familie, die Erwartung, Geburt und das Heranwachsen der Kinder, das sind Höhepunkte des Lebens. Aber auch besondere Erfahrungen der Einsamkeit und Einfachheit des Lebens, der inneren Einkehr, der Stille und des Gebetes mögen dazu zählen. Wir können sie nicht machen und verdienen, nicht kaufen und herstellen, nicht festhalten und zwingen, aber wir können sie bewußt genießen, dankbar erleben und fröhlich mit anderen teilen. Gott wird sich mitfreuen, wenn Menschen fröhlich sind und andere damit anstecken. Geglückte menschliche Beziehungen sind die wirklichen Höhepunkte des Lebens, und die persönliche Beziehung zu Gott ist das Höchste, was wir erleben können. Diese Glaubensbeziehung zielt auf eine letzte Vollendung, den absoluten Höhepunkt, wenn Gott uns in seine ewige Herrlichkeit nimmt, die Hoch-Zeit bei Gott.

„Dies ist der Tag, den der Herr macht; laßt uns freuen und fröhlich an ihm sein!"

(Psalm 118,24)

4. Juli

Tiefpunkt

Ganz dicht neben den höchsten Gipfeln liegen oft die tiefsten Täler. Tief können Menschen hineingeraten in Enttäuschung und Einsamkeit. Tief gekränkt und schmerzlich versehrt leiden die einen, lebensbedrohlich erkrankt sorgen sich andere. Beziehungen mögen zerbrechen und Hoffnungen sterben. Tiefe Trauer und elende Verzweiflung breiten sich aus. Scheitern und Mißerfolge lähmen, Verlust von Arbeit und Heimat, Würde und Menschen versetzen in Angst und Schrecken. Lebenspläne werden zerstört und Lebensentwürfe über den Haufen geworfen. Ein tiefes, weites Weh der Unerfülltheit und Vergänglichkeit drückt an den Boden. Menschen sind buchstäblich niedergeschlagen, tief getroffen und ganz unten.

Wir dürfen trauern und klagen. Wir haben einen Herrn, der das alles mit uns teilt. Sein Mitleiden mit uns ist eine wirkliche Tröstung. Denn wir sind nicht unter uns. Jesus ist mit seiner Liebe noch unter uns. Er ging noch tiefer und trägt uns mit unserem Leid. Selbst wenn wir zugrunde gehen, gehen wir noch zu Jesus, denn er ist der Grund unter allem. Er geht in seiner Liebe noch tiefer. Gott macht einen „trust", einen Vertrag mit uns, in dem er uns seine tiefe Liebe als tragenden Grund für unser ganzes Leben verspricht. Gott verträgt uns in seiner Liebe. Das ist sein Vertrag und unser Trost.

„Wasser umgaben mich und gingen mir ans Leben, die Tiefe umringte mich, ich sank hinunter zu der Berge Gründen, aber du hast mein Leben aus dem Verderben geführt, Herr, mein Gott!"

(Jona 2,6f)

5. Juli

Standpunkt

Wer das Leben bestehen will, braucht feste Standpunkte. Nur wenn wir fest stehen, können wir wirken und tragen. Im Wechsel und Wandel von Mode und Meinung brauchen wir einen Ort der Beständigkeit und Verläßlichkeit. Wenn Zeiten sich ändern, Verhältnisse sich wandeln, wenn alles im Fluß ist, manches weitergeht, anderes untergeht, wenn wir selber uns verändern und neue Lebensumstände entstehen, suchen wir einen festen Halt. In aller Bewegung und Veränderung, in allem Wandel und Wechsel bleibt Gott in seiner Liebe immer gleich und verläßlich. Zeiten und Menschen vergehen, Prognosen und Visionen können täuschen. Gott ist in seiner Zuneigung und Barmherzigkeit unveränderlich und unbedingt. Seine Zusage besteht. Und wer sich darauf einläßt, findet einen Standpunkt jenseits von Auf und Ab, Hier und Dort, Einst und Jetzt, Werden und Vergehen. Gott hat einen Ort bereit, auf dem wir fest stehen. Bei Jesus finden wir einen Lebens- und Glaubensstandpunkt, der uns trägt und hält. Der Glaubensstandpunkt ist kein starrer Punkt, keine zeitlose Idee, sondern eine lebendige und persönliche Beziehung zu einem Herrn, dessen Liebe unbedingt gültig, immer verläßlich und ewig beständig ist. Ein fester Standpunkt im Glauben ist kein trotziges Beharren, sondern ein fröhliches Getragen- und Gehaltensein.

„Bleibet im Glauben, gegründet und fest, und weichet nicht von der Hoffnung des Evangeliums!"

(Kolosser 1,23)

6. Juli

Startpunkt

Bleiben und Ruhen, verwurzelt und gegründet, gefestigt und beständig sein ist die eine Seite des Glaubens. Wir kommen zur Ruhe und nehmen feste Standpunkte ein.

Aufbrechen und wagen, losgehen und unterwegs sein, neu anfangen und sich senden lassen ist die andere Seite des Glaubens. Wir stehen immer wieder an Startpunkten und gehen los.

Wir machen Schritte im Glauben, gehen in Liebe aufeinander zu und wagen uns mit der Nachricht von Jesus in die Welt der Arbeit und Freizeit, Gesellschaft und Politik.

Standpunkte werden Startpunkte, denn Christen sind Gottes wanderndes Volk. Sie haben einen Lebensweg unter sich, ein Lebensziel vor sich, einen Lebensauftrag in sich, eine Berufung hinter sich, Lebensgefährten neben sich und einen guten Herrn für sich.

Wie ein Baum feststeht, tief verwurzelt und hoch wächst, also ruhig bleibt und seinen festen Standpunkt hat und doch voller Bewegung und Dynamik ist, so wird der Glaubende eine glückliche Mischung aus Bleiben und Gehen, Ruhen und Wirken, nach Hause kommen und aufbrechen, Standpunkt und Startpunkt sein.

Wir gehen los, brechen auf, suchen neue Wege und Möglichkeiten und bleiben doch verwurzelt im uralten Wort Gottes und ruhen uns in seiner Treue aus. Aber wir wollen die Gelassenheit des Glaubens nicht mit der Lässigkeit des Bequemen verwechseln.

„Darum richtet wieder auf die lässigen Hände und die müden Knie und tut gewisse Tritte mit euren Füßen!"

(Hebräer 12,12f)

7. Juli

Kontrapunkt

Das Leben ist nicht einfach. Zum Glück geht das ganze Leben nicht in ein Fach. Da wäre es langweilig und tot. Gott hat in seine Welt unendlich viele, gute Spannungen hineingewoben. Er ordnete in Liebe das Gegenüber von Himmel und Erde, Land und Meer. Er schied mit Bedacht Licht und Finsternis, Tag und Nacht. Er schuf mit Sorgfalt Berg und Tal, Pflanzen und Tiere. Gott machte das Leben spannend mit Saat und Ernte, Arbeit und Ruhe, Mann und Frau, Jung und Alt. Wir Menschen sind in die Zusammenhänge eingespannt. Gott und seine Welt, Anfang und Vollendung der Geschichte, Offenbarung und Verhüllung der Geheimnisse, alles das sind Kontrapunkte des Lebens. Sie sind nach Gottes Willen die Geburtsorte neuen Lebens. Sie sind Antrieb und Unruhe zum Wachsen und Entfalten. Kontrapunkte und Spannungen setzen Energien frei, stellen Motivationen dar und sind von Gott als

Herausforderung zum Leben gedacht. Wie eine gute Uhr nur richtig läuft, wenn die Feder gespannt ist, macht Gott unser Leben durch Kontrapunkte lebendig und dynamisch: du und ich, der einzelne und das Ganze, Nähe und Distanz, Leib und Geist, das Natürliche und das Heilige, Zeit und Ewigkeit, Reden und Schweigen, Beten und Arbeiten, Suchen und Finden, Kämpfen und Leiden. Nein, das Leben ist nicht einfach, sondern spannend, herausfordernd und dynamisch. Umwelt und Menschheit, Kultur und Arbeit, Glaube und Liebe sind voller Kontrapunkte zum Leben. Und Gott ist bei uns in den Spannungen des Alltags.

„Der Herr behüte dich; der Herr ist der Schatten über deiner rechten Hand, daß dich des Tages die Sonne nicht steche noch der Mond des Nachts. Der Herr behüte dich vor allem Übel, er behüte deine Seele. Der Herr behüte deinen Ausgang und Eingang von nun an bis in Ewigkeit!"

(Psalm 121,5ff)

8. Juli

Doppelpunkt

Die lange Schulzeit ist vorbei. Endlich ist der Abschluß geschafft. Doch nun beginnt eine neue Herausforderung in der Ausbildung. Es ist kein Punkt, sondern ein Doppelpunkt. Das Examen ist bestanden. Die Freude auf den Beruf ist groß. Aber nun steht man vor ganz neuen Problemen. Ein Doppelpunkt deutet an: Jetzt geht es erst los. Die Zeit des Wartens hat ein Ende. Die Hochzeit wird fröhlich gefeiert. Ein Doppelpunkt, denn nun beginnt das gemeinsame Leben in seiner Alltagsgestalt. Eine schwere Krankheit ist glücklich überstanden. Voller Freude setzt man einen Punkt. Aber auch hier ist es ein Doppelpunkt. Denn nun beginnt mit neuem Bewußtsein ein neuer Abschnitt. Der Abschied vom Arbeitsleben in den Ruhestand ist auch so ein Doppelpunkt. Es beginnt noch einmal eine Lebensphase mit großen Chancen, aber auch Schwierigkeiten.

Immer, wenn wir einen Punkt setzen und eine Zeit beenden wollen, setzt Gott einen Doppelpunkt und beginnt mit uns etwas Neues. Auch das Sterben ist für Gott kein Schlußpunkt. Gott setzt noch einen Punkt drauf und ruft uns in ein neues Leben mit ganz neuen Dimensionen und Herausforderungen.

„Denn siehe, ich will ein Neues schaffen, jetzt wächst es auf, erkennt ihr's denn nicht?"

(Jesaja 43,19)

9. Juli

Toter Punkt

Wenn eine Verhandlung festgefahren ist, alle Möglichkeiten der Einigung ausgeschöpft und alle Argumente und Einwände gehört worden sind, dann ist sie an einem toten Punkt angelangt. Damit ist ein Stadium beschrieben, in dem kein Fortgang mehr zu erreichen ist.

Zum anderen meint die Redensart vom toten Punkt einen Zustand höchster Ermüdung und Erschöpfung. Auf einer Wanderung oder in einem Langlauf kommt man an einen solchen toten Punkt.

Diese Redewendung stammt aus dem Bereich der Technik. Wenn Pleuelstange und Antriebskurbel eine gerade Linie bilden, spricht man vom toten Punkt. Denn dort bewegt sich die Pleuelstange weder vor noch zurück. Aber der tote Punkt ist dort auch der Punkt, an dem die Bewegungsrichtung sich umkehrt und mit neuem Schwung in die andere Richtung fortgesetzt wird. Auch im Leben gibt es tote Punkte: Festgefahrene Verhältnisse und Beziehungen, aber auch die Erfahrung von völliger Erschöpfung. Alles scheint stillzustehen und abzusterben, eben ein Punkt des Todes. Aber aus dem toten Punkt wird dann oft ein Wendepunkt, wo nach Besinnung und Umkehr, Einsicht und Erholung eine neue Bewegung in eine andere Richtung einsetzt. Wenn wir Gott unsere toten Punkte überlassen und vor ihm stillehalten, einhalten und uns besinnen, macht er daraus Wendepunkte des Lebens. Jona zum Beispiel war auf seiner Flucht an einen solchen toten Punkt gekommen. In seiner Not schrie er zu Gott und erlebte einen ganz neuen Anfang.

„Als meine Seele in mir verzagte, gedachte ich an den Herrn, und mein Gebet kam zu dir!"

(Jona 2,8)

10. Juli

Wendepunkt

Umkehren ist ärgerlich. Eine Strecke, die man schon geschafft hat, wieder zurückgehen, das macht niemand gern. Umkehren ist schmerzlich. Eine falsche Entscheidung, einen verkehrten Weg, handfeste Fehler eingestehen, das fällt nicht leicht. Umkehren ist schändlich. Scheitern zugeben, Unrecht haben, vor die Wand gelaufen sein, in einer Sackgasse festsitzen, das sind nicht gerade die Ehren, die wir suchen.

Umkehren ist befreiend. Die Weichen des Lebens können noch einmal neu gestellt werden. Die Züge müssen nicht zwangsläufig ins Verderben fahren. Umkehren ist beglückend. Einen Weg, der in den Abgrund führt, zurückgehen, sich neu orientieren und die richtige Richtung wählen, das ist ein großes Glück. Umkehren ist lebensrettend. Wenn man einem Strom, der in die Tiefe stürzt, gerade noch entkommt und das rettende Ufer erreicht, bevor es zu spät ist, das ist wie neu geboren sein.

Wendepunkte sind mit die besten Punkte auf einem Lebenskreis. Wenn wir uns verbiestert und verirrt, verlaufen und verbockt haben, wenn wir uns in Selbstmitleid oder Groll, in Bitterkeit oder Haß, in Verzweiflung oder Trotz verstrickt haben, umkehren und noch einmal beginnen, das ist eine wunderbare Chance. Wenn man schon unterwegs ist und merkt, daß man etwas Wichtiges, z. B. den Schlüssel oder das Geld, die Tasche oder die Adresse vergessen hat, ist es das Beste, umzukehren. Wendepunkte sind Glückspunkte, Rettungspunkte, Lebenspunkte. Besser umkehren als umkommen!

„Einer aber von ihnen, da er sah, daß er gesund geworden war, kehrte er um und pries Gott mit lauter Stimme und fiel auf sein Angesicht zu Jesu Füßen und dankte ihm."

(Lukas 17,15f)

11. Juli

Kritischer Punkt

Der kritische Punkt bezeichnet die entscheidende Zuspitzung einer Gefahr. In der medizinischen Fachsprache ist der kritische Punkt der Höhepunkt einer Krankheit, an dem sich Besserung oder Aussichtslosigkeit entscheidet. Daraus ergab sich dann in der Umgangssprache die Bedeutung einer schwierigen, zugespitzten Situation.

Krisenzeiten sind Umbruchzeiten, wichtige Zeiten, entscheidende Zeiten. Kritische Punkte sind Höhepunkte einer Gefahr, Tiefpunkte eines Leids. Wendepunkte der Besinnung und Doppelpunkte eines neuen Anfangs. In kritischen Phasen des Lebens werden oft die besten Entscheidungen getroffen und Aufbrüche in ganz neues Leben gewagt.

Kritische Punkte haben Menschen und Völker oft zu Gott finden lassen. Und Gott hat Völker und Menschen oft an kritische Punkte gelangen lassen, damit sie etwas Wichtiges lernen und Neues wagen. Nutzen wir also die kritischen Punkte unseres Lebens zur Entscheidung und zum Neubeginn, zur Vertiefung und Festigung des Glaubens.

„Zu dieser Zeit wurde der König Hiskia todkrank. Und Jesaja kam zu ihm und sprach: Bestelle dein Haus, denn du wirst sterben! Hiskia aber betete zum Herrn und weinte sehr. Und Gott sprach zu Jesaja: Kehre um und sage Hiskia: So spricht der Herr: Ich habe dein Gebet gehört und deine Tränen gesehen. Siehe, ich will dich gesund machen!"

(2. Könige 20,1ff)

12. Juli

Neuralgischer Punkt

Wenn der Zahnarzt beim Bohren den Nerv des Zahnes berührt, trifft er den neuralgischen Punkt. Aus der Medizin übernommen, nennt man eine besonders schmerzempfindliche Stelle den neuralgischen Punkt. Jeder kennt die schmerzenden Stellen und empfindlichsten Punkte seines Lebens. Eine Zurücksetzung oder Ablehnung macht

149

uns überempfindlich, ein Scheitern oder Versagen ängstlich, eine mißlungene oder zerbrochene Beziehung isoliert, eine Ehe- oder Kinderlosigkeit minderwertig. Neuralgische Punkte gibt es beim einzelnen, in einer Beziehung, einer Familie, Gemeinde und in einem Volk. Dort ist die Haut dünn, die Empfindlichkeit groß, der Schmerz heftig und die Verletzung schnell. Und doch dient auch der Schmerz an den empfindlichsten Stellen des Lebens nur der Heilung und Behandlung. Ohne die Signale des Schmerzes, ohne die Erfahrung von Weh und Pein würden wir die krankhaften Veränderungen unseres Lebens nicht wahrnehmen und behandeln lassen. Neuralgische Punkte helfen uns, die Verletzung zu erkennen und ihre Heilung zu suchen. Nur eine Stelle, die schmerzt, kann man finden und behandeln. So werden die neuralgischen Punkte zur Lebenschance. Darum wollen wir die Schmerzen nicht verbeißen und vertuschen, sondern ausdrücken und behandeln lassen. Am besten gehen Menschen mit Schmerzen auch zum Schmerzensmann, zu dem, der für die neuralgischen Punkte des Lebens, Leid und Sünde und Tod, die beste Adresse ist.

„Er war der Allerverachtetste und Unwerteste, voller Schmerzen und Krankheit. Er lud auf sich unsere Schmerzen, und durch seine Wunden sind wir geheilt!"

(Jesaja 53,3ff)

---

13. Juli

Wunder Punkt

Achilles, der tapfere griechische Held, war durch ein Bad im Styx unverwundbar, bis auf seine Ferse. Diese schwache Stelle traf sein Gegner und tötete ihn. Seitdem nennt man den wunden und schwachen Punkt eines Menschen seine Achillesferse. Jeder von uns ist irgendwo verletzlich und hat bei allen Stärken seine Schwachstelle. Aber wir versuchen, den wunden Punkt zu verbergen, damit wir nicht unnötig verletzt und geschlagen werden. Menschen haben oft eine grausame Lust, in den Wunden und Schwächen eines anderen herumzukratzen. Und auch der Feind will uns an unserer schwachen Stelle treffen und erledigen. Darum tun wir alles, unsere Achillesferse zu schützen und zu verbergen. Wir zeigen Stärke und geben Überlegenheit vor. Nur keine Schwäche zeigen und Verwundbarkeit zugeben!

Wie gut, daß Gott uns ohnehin ganz durchschaut und restlos kennt. Er sieht mit Freude unsere Gaben und Stärken und erkennt mit Liebe unsere Schwachstellen. Gott hat keine Lust, uns mit unserer Verwundbarkeit bloßzustellen. Gott will sich der schwachen Punkte besonders liebevoll annehmen. Bevor wir verkrampft die wunden Punkte unseres Lebens hüten, übergeben wir sie Gott. Er hat uns längst erkannt, unsere Selbstverliebtheit und Überheblichkeit oder unsere Selbstverachtung und Resignation, unsere gestörte Beziehung zum Leib oder die Erkrankung unserer Seele. Gott sieht mit Liebe den wunden Punkt. Diese Liebe macht uns Mut, den Schwachpunkt unter seine besondere Fürsorge zu stellen. Gott nutzt unsere Schwäche nicht aus. Aber wir sollten seine Liebe ausnutzen als Schutz für unseren wunden Punkt.

„Der Herr wird den Schaden seines Volkes verbinden und seine Wunden heilen!"

(Jesaja 30,26)

---

14. Juli

Dunkler Punkt

Etwas Unklares, Unrechtes oder Ungutes in der Lebensgeschichte eines Menschen nennt man einen dunklen Punkt. Diese Redewendung geht auf die antike Vorstellung zurück, daß die Seele eines Menschen dunkle Flecken bekommt, wenn er etwas Böses oder Unrechtes tut. Daß eine Seele dunkle Punkte zeigt, mag man mit Recht bezweifeln, aber daß Fehler und Unrecht ein Leben finster überschatten, ist ohne Zweifel.

Auch in der Menschheitsgeschichte gibt es den dunklen Punkt. Als Jesus am Kreuz hing, mochte die Sonne nicht mehr hinsehen und verweigerte ihr Licht, so schrecklich und schändlich war das, daß Jesus, die Liebe Gottes in Person, mit Haß und Spott gemartert und gekreuzigt wurde. Aber Gott machte aus diesem dunkelsten Punkt das hellste Licht für diese Welt: Auferstehung und Erlösung, Leben und Überleben.

So kann Gott auch die dunklen Punkte eines Lebens kraft seiner Liebe in das helle Licht einer Erneuerung verwandeln. Selbst David durfte nach Ehebruch, Lüge und Mord seine dunklen Punkte bekennen und das Licht der Vergebung und Reinigung leuchten sehen.

Dunkle Punkte sind da, und sie sind nicht schön. Sie sind ein finsterer Schatten über dem Leben. Aber Gott kann trotz noch so dunkler Punkte einen neuen Glanz in unser Leben geben, wenn wir mit unseren dunklen Punkten in sein helles Licht treten.

„Gott ist Licht, und in ihm ist keine Finsternis. Wenn wir im Licht wandeln, wie er im Lichte ist, so haben wir Gemeinschaft untereinander, und das Blut Jesu Christi macht uns rein von aller Sünde!"
(1. Johannes 1,5.7)

15. Juli

Glanzpunkt

Als die Erde wüst und leer und es finster auf der Tiefe war, setzte Gott einen ersten Glanzpunkt. Und es ward Licht. Und Gott sah, daß das Licht gut war. Gott machte auch die Finsternis, aber er ließ seine Vorliebe für das Licht erkennen.

Mitten in der Nacht der Welt, die sich von ihm abgewandt hatte, leuchtete Gottes Herrlichkeit auf, als Jesus geboren wurde. Und mitten in der Nacht ging die Ostersonne auf, als Jesus aus Tod und Grab zum Leben auferstand. Der Alltag wurde zum Auferstehungstag, zum Sonntag, dem schönsten Glanzpunkt Gottes. Und den letzten Glanzpunkt wird Gott setzen, wenn er selbst in der Ewigkeit seiner Gemeinde leuchtet, und es nie mehr eine Nacht geben wird (Offenbarung 22,5).

Zwischen dem ersten, dem schönsten und dem letzten Glanzpunkt hat Gott uns soviel Licht geschenkt. Immer, wenn seine Liebe in unser Leben hineinleuchtet, wenn die Nacht von Sorge und Angst, Trauer und Tod seinem Licht weichen muß, sehen wir ein Stück vom Lichtglanz Gottes. In jedem neuen Tag, in jeder Bewahrung und Erfüllung, in jeder Geburt und Wiedergeburt, in jeder Vergebung und Reifung leuchtet Gottes Licht auf. Dann sehen wir die Welt und ihre Ordnung, die Menschen und ihre Geschichte, das Leben und seine Geheimnisse, uns selbst und unsere Erwartungen in einem ganz neuen Licht. Wenn Gottes Liebe strahlt, wenn seine Weisheit leuchtet, wenn seine Herrlichkeit erscheint, sieht alles ganz anders aus. Da gilt es, dem Licht auch zu folgen und nicht im Dunkel des Eigenen stehenzubleiben. Jesus ist das Licht Gottes in der Welt. Wer ihm nachfolgt, wird das Licht des Lebens haben (Johannes 8,12).

„Sein Glanz war wie Licht; Strahlen gingen aus von seinen Händen. Darin war verborgen seine Macht!"

(Habakuk 3,4)

16. Juli

Leistungspunkt

In der Schule, im sportlichen Wettkampf, in der Prüfung gibt es Leistungspunkte. Nach irgendeinem Punktsystem muß man die Leistung bewerten, einordnen und vergleichen können.

Das Zeichen für die Leistungspunkte ist das Pluszeichen, und jeder möchte Pluspunkte sammeln. Mehr können, mehr leisten, mehr haben, mehr sein, solche Pluspunkte suchen wir. Zahlreich, erfolgreich, einflußreich ist die Steigerung des Lebens. Die Ideologie der Komparative hält uns besetzt: mehr, besser, weiter, schneller, höher, klüger, stärker, reicher... Und Hand in Hand mit der Gier nach dem Mehr wächst auch die Angst vor dem Weniger. Nur kein Minus!

Pluspunkte sind gut. Leistungspunkte sind wichtig. Auch Gott möchte kein Minus, sondern die Mehrung und Bereicherung unseres Lebens. Aber Gott bewertet nicht nach Leistung und vergibt Pluspunkte nicht nach Können, Wissen und Haben. Er vergibt Sünde und Schuld nach seiner Liebe. Bei Gott zählen nur die Liebe und die Lauterkeit. Gott freut sich an unserer Leistung, aber er liebt uns auch mit Schwachheit und Versagen. Gott gönnt uns alle Pluspunkte des Lebens, aber er bewertet uns nicht danach. Gottes Liebe zählt mehr als alle Leistung, und seine Güte ist der wichtigste Pluspunkt für uns!

„Von Gottes Gnade bin ich, was ich bin. Und Gottes Gnade an mir ist nicht vergeblich gewesen, sondern ich habe viel mehr gearbeitet als sie alle; nicht aber ich, sondern Gottes Gnade, die mit mir ist!"

(1. Korinther 15,10)

17. Juli

Strafpunkt

„Nach Rechtskraft des Bußgeldbescheides wird ein Punkt im Verkehrszentralregister in Flensburg eingetragen!" Strafpunkte im Straßenverkehr, Fehlerpunkte in der Ausbildung, Minuspunkte im Wettbewerb, überall drohen uns bei Fehlleistungen und Versagen Punkte. Noch schlimmer sind die Punkte, die Menschen in ihren Köpfen speichern und in ihre Herzen eintragen, wenn andere falsch und schlecht gehandelt haben. Strafpunkte setzen unter Druck und machen Angst. Aber sie erziehen auch. Man darf sich nun keinen Fehler mehr leisten, wenn man noch mitfahren, mitspielen und mitkämpfen will.

„Strafe muß sein!" sagt ein Sprichwort, das jedem einleuchtet. Wer immer zu schnell fährt, darf gar nicht mehr fahren. Wer immer zu langsam arbeitet, darf gar nicht mehr arbeiten. Wer sich immer daneben benimmt, steht dann auch daneben.

Auch bei Gott liegen wir ganz daneben, und unsere Schuld trennt uns völlig von ihm. Auch bei Gott gibt es das Zentralregister, das die Überschreitungen der Menschen enthält: ihre Überheblichkeit und Vermessenheit, ihren Trotz und Ungehorsam, ihre Fehler und Sünden. Aber Gott ist bereit, die Eintragungen unserer Schuld zu löschen. Denn Jesus nimmt die Strafe auf sich, und wir dürfen durch seine stellvertretende Liebe die Löschung aller Strafpunkte erhalten. Gott macht einen ganz neuen Eintrag: gerecht und geliebt, vergeben und versöhnt!

„Jesus hat uns vergeben alle Sünden. Getilgt hat er den Schuldbrief, der gegen uns war, und hat ihn an das Kreuz geheftet!"

(Kolosser 2,13f)

18. Juli

Schlußpunkt

„Nun mach aber einen Punkt!" heißt: „Jetzt ist Schluß!" Der Punkt am Ende eines Satzes markiert den Abschluß. Alles ist gesagt – manchmal ohne Punkt und Komma –, aber mit dem Punkt ist Schluß.

„Punkt, Schluß und Streusand darüber!" Diese Wendung erinnert an die Zeit, in der ein Brief mit Tinte geschrieben, mit dem Punkt beendet und mit Streusand abgelöscht wurde. Damit war der Schreibvorgang beendet und alles mitgeteilt.

Zum Glück gibt es nicht nur in Briefen und Reden den Schlußpunkt, sondern auch im Leben. Viele Dinge haben ihre Zeit, und dann ist Schluß: Schule und Ausbildung, Jugend und Verlobung, Schwangerschaft und Examensdruck, Arbeitszeit und Krankheitsnot. Immer wieder gibt es Schlußpunkte, die einen Abschnitt beenden und einen neuen eröffnen. Schlußpunkte sind Grenzpunkte, bisweilen machen sie traurig, meistens aber erwartungsfroh und hoffnungsvoll. Darum müssen wir selber immer wieder Schlußpunkte finden nach ausgedienten Möglichkeiten, abgelaufenen Phasen, überholten Ansichten, aber auch nach bekanntem Unrecht und ausgesprochener Schuld. Jeder Abend hat seinen Schlußpunkt. Und wer seinen Tag mit Gott abschließt, freut sich auf einen neuen Tag, eine neue Zeit, eine neue Zukunft. Selbst im Sterben noch, wenn Schluß ist mit Leid und Schmerz, Alter und Gebrechen, fängt Gott mit uns ein neues Leben an.

„Tröstet, tröstet mein Volk! spricht euer Gott. Redet freundlich mit Jerusalem und sagt ihr, daß ihre Knechtschaft ein Ende hat, daß ihre Schuld vergeben ist! Und die Tage deines Leidens sollen ein Ende haben!"

(Jesaja 40,1f; 60,20)

19. Juli

Der i-Punkt

Das Wort Punkt stammt vom lateinischen punctum, dem Einstich. Als die Buchstaben noch in die Unterlage eingeritzt wurden, war das kleinste Zeichen ein einzelner Einstich, eben ein punctum, ein Punkt. Der kleine Punkt ist winzig, aber wichtig, zum Beispiel am Ende eines Satzes als Schlußpunkt oder auf dem i als Vervollständigung des Buchstabens.

So wurde der i-Punkt ein Bild für die letzte Abrundung und Krönung einer Sache. Ohne den i-Punkt ist der Buchstabe nicht ganz, unvollkommen und unrichtig. Erst mit dem Punkt auf dem i ist alles vollständig und fertig. So ist es auch mit vielen Lebensbereichen. In einer Beziehung, zum Beispiel, ist die Liebe die Krönung und Vollendung aller anderen Werte.

In der Arbeit gibt es Einsatz und Können, Sorgfalt und Sachverstand, Erfolg und Gelingen. Aber der i-Punkt, der alle Arbeit krönt, ist die Dankbarkeit für das Geschaffte. Freizeit kann viel Schönes in sich bergen, Erholung und Abwechslung, Entspannung und Bildung. Aber der i-Punkt als Abrundung und Höchstes ist die innere Freiheit und Gelassenheit in Gottes Hand. Auch die Lebenszeit kann lang und voll, reich und erfolgreich sein. Aber der i-Punkt eines Lebens ist die Güte Gottes, die alle menschliche Zeit krönt. „Du krönst das Jahr mit deinem Gut!" (Psalm 65,12) Unsere Mühen haben viel bewirkt, aber die Krönung eines Lebens geben wir uns nicht selber. Wir empfangen sie durch Gottes barmherzige Hand.

„Der dich krönet mit Gnade und Barmherzigkeit!"

(Psalm 103,4)

20. Juli

Zielpunkt

Der Weg ist das Ziel, sagen die einen und leben drauflos: „Just for fun" und „Genuß ohne Reue". Sie nehmen, was kommt, und nutzen, was geht. Sie fragen nicht, was bleibt, und sorgen nicht, wohin das führt.

Der Weg ist nichts, das Ziel ist alles, sagen die anderen und leben auf ein großes Ziel hin: „Just for one" und „Verzicht ohne Reue". Sie fragen nur, was bleibt, und sorgen nur, wohin das führt.

Dazwischen gibt es eine bessere Sicht des Lebens. Der Lebensweg ist wichtig, weil er zum Ziel führt. Das Lebensziel ist erreichbar, weil es den Weg dahin gibt. In Jesus sind der Lebensweg und das Lebensziel versöhnt und eins. Das irdische Leben und das himmlische Ziel gehören zusammen.

Mit Christus haben wir einen wirklichen Lebensweg, der schon hier erfülltes Leben ist. Und mit Christus haben wir ein wunderbares Ziel, das mit ihm ein ewiges Leben ist.

Vom Zielpunkt her werden alle anderen Punkte auf dem Lebenskreis sinnvoll und wichtig. Jesus ist der Erste, der Ausgangspunkt, und der Letzte, der Zielpunkt, und der Lebendige, der Mittelpunkt. Wirkliches Leben ist Leben von Jesus her, Leben mit Jesus gemeinsam und Leben auf Jesus hin. So werden wir den Lebensweg genießen ohne Reue und mit viel Freude. So werden wir das Ziel sehen und um des Zieles willen auf manches verzichten ohne Reue und uns auf das Ziel freuen.

„Denn von ihm und durch ihn und zu ihm sind alle Dinge. Ihm sei Ehre in Ewigkeit! Amen."

(Römer 11,36)

21. Juli

Die fünfte Jahreszeit

Herr, der Urlaub ist da. Hab von ganzem Herzen Dank!
Wie lange haben wir uns auf diesen großen Sonntag
des Jahres gefreut. Nun ist es soweit.
Herr, komm Du in unseren Urlaub hinein.
Hab Dank für jeden dieser kostbaren,
uns anvertrauten Tage!
Laß von uns abfallen, was uns beschwert.
Laß uns froh werden über alles,
womit Du uns erfreuen willst.
Laß uns dankbar sein für die Schönheit Deiner Schöpfung.
Laß uns innehalten in Dir,
daß alle Hast von uns weichen muß.
Laß uns Erfahrungen machen, die wie ein frischer Quell
für unseren Glauben sind.
Laß uns auch Menschen begegnen, die – wie wir –
Dein Angesicht suchen.
Laß unseren Blick weit werden, daß wir alle innere Enge
hinter uns lassen.
Laß uns Deine Wunder erkennen,
auch, wo sie ganz verborgen sind.
Laß uns zur Ruhe kommen in Dir,
der Du allein uns diese Ruhe geben kannst.
Laß uns nicht in unseren Stimmungen abhängig sein
von Sonne oder Regen;
sei Du selber unsere Sonne.
Laß uns alles Gute mit Dank empfangen
und auch das aus Deiner Hand annehmen,

was uns nicht so gut erscheint.
Laß uns bereit sein für Deine Führungen
und Dich schon jetzt über ihnen rühmen.
Herr, wir warten auf Dich. Sei Du in unserer Mitte.
Du bist der helle Tag, das ewige Licht,
der Lebendige, der Vollender.

(Paul Toaspern)

„So geh nun hin und iß dein Brot mit Freuden, trink deinen Wein mit gutem Mut. Laß deine Kleider immer weiß sein und laß deinem Haupt Salbe nicht mangeln. Genieße das Leben mit deiner Frau, die du liebhast!"

(Prediger 9,7ff)

22. Juli

Fortsetzung folgt

Winston Churchill fiel als Kind einmal im Park seines Elternhauses in einen Teich. Der Gärtner des Vaters rettete den Jungen vor dem Ertrinken. Winston Churchills Vater wollte diese gute Tat belohnen. Und so bezahlte er dem Sohn des Gärtners, der ein begabter Junge war, die Ausbildung und das Medizinstudium. Aus ihm wurde ein guter Mediziner und der bekannte Forscher Alexander Flemming. Er erfand das Penicillin und wurde weltberühmt. Als Winston Churchill später an einer schweren Lungenentzündung erkrankte, wurde er wiederum durch das Penicillin gerettet. So kamen die Guttaten der Väter auf die beiden Söhne zurück.

Es gibt Teufelskreise, in denen ein Fehler den nächsten nach sich zieht, und der Schaden wird immer größer. Es gibt aber auch Kettenreaktionen der Güte, in denen auf eine gute Tat dankbar die nächste folgt, und es wird immer besser.

„Ehre den Herrn mit deinem Gut, so werden deine Scheunen voll werden!"

(Sprüche 3,9f)

23. Juli

Wann wird es Sonntag?

Eines Tages kamen unter einem großen Baum, so erzählt eine afrikanische Sage, die Tiere zusammen, weil auch sie – wie die Menschen – einen Sonntag haben wollten. Der König der Tiere, der Löwe, erklärte: Das ist ganz einfach. Wenn ich eine Gazelle verspeise, dann ist für mich Sonntag. Das Pferd meinte: Mir genügt schon eine weite Koppel, daß ich stundenlang austraben kann, dann ist für mich Sonntag. Das Schwein grunzte: Eine richtige Dreckmulde und ein Sack Eicheln müssen her, dann ist für mich Sonntag. Das Faultier gähnte und bettelte: Ich brauche einen dicken Ast, um zu schlafen, wenn es bei mir Sonntag werden soll. Der Pfau stolzierte einmal um den Kreis, zeigte sein prächtiges Federkleid und stellte höflich, aber bestimmt fest: Nur ein Satz neuer Schwanzfedern, er genügt für meinen Sonntag.

So erzählten und erklärten die Tiere stundenlang, und alle Wünsche wurden erfüllt. Aber es wurde unter ihnen kein Sonntag. Da kamen Menschen vorbei und wunderten sich: Ja, wißt ihr denn nicht, daß es nur Sonntag wird, wenn man mit Gott wie mit einem Freund spricht?

Gott gab der Seele einen Sonntag. Nun müssen wir dem Sonntag eine Seele geben, das Gespräch mit Gott.

„Und Gott segnete den siebenten Tag und heiligte ihn, weil er an ihm ruhte von allen seinen Werken!"

(1. Mose 2,3)

24. Juli

Wer kann am weitesten sehen?

Vor einem großen Mietshaus spielen die Kinder auf der Straße. Sie kommen beim Spiel auf die Frage, wer von den Kindern aus seiner Wohnung am weitesten sehen kann. Der Junge aus dem ersten Stock meint, er könne weit über die Felder und Wiesen sehen. Das Mädchen aus dem zweiten Stock behauptet, es könne in der Ferne den Deich vor dem Meer erkennen. Der Junge aus dem dritten Stock gar erklärt, er sehe bis aufs Meer und könne die Schiffe am Horizont erkennen. Die kleine Tochter des Hausmeisters steht still dabei. Da fragen die Kinder sie lachend: „Und wie weit kannst du aus eurer Kellerwohnung sehen?" Da antwortet die Kleine vorsichtig: „Mein Bett steht ganz nah am Fenster, und wenn es abends dunkel wird, kann ich die Sterne sehen."

Jeder möchte hoch hinaus und weit kommen. Der eine will den anderen überholen und übertreffen. Aber oft kann man aus der Tiefe des Leides, aus den Kellerwohnungen des Lebens bis zu den hellen Lichtern Gottes, bis zu seinen wunderbaren Verheißungen und Tröstungen sehen. Wer Gottes Liebe mit den Augen des Glaubens schaut, der kann am weitesten sehen, nach oben und nach vorn.

„Ich aber will auf den Herrn schauen und harren auf den Gott meines Heils; mein Gott wird mich erhören!"

(Micha 7,7)

---

25. Juli

Der deinen Mund fröhlich macht

Der Mund ist die Öffnung zum Leben. Durch ihn atmen wir Lebensstoffe ein und Schadstoffe aus. Mit ihm trinken wir und stillen unseren Durst nach frischem Wasser. Mit ihm essen und schmecken wir, was zur Ernährung und Erhaltung lebensnotwendig ist. Mit ihm sprechen wir und teilen uns anderen mit. Mit ihm singen wir und drücken unsere Freude, Sehnsucht und Trauer aus. Mit ihm küssen wir als Zeichen der besonderen Liebe und Nähe zu einem Menschen. Und mit dem Mund beten wir zu Gott als der höchsten und schönsten Öffnung unseres Lebens zu dem Lebendigen.

Das Beten schließt alle anderen Funktionen des Mundes ein. Beten ist wie atmen. Wir atmen die Liebe Gottes ein und unsere Sorgen und Gifte aus. Beten ist wie trinken aus der lebendigen Fülle Gottes. Beten ist wie essen vom Brot des Lebens. Beten ist ein Zwiegespräch mit Gott, in dem er sich uns mitteilt, und wir uns ihm mitteilen. Beten ist Singen, Loblieder voller Freude und Klagelieder voller Trauer. Und Beten ist wie Küssen, mehr als ein Akt des Mundes, eine wunderschöne Vereinigung von Liebenden.

So ist Beten alles und die Krönung von allem: atmen, trinken, essen, sprechen, singen und küssen. Es ist die stärkste und intimste

Öffnung zum Leben. Der Mund empfängt und sendet. Durch ihn geht das Leben ein, und aus ihm kommt das, was der ganze Mensch empfangen hat, heraus: Worte der Liebe, Lieder der Liebe und Zeichen der Liebe, Gebete zu Gott.

„Lobe den Herrn, meine Seele, und was in mir ist, seinen heiligen Namen, ...der deinen Mund fröhlich macht!“

(Psalm 103,1.5)

---

26. Juli

Der Stellvertreter

Im letzten Haus des Dorfes, einem alten, halbzerfallenen Speicher, wohnte ein buckliger Mann ganz allein. Er wurde von allen gemieden, denn er war wegen Brandstiftung mit einer schweren Freiheitsstrafe belegt worden. Er hatte einst die Mühle des Dorfes angezündet.

Nach langen Jahren kam er aus dem Gefängnis zurück, menschenscheu und noch zusammengefallener als früher. Sogar zum Kinderschreck war er geworden, denn wenn die Kinder nicht brav sein wollten, drohten die Mütter mit dem Zuchthäusler, der sie holen würde.

Nur einer kümmerte sich um den Ausgestoßenen, und das war der Müller, dem der Bucklige dieses Unrecht angetan hatte. Jeden Sonntagnachmittag saß der Müller bei dem Geächteten, und niemand konnte begreifen, was er dort zu tun hätte. Erst redete man darüber, dann wurde es ruhig über dieser Schrulle des Müllers. Und so ging es noch manches Jahr.

Der Bucklige starb. Hinter seinem Sarg gingen der Pfarrer und der Müller – sonst keiner mehr. Denn wenn erst einer aus der Dorfgemeinschaft ausgeschlossen ist, gibt es keine Barmherzigkeit mehr, auch im Tod nicht.

Und wieder nach einiger Zeit klopfte der Tod auch bei dem Müller an, und diesmal ging der Pfarrer nicht allein hinter dem Sarg. Das ganze Dorf folgte, denn der Müller war eine Respektsperson. Der Pfarrer sprach über ein Trost- und Bibelwort. Aber die Leute begannen erst da aufzuhorchen, als er folgendes erzählte: „Ihr habt euch oft gewundert, daß der Müller so freundlich zu dem Buckligen war. Heute sollt ihr den Grund erfahren. Kurz vor seinem Tod hat mir der Müller gebeichtet, daß er seine Mühle selbst angezündet habe, und er wäre dafür unfehlbar ins Zuchthaus gekommen.

Der Bucklige hatte die Gewohnheit, öfters in der Nacht noch draußen umherzustreichen, und da hatte er wohl den Müller bei seiner Tat beobachtet. Da kam der Bucklige eines Abends zu ihm und erklärte, er habe keinen Menschen auf der Welt, er wolle sich darum als Brandstifter ausgeben und alle Schuld auf sich nehmen, damit der Müller und seine Familie nicht ins Unglück kämen.

So konnte bei der Gerichtsverhandlung dann auch nachgewiesen werden, daß der Angeklagte in der Brandnacht nahe der Mühle gesehen worden sei. Viel Sympathien genoß er ohnehin nicht im Dorf, so wurde er denn verurteilt. Jahrelang hat dann der einsame Mann die fremde Schuld getragen, als Stellvertreter des Müllers. Dem Mann hier im Sarg hat Gott seine Schuld vergeben. Bitten wir nun Gott, daß er unsere Schuld dem Bucklingen gegenüber auch vergebe, und laßt uns sein Andenken in Ehren halten."

„Er war so verachtet, daß man das Angesicht vor ihm verbarg; darum haben wir ihn für nichts geachtet. Fürwahr, er trug unsere Krankheit und lud auf sich unsere Schmerzen!"

(Jesaja 53,3f)

---

27. Juli

Warum sind Sie ein Christ?

So wurde ein Inder von einem Freund gefragt. In seiner bilderreichen Sprache antwortete er mit einer Geschichte: „Einst traf ich auf einer Wanderung auf einen Tiger, der mich knurrend verfolgte. Ich rannte um mein Leben und konnte mich schließlich an einer Schlingpflanze in einen Brunnenschacht hinunterlassen. Ich blickte nach oben, wo der Tiger mit seinen wilden Augen auf mich schaute. Ich blickte nach unten und sah zu meinem Entsetzen eine riesige Giftschlange auf dem Boden, die gierig nach mir spähte. Mein Schrecken wurde vollständig, als ich die Ratte bemerkte, die an der Schlingpflanze nagte, an der mein Leben hing. Da hörte ich einen Schuß. Der Tiger verschwand, und ein Mann reichte mir seine Hand in den Brunnen herab und zog mich heraus.

Der Tiger, der mich verfolgte, ist die Sünde, die wie ein blutrünstiges Raubtier hinter mir her ist. Die Schlange auf dem Grund ist

Satan, der auf mich wartet, um mich als seine Beute zu gewinnen. Die Ratte ist der Zahn der Zeit, der an meinem Lebensfaden nagt. Doch Jesus kommt und überwindet die Sünde und zieht mich aus der Grube des Verderbens heraus, bevor mein Lebensfaden reißt und ich eine sichere Beute des Teufels werde. Jesus hat mich in seiner Liebe und unter Einsatz seines Lebens aus dieser bedrohlichen Lage gerettet. Darum bin ich ein Christ."

„Von Jesus zeugen alle Propheten, daß durch seinen Namen alle, die an ihn glauben, Vergebung der Sünden empfangen sollen!"
(Apostelgeschichte 10,43)

28. Juli

Christen

Christus allein macht die Christen. Sie sind sein Liebeswerk, darum hören sie auf ihn, gehören ihm an und gehorchen ihm. Hören, gehören, gehorchen ist ihre Lebensmelodie.
Mit ihrem Herzen lieben sie Jesus.
Mit ihrem Mund loben und bezeugen sie Jesus.
Mit ihren Händen arbeiten sie für Jesus.
Mit ihrem Leben drücken sie Jesus aus.
Mit ihrer Freude danken sie Jesus.
Mit ihrem Leid gleichen sie Jesus.
Mit ihrem Sterben gehen sie zu Jesus.

„Nun danket alle Gott mit Herzen, Mund und Händen,
der große Dinge tut an uns und allen Enden,
der uns von Mutterleib und Kindesbeinen an
unzählig viel zugut und noch jetzund getan."
(Martin Rinckart)

„Dies ist das Wort vom Glauben: Wenn man von Herzen glaubt, so wird man gerecht; und wenn man mit dem Munde bekennt, so wird man gerettet!"
(Römer 10,8.10)

29. Juli

Heimat

Heimat ist eine prägende, tragende und bleibende Kraft des Lebens. Sie ist Erinnerung und Hoffnung zugleich, Quelle und Einmündung in einem. Heimat ist Herkunft und Zukunft. Wir stammen aus einer Heimat und gehen auf sie zu. Heimat ist geographisch: eine Landschaft mit Flüssen und Bäumen, Dörfern und Städten, Wegen und Straßen.

Heimat ist biologisch: Geborenwerden und Heranwachsen, Essen und Trinken, Tageszeiten und Jahreszeiten, Gerüche und Geschmack, Spiele und Abenteuer, Körpererfahrung und Schmerzerfahrung.

Heimat ist soziologisch: Mutter und Vater, Geschwister und Verwandte, Spielkameraden und Schulfreundinnen, Nachbarn und Freunde.

Heimat ist kulturell: Sitten und Bräuche, Schule und Verein, Feste und Feiern, Bildung und Ausbildung.

Heimat ist geistig: hören und sprechen, lesen und schreiben, Geschichten und Märchen, erwachen und denken, erfahren und ersinnen.

Heimat ist religiös: Kirche und Gemeinde, Lieder und Gebete, Feste und Formen, Rituale und Traditionen.

Überall, wohin wir kommen, bringen wir unsere Heimat als Prägung mit. Wir tragen sie als Voraussetzung und zugleich als Sehnsucht in uns. Heimat ist immer auch Heimweh, jenes starke Verlangen nach Heim und Geborgenheit, Zugehörigkeit und Aufgehobenheit. Menschen brauchen Heimat als Schutz und Sicherheit, wollen zur Ruhe und nach Hause kommen. Weil Gott selbst die Heimat ist, aus der wir Menschen stammen, kann er auch nur die Heimat sein, auf die wir zugehen. Nur bei ihm sind wir letztlich zu Hause.

„Ich will mich aufmachen und zu meinem Vater gehen!"

(Lukas 15,18)

30. Juli

Der Klügere gibt nach

John Wesley (1703-1791), der bekannte englische Erweckungsprediger, hatte viele Freunde und Anhänger, aber auch viele Feinde und Gegner. Seine griffigen Predigten waren einigen Zeitgenossen zu direkt und unangenehm, denn John Wesley nannte die Sünde beim Namen und schonte die Sünder nicht. Als Wesley einmal auf einer schmalen Gasse unterwegs war, kam ihm ein Lord entgegen, der auf den Prediger Zorn hatte. Der Lord blieb direkt vor Wesley stehen und sagte scharf: „Ich gehe keinem Narren aus dem Weg!" Wesley ging betont freundlich zur Seite und sagte lächelnd: „Aber ich tue es gerne!"

„Jesus sagt: Haben sie mich verfolgt, werden sie euch auch verfolgen. Aber das alles werden sie euch tun um meines Namens willen, denn sie kennen den nicht, der mich gesandt hat!"

(Johannes 15,20f)

31. Juli

Das hat noch gefehlt

Die Geschichte fängt so gut an. Ein Mensch hat viele Güter. Er ist reich und erfolgreich. Er hat viel geleistet und kann sich viel leisten. Er hat Einkommen und Auskommen, Wohlstand und Reichtum.

Und er hat noch mehr. Mit den äußeren Gütern sind die inneren Werte mitgewachsen. Er ist ein Mensch ohne Lug und Trug, ohne Falsch und Neid, ohne List und Gewalt. Er hat nicht nur Wohlstand, sondern auch Anstand. Seine Ehe und Familie sind in bester Ordnung. Gottes Gebote hat er mit ganzem Ernst und aller Kraft gehalten.

Und er hat noch mehr. Er hat die wichtigste und beste Frage nach dem bleibenden, ewigen, göttlichen Leben. Er hat so viel und doch den Mut, einzugestehen, daß ihm das Beste noch fehlt. Er läuft auf die Straße und wirft sich auf die Erde. Der reiche und angesehene Mann macht sich zum Bettler: „Was soll ich tun, daß ich das ewige Leben ererbe?" Er hat den Mut und die Demut des Bittens und Fragens. Er hat sich die Sehnsucht nach der tiefsten Erfüllung und Vollendung des Lebens bei Gott erhalten.

Und er hat noch mehr. Er hat für seine Suche und Frage die richtige Adresse. Er kommt zu Jesus und wendet sich an den Einen, der für Gott und Leben, Heil und Ewigkeit die beste Adresse ist.

Und er hat noch mehr. Ihm gehört die volle Liebe Jesu. Jesus sieht den aufrichtigen Menschen mit der ganzen Liebe seines Herzens an. Mit großer Freude nimmt Jesus wahr, was dieser Mensch hat: seine äußeren Güter und inneren Werte, seine Sehnsucht und Frage, sein Kommen und Bitten, sein Beugen und Erwarten. Und darum öffnet ihm Jesus liebevoll und behutsam, aber auch deutlich und unmißverständlich die Tür zum ganzen, gültigen, bleibenden, ewigen Leben: „Der letzte und beste Schatz fehlt dir noch. Mach deine Hände und den Kopf frei und komm und folge mir nach!" Leben ist der Lebensanschluß an den lebendigen Jesus. Der eigentliche Reichtum, den Jesus dem Menschen zu gern geben würde, ist die innige Liebe zu Gott, zu den Armen, zu dem Lebendigen. Die Güte Gottes ist mehr als die Güter der Menschen.

Und dann endet die Geschichte so traurig. Der Mensch verliert den Mut. Er denkt an das Fehlende und nicht an das, was er bekommen soll. Jesus will ihn nicht ärmer machen, sondern nur noch reicher. Gott will uns seinen besten Schatz anvertrauen, seine ganze, ewige Liebe. Sie zu empfangen, brauchen wir freie Hände und Herzen.

„Und Jesus sah ihn an und gewann ihn lieb und sprach zu ihm: Eines fehlt dir. Geh hin, verkaufe alles, was du hast, und gib's den Armen, so wirst du einen Schatz im Himmel haben, und komm und folge mir nach! Er aber wurde unmutig über das Wort und ging traurig davon; denn er hatte viele Güter."

(Markus 10,21f)

1. August

Eine gute Lebensbeschreibung

Die kürzeste Biographie steht auf einem Grabstein irgendwo in England: „Yes, Lord!" Ja, Herr, das ist die beste Lebensmelodie. Darin ist das Wichtigste und Schönste, Größte und Höchste enthalten. Ja, Herr, das sind die gesündesten und verträglichsten Worte. Ja, Herr, das sind die richtigen Worte für Ehe und Familie, Erziehung und Bildung, Gesellschaft und Politik. Ja, Herr, das wäre die

Lösung vieler Konflikte und Nöte. Ja, Herr, ist die wichtigste Antwort, die Menschen je geben können. Gott macht eine Zusage: „Ich habe dich je und je geliebt!" (Jeremia 31,3) Gott macht eine Ansage: „Wandelt in der Liebe!" (Epheser 5,2) Und Gott hat eine Nachfrage: „Hast du mich lieb?" (Johannes 21,17).

Wir sind gefragte Leute. Unser Leben soll eine gute Antwort sein, soll verantwortlich sein. Und die richtige Antwort lautet: „Ja, Herr!"

„Der Herr sprach zu Salomo: Bitte, was ich dir geben soll! Salomo sprach: Du wollest deinem Knecht ein gehorsames Herz geben!"

(1. Könige 3,5.9)

2. August

Nach Art des Hauses

Die Häuser drücken die Vielfalt und Sehnsucht unseres Lebens aus. Im Schneckenhaus möchte man sich verkriechen. Im Hochhaus kann man anonym bleiben. Im Gasthaus wird man als Fremder beherbergt. Im Ferienhaus möchte man seinen Urlaub genießen. Im Warenhaus wird man mit dem Nötigen bedient. Im Bankhaus wird unser Geld verwahrt. Im Schulhaus lernen Kinder für ihr Leben. Im Dorfgemeinschaftshaus kommen Menschen zusammen. Im Parkhaus findet man einen Platz für sein Gefährt. Im Gartenhaus steigt das Sommerfest und stehen die Geräte für die Gartenarbeit. Im Krankenhaus ist niemand gern, und doch sind alle froh, daß es Häuser für den Krankheitsfall gibt. Das Sterbehaus für den letzten Abschnitt des Lebens ist ein Haus voller Not und müßte ein Haus voller Liebe sein. Im Rathaus wird regiert und verwaltet. Das Gotteshaus ist manchen der Ort der Einkehr und Besinnung, Stärkung und Begegnung mit Gott und Menschen. Und alle brauchen ein Wohnhaus, in dem sie sicher und geborgen, aufgehoben und zu Hause sind. Die zu Hause arbeiten, nennt man Hausfrau und Hausmann. Wenn jemand nur sein Haus kennt, wird er leicht hausbacken. Wenn andere ausflippen, sind sie aus dem Häuschen. Wer daheim bleibt, wird das Haus hüten. Wer klug ist, wird sein Haus bestellen. Und die kein Haus haben, hausen irgendwo unter einer Brücke im Elend. Und alle Menschen haben eine Sehnsucht nach einem letzten, guten, großen Haus voller Liebe und Leben, Freude und Seligkeit, einem Haus mit Hüter.

*„In meines Vaters Haus sind viele Wohnungen. Ich gehe hin, euch
die Stätte zu bereiten, und ich will wiederkommen und euch zu mir
nehmen, damit ihr seid, wo ich bin!"*

(Johannes 14,2f)

3. August

Wie kostbar ist ein Platz im Himmel

Der französische Spötter Voltaire äußerte einst in der Tischrunde
Friedrichs des Großen: „Ich verkaufe meinen Platz im Himmel für
einen preußischen Taler!" Ein frommer Ratsherr aus Kleve, der zur
Tafel des Königs geladen war, soll dazu gesagt haben: „Sie sind hier
im Preußischen, und da muß jeder, der etwas verkaufen will, sein
Eigentumsrecht daran nachweisen. Können Sie mir nachweisen,
daß Sie einen Platz im Himmel haben, und wollen Sie ihn dann noch
verkaufen, so will ich jede Summe dafür zahlen!" Voltaire soll
darauf verlegen geschwiegen haben. Ein Platz im Himmel ist
kostbar, aber nicht käuflich. Er ist wertvoll, aber nicht bezahlbar.
Weder Geld noch Werk, weder Verdienst noch Leistung, weder Adel
noch Würde vermögen den Platz im Himmel zu gewinnen. Diesen
wunderbaren Platz an der Seite Gottes bekommt man nur über
Beziehungen. Man braucht dazu eine persönliche, lebendige und
herzliche Beziehung zu Jesus, der allein den Weg ebnen, die Tür
öffnen und den Zugang zum Vater gewähren kann.

*Jesus spricht: „Ich bin die Tür, wenn jemand durch mich eingeht,
wird er gerettet werden!"*

(Johannes 10,9)

4. August

Wenn ihr nicht werdet wie die Erwachsenen

Kinder sind laut. Sie rufen und raufen, lärmen und lachen, schreien
und singen. Erwachsene nennen das ein schlechtes Benehmen. Sie
selber nehmen Maschinenlärm und Fabrikgetöse, Autolärm und
Preßlufthämmer in Kauf. Aber Kinder müssen still sein und Ruhe
geben.

Kinder sind unruhig. Sie rennen und toben, balgen und springen. Erwachsene halten das für unerträglich. Sie selber sind ständig auf Achse, haben nie Zeit und sind eilig beim Reisen und hastig beim Kaufen. Aber Kinder müssen brav sein und stillsitzen.

Kinder sind dreckig. Sie lieben Erde und Wasser, manschen und matschen, kleckern und kleistern. Erwachsene nennen das unanständig. Sie selber sehen sich abends schmutzige Filme und den letzten Dreck an, haben eine vergiftete Phantasie und schmutzige Gedanken. Aber Kinder müssen saubere Hände und reine Sachen haben.

Kinder sind ehrlich. Sie sagen, was sie denken, und zeigen, was sie empfinden. Erwachsene nennen das unhöflich. Sie selber tragen Masken und lügen, wenn sie höflich sind. Aber Kinder sollen angepaßt und nett sein.

Kinder sind liebebedürftig und brauchen Hände und Wärme, einen Schoß und ein Gesicht. Aber Erwachsene nennen das nervig und störend. Sie selber sind ständig unterwegs, um Anerkennung und Zustimmung, Beifall und Wertschätzung zu finden. Aber Kinder sollen mit schönen Spielsachen und teuren Geräten zufrieden sein.

Jesus hat einst den Erwachsenen die Kinder zum Vorbild gegeben. Aber die Erwachsenen geben den Kindern ihr schlechtes Vorbild und wundern sich, wenn die Gesellschaft entgleist.

„Jesus rief ein Kind zu sich und stellte es mitten unter sie und sprach: Wenn ihr nicht umkehrt und werdet wie die Kinder, so werdet ihr nicht ins Himmelreich kommen."

(Matthäus 18,2f)

5. August

Kinderlachen

Herr, die Kinder lachen so unbeschwert.
Das ist ein großes Glück.
Wie unreflektiert froh sind sie!
Sie leben einfach das Leben.

Und Du bist mit ihnen. Sie sind Kinder, Deine Kinder.
Da hat die Gewohnheit der Sünde noch nichts zerstört.
Da hat sich noch kein Ungehorsam eingeschliffen.

Da ist die Seele noch nicht vernarbt durch Verleugnung.
Da prägt die Einfalt noch Stirn und Augen.
Herr, so ein Kinderlachen ist kostbar.
Wie unbändig kann sich ein Kind freuen!
In dieser Freude öffnet sich das ganze Leben;
in ihr sprühen die Funken innerster Unmittelbarkeit
des Lebendigen, der Lebensbejahung,
der ungebrochenen Freude.
Ist das für uns vorbei?
Du, Herr, sagst nein.
Aber können wir denn wieder Kinder werden?
Wir können das Rad des Lebens nicht zurückdrehen.
Und doch setzt Du uns die Kinder zum Vorbild:
„Wenn ihr nicht werdet wie die Kinder..."
Du willst, daß wir in das Reich Gottes kommen.
Vater im Himmel, wir danken Dir,
daß wir vor Dir Kinder sein dürfen,
voll Vertrauen, voll stiller Freude,
daß wir in Dir um Jesu Christi willen
auch immer Kinder bleiben dürfen,
heute und morgen, an jedem neuen Tag
– wie alt wir auch sind.

(Paul Toaspern)

„Selig sind die Friedfertigen, denn sie werden Gottes Kinder heißen!"

(Matthäus 5,9)

6. August

Kleine Kinder brauchen große Liebe

Sind so kleine Hände, winzige Finger dran.
Darf man nie drauf schlagen, die zerbrechen dann.

Sind so kleine Füße mit so kleinen Zeh'n.
Darf man nie drauf treten, könn' sie sonst nicht geh'n.

Sind so kleine Ohren, scharf, und ihr erlaubt.
Darf man nie zerbrüllen, werden davon taub.

Sind so schöne Münder, sprechen alles aus.
Darf man nie verbieten, kommt sonst nichts mehr raus.

Sind so klare Augen, die noch alles sehn.
Darf man nie verbinden, könn' sie nichts verstehn.

Sind so kleine Seelen, offen und ganz frei.
Darf man niemals quälen, gehn kaputt dabei.

Ist so'n kleines Rückgrat, sieht man fast noch nicht.
Darf man niemals beugen, weil es sonst zerbricht.

Grade, klare Menschen wär'n ein schönes Ziel.
Leute ohne Rückgrat hab'n wir schon zuviel.

(Bettina Wegner)

„Gott segnet die Kleinen und die Großen. Der Herr segne euch je mehr und mehr, euch und eure Kinder!"

(Psalm 115,13f)

---

7. August

Wir brauchen uns – wir reiben uns ✝

Zu Mark Twain kam eines Tages ein Sechzehnjähriger und sagte: „Ich verstehe mich mit meinem Vater nicht mehr. Jeden Tag gibt es Streit. Er ist so rückständig. Was soll ich bloß tun?"

Mark Twain überlegte kurz und sagte dann: „Mein Freund, ich kann dich gut verstehen. Als ich 16 Jahre alt war, war mein Vater genauso ungebildet. Aber man muß etwas Geduld mit ihm haben. Nach zehn Jahren, als ich 26 war, hatte er so viel dazugelernt, daß man sich schon ziemlich vernünftig mit ihm unterhalten konnte. Und, ob du's glaubst oder nicht – heute, mit 36, frage ich meinen alten Vater, wenn ich keinen Rat weiß. So hat er sich geändert."

„Der soll das Herz der Väter bekehren zu den Söhnen und das Herz der Söhne zu den Vätern!"

(Maleachi 3,24)

171

8. August

Wie stark ist der Geduldsfaden?

Eine alte chinesische Fabel erzählt von einem Mann, der eine hohe Stelle als Beamter bekommt. Ein guter Freund besucht ihn, spricht ihm seine herzlichen Glückwünsche aus und gibt ihm noch einen guten Rat: „Wenn du ein hoher Beamter geworden bist, darfst du eines nie vergessen, immer Geduld zu haben!" Der Mann verspricht, den guten Rat zu befolgen. Der Freund wiederholt den Rat einmal, zweimal, dreimal. Als er es zum vierten Mal sagt, braust der Mann ärgerlich auf: „Hältst du mich für dumm, daß du mir solche Selbstverständlichkeit immer wiederholst?" – „Siehst du", seufzte der Freund, „es ist gar nicht so leicht, geduldig zu sein. Ich habe meinen Rat nur wenige Male wiederholt, und schon verlierst du die Geduld!"

„Ein Geduldiger ist besser als ein Starker, und wer sich selbst beherrscht, besser als einer, der Städte gewinnt!"

(Sprüche 16,32)

9. August

Leben ist Empfangen

Viele lieben ihn, viele hassen ihn, die meisten besitzen ihn, den Fernseher. Information und Kommunikation finden weitgehend über dieses Gerät statt. Wunderbare Bilder, schreckliche Bilder, Wissenswertes und Überflüssiges kommt über ihn in unser Wohnzimmer. Durch den Fernseher sind wir mit der ganzen Welt verbunden. Das Gerät ist ein in sich geschlossenes Ganzes, das aus vielen Bausteinen einen wunderbaren und komplizierten technischen Zusammenhang bildet. Aber der Fernseher ist nur ein Empfangsgerät. Seiner Bauart nach kann er Bilder nicht machen, Programme nicht herstellen, sondern nur empfangen und wiedergeben. Der Sender sendet die Programme, und über eine intakte Verbindung kann sie der Fernseher empfangen und an die Zuschauer weitergeben.

So sind auch wir Menschen gebaut. Wir sind Empfänger des Lebens. Unserer ganzen Wesensart nach sind wir Empfangende, die nur wieder- und weitergeben können, was sie empfangen haben. Gott ist der Sender des Lebens. Er sendet die Programme und Bilder, die Informationen und Gestaltungen. Wir Menschen können sie über eine intakte Beziehung zu Gott empfangen und wiedergeben. Gott, der Sender, der Mensch, der Empfänger, und die Verbindung zwischen ihnen bildet einen wunderbaren Lebenszusammenhang. In diesem Zusammenhang ist der Mensch wertvoll, sinnvoll und lebensvoll. Ohne den Zusammenhang ist der Mensch wie ein Empfangsgerät ohne den Anschluß an den Sender. Er ist zwar da, aber wertlos und leblos. Darum brauchen wir die persönliche Glaubensbeziehung zu Gott.

„Was hast du, das du nicht empfangen hast?"

(1. Korinther 4,7)

10. August

Die bessere Sprache

„Seid still, wenn ihr nichts zu sagen habt. Seid bitte still!" hatte die aidskranke Bigi unter ein Bild in ihrem Krankenzimmer geschrieben. Was wird an Kranken- und Sterbebetten alles geredet, weil man im Grunde nichts zu sagen hat. Wie oberflächlich, gedankenlos und lieblos sind oft die Reden und Worte, weil wir in der Tiefe der Situation so hilflos sind. Warum fällt es so schwer, liebevoll zu schweigen und auf ganz andere Weise miteinander zu sprechen? Mit der Sprache des Körpers, indem wir die Hand halten, behutsam streicheln, drücken und annehmen, gibt es Reden ohne Worte und ein Verstehen ohne Gespräche. Im Schweigen läßt sich manche Situation besser erfühlen und verstehen, läßt sich die Tiefe des Lebens besser mitteilen, mit anderen teilen. Schon Nähe und Gegenwart, Zustimmung und Aushalten sind manchmal mehr als Worte oder Sprüche.

„Als aber die drei Freunde Hiobs all das Unglück hörten, wurden sie eins, hinzugehen, um ihn zu trösten. Sie erhoben ihre Stimme und weinten, ein jeder zerriß sein Kleid als Zeichen der Trauer und saßen mit ihm sieben Tage und sieben Nächte und redeten nichts mit ihm; denn sie sahen, daß der Schmerz sehr groß war."

(Hiob 2,11ff)

11. August

Zeit verschenken – Zeit gewinnen

Jesus sah eine große Menge Volkes; die Menschen taten ihm leid, und er redete zu ihnen von der unwiderstehlichen Liebe Gottes. Als es dann Abend wurde, sagten seine Jünger: „Herr, schicke diese Leute fort, es ist schon spät, sie haben keine Zeit!" – „Gebt ihr ihnen doch davon", sagte er, „gebt ihr ihnen doch von eurer Zeit!"

„Wir haben selber keine", fanden sie, „und was wir haben, dieses wenige, wie soll das reichen für so viele?" Doch da war einer unter ihnen, der hatte wohl noch fünf Termine frei, mehr nicht, zur Not, dazu zwei viertel Stunden. Und Jesus nahm mit einem Lächeln die fünf Termine, die sie hatten, die beiden viertel Stunden in die Hand. Er blickte auf zum Himmel, sprach ein Dankgebet und Lob, dann ließ er austeilen die kostbare Zeit durch seine Jünger an die vielen Menschen. Und siehe da: Es reichte nun das Wenige für alle. Am Ende füllten sie sogar zwölf Tage voll mit dem, was übrig war an Zeit, das war nicht wenig! (Lothar Zenetti nach Matthäus 14,13-21) Nur die Zeit, die man verschenkt, wird man gewinnen.

„Siehe, jetzt ist die Zeit der Gnade, siehe, jetzt ist der Tag des Heils!"
(2. Korinther 6,2)

12. August

Mehr als eine Gabe

Eines Tages wurde der russische Dichter Iwan Sergejewitsch Turgenjew auf der Straße angesprochen, ein Bettler bat ihn um ein Almosen. Da durchsuchte er gründlich alle seine Taschen – aber ohne Erfolg, er hatte kein Geld bei sich. Betrübt entschuldigte er sich bei dem Bettler: „Brüderchen, ich habe wirklich nichts bei mir; somit kann ich dir leider nichts geben." – „Doch ich danke dir von Herzen, mein Bruder", antwortete der Bettler und verneigte sich. „Wofür denn?", staunte Turgenjew, „du hast doch gar nichts von mir bekommen!" – „Aber ja, Bruder! Deine Gabe war reich und schön. Du hast mir ehrlich helfen wollen."

„Allesamt aber miteinander haltet fest an der Demut!"
(1. Petrus 5,5)

13. August

Wenn Wissenschaft nur Wissen schafft

Vier königliche Prinzen wollten sich auf Erden umschauen und es in der Naturwissenschaft zu besonderen Kenntnissen bringen. Sie vereinbarten einen Treffpunkt für ihr Wiedersehen und zogen aus, sich kundig zu machen. Die Zeit verging, und die Brüder fanden sich am Treffpunkt ein. „Ich habe die Fertigkeit erworben", sagte der erste, „die es mir, wenn ich von einem Geschöpf nur einen Knochensplitter habe, ermöglicht, auf der Stelle das dazugehörende Fleisch zu erschaffen." – „Ich habe mir die Fähigkeit angeeignet", sagte der zweite, „dem Geschöpf Haut und Haare wachsen zu lassen." Der dritte sagte: „Ich kann ihm zu allen Gliedern verhelfen, wenn ich Fleisch, Haut und Haare zur Verfügung habe." – „Und ich", schloß der vierte der Brüder, „weiß, wie man das Geschöpf zum Leben erweckt, wenn es seine Gestalt und alle Glieder besitzt." So gingen die vier Brüder in den Dschungel und suchten nach einem Knochenstück, um ihre Kräfte spielen zu lassen. Das Schicksal fügte es, daß sie einen Löwenknochen fanden; sie wußten es aber nicht und nahmen ihn mit in ihr Labor. Der eine verhalf dem Knochen zum Fleisch, der andere überzog ihn mit Haut und Haaren, der dritte versah ihn mit den dazu passenden Gliedern, und der vierte erweckte den Löwen zum Leben. Da schüttelte die Bestie ihr mächtiges Haupt, reckte sich mit ihrem drohenden Rachen, ihren scharfen Zähnen und unerbittlichen Pranken und stürzte sich auf ihre Schöpfer. Alle brachte sie um und verschwand wieder im Dschungel. (Nach einer altindischen Geschichte)

Wissen ohne Liebe macht kalte Techniker. Und Wissenschaft, die sich vom Schöpfer des Lebens löst, wird eines Tages ihre eigenen Schöpfer auffressen.

„Ein Kluger sieht das Unglück kommen und verbirgt sich, aber die Unverständigen laufen weiter und leiden Schaden!"

(Sprüche 27,12)

14. August

Ganze Sache

Mein Vater,
ich überlasse mich dir.
Mach mit mir, was du willst.
Was du auch mit mir tun magst,
ich danke dir.

Zu allem bin ich bereit,
alles nehme ich an.
Wenn nur dein Wille
sich an mir erfüllt
und an allen deinen Geschöpfen,
so ersehne ich weiter nichts,
mein Gott.

In deine Hände
lege ich meine Seele;
ich gebe sie dir, mein Gott,
mit der ganzen Liebe meines Herzens,
weil ich dich liebe,
und weil diese Liebe mich treibt,
mich dir hinzugeben,
mich in deine Hände zu legen,
ohne Maß,
mit einem grenzenlosen Vertrauen;
denn du bist mein Vater.

(Charles de Foucauld)

„So seid nun Gottes Nachfolger als die geliebten Kinder!"
(Epheser 5,1)

15. August

Klug und ohne Falsch ⌐

In der Notzeit nach dem Zweiten Weltkrieg fuhren Nonnen aus einem Kloster in Trier ab und an in das nahe Luxemburg, um dort Lebensmittel einzukaufen, die es damals in Deutschland nicht gab. Zu allerhand Nahrungsmitteln besorgten sie auch einige Pfunde guten Bohnenkaffee. Diese besonderen Schätze verstauten sie in ihrer weiten Ordenstracht, indem sie die Kaffeepäckchen unter die Arme einklemmten. Einmal gerieten sie in eine Zollkontrolle, und der Zöllner fragte die Nonnen streng, ob sie etwas eingekauft hätten. Eine der Nonnen sagte ganz offen: „Ja, wir haben mehrere Pfund Kaffee gekauft, aber den haben wir unter den Armen verteilt!" Die Nonnen durften ungehindert weiterreisen.

„Jesus sagt: Seid klug wie die Schlangen und ohne Falsch wie die Tauben!"

(Matthäus 10,16)

16. August

Immer diese Mißverständnisse

In der Kirche flüstert Frau Meier: „Schlechte Akustik hier!" Ihr Mann flüstert zurück: „Jetzt, wo du es sagst, rieche ich es auch!"

Der neue Untermieter zu seiner Wirtin: „Ich bin Dichter und habe ein Pseudonym!" – „Einverstanden", erwiderte die Wirtin, „aber um 22 Uhr muß sie die Wohnung verlassen haben!"

„Stillgestanden!", brüllt der Spieß. Alle stehen stramm. Da brüllt der Spieß: „Was ist mit dem dahinten mit dem roten Helm?" – „Das ist doch ein Hydrant, Herr Feldwebel!" – „Das ist mir egal, meine Befehle gelten auch für Akademiker!"

Zu einem Empfang in einer kleinen Stadt sind alle wichtigen Leute eingeladen. Nacheinander treffen sie mit ihren Ehepartnern ein. Schließlich kommt auch der katholische Geistliche. Die junge Geschäftsfrau: „Guten Tag, Herr Pfarrer, haben Sie ihre Frau nicht mitgebracht?" – „Aber gnädige Frau, wir haben doch den Zölibat!" – „Ach, den kleinen Zölibat hätten Sie doch auch noch mitbringen können!"

„O si tacuisses, philosophus mansisses!" oder zu deutsch:

„Auch ein Tor, wenn er schwiege, würde für weise gehalten und für verständig, wenn er den Mund hielte!"

(Sprüche 17,28)

17. August

Die Bibel und das Bett

Um 1820 lebte in Witzhelden der Schuhmacher Breidenbach mit seiner Familie. Sie waren bitter arm, aber fröhlich im Glauben. Als das dritte Kind unterwegs war, brauchten sie dringend ein Bett. So traf es sich gut, daß im Wirtshaus eine Versteigerung von Hausrat angesagt war. Der Schuster Breidenbach nahm die gesamten Ersparnisse von 17 Talern, um ein Bett zu ersteigern. Als erstes wurde eine wunderschöne alte Familienbibel angeboten. Die Leute im Wirtshaus waren angetrunken und heiter und machten ihre Witze über die Bibel. Ein Kaufmann bot einige Groschen, um die Bibel als Einwickelpapier zu benutzen. Breidenbach bot dagegen, denn er konnte nicht mit ansehen, wie sie das kostbare Bibelbuch entwürdigten. Die Leute trieben nun den Preis hoch, um den armen Schuster zu ärgern. Schließlich bekam er die Bibel für seine 17 Taler. Das Bett war vergessen. Zu Hause machte seine Frau ihm bittere Vorwürfe, und er sagte nur ganz ruhig: „Ich habe es nicht ertragen, wie sie das heilige Buch verspottet haben!"

Am nächsten Tag erschien in aller Frühe der Müller aus der Nachbarschaft und brachte ein Bett mitsamt Bettzeug und bat den Schuster dringend, das Zeug ohne Aufsehen anzunehmen, da er sonst von seiner Frau was zu hören bekomme. Die Müllersfrau hatte die Geschichte gehört und sofort alles für die Schusterfamilie zurechtgemacht. Sie schickte ihren Mann mit den besten Grüßen und schenkte der Familie Breidenbach das Bett. Nun versöhnten sich auch die Eheleute wieder, und Breidenbach las am Abend seiner Frau aus der alten Bibel den 37. Psalm vor:

„Hoffe auf den Herrn und tu Gutes. Habe deine Lust am Herrn, der wird dir geben, was dein Herz wünscht. Sei stille dem Herrn und warte auf ihn. Entrüste dich nicht über den, der seinen Mutwillen treibt. Das Wenige, das ein Gerechter hat, ist besser als der Überfluß der Gottlosen!" (Psalm 37,3f.7.16)

18. August

Das Herzensgebet

„Hüte dich davor, deine Sorge in Unruhe und Unrast ausarten zu lassen. Wenn du auch in deinen Schwierigkeiten von Wind und Wellen umgeben bist und hin und her geworfen wirst, halte deine Augen nur fest auf den Herrn gerichtet. Wir werden sicher durch jeden Sturm steuern, solange wir unser Vertrauen auf Gott setzen." (Franz von Sales)

In guten und in schweren Tagen, zu Hause und unterwegs, zwischendurch und mittendrin können wir das Herzensgebet sprechen:

Beim Einatmen: Herr Jesus Christus,
Beim Ausatmen: Erbarme dich meiner!

Wir atmen die Liebe Jesu ein und unsere Nöte aus. Beten ist das Atemholen der Seele. Und Goethe hat wohl recht, wenn er sagt: „Im Atem liegen zweierlei Gnaden, die Luft einholen und sich ihrer entladen!"

So liegen im Herzensgebet zweierlei Gnaden, Jesu Liebe einholen und sich der Nöte entladen.

„Und der Blinde rief: Jesus, du Sohn Davids, erbarme dich meiner!"

(Lukas 18,38)

19. August

Wunderbar geleitet

Juanita kam im letzten Moment zum Gottesdienst. Sie hatte eine fremde Frau bei sich, die sie liebevoll an einen Platz brachte. Strahlend erzählte sie dann von ihrem Erlebnis. Wie gewöhnlich fuhr sie mit dem Bus zum Gottesdienst. Sie setzte sich neben eine Frau, die ihr ein christliches Traktat anbot. Erfreut erzählte sie, daß sie auf dem Weg zu einem evangelischen Gottesdienst sei. Die Fremde war verblüfft und erzählte dann voller Freude ihre Geschichte. Vor zwei Wochen war sie nach Madrid gekommen, um ihren kranken Bruder zu besuchen. Am vergangenen Sonntag war es ihr nicht gelungen, eine Gemeinde zu finden. Traurig darüber hatte sie Gott gebeten, sie doch an diesem Sonntag einen Gottesdienst finden zu lassen. Ihre Familie hielt nichts vom Gottesdienst, und keiner war bereit, ihr zu helfen. So machte sie sich allein auf den Weg. Die Verwandten lachten sie aus. Niemals würde sie in einer Stadt mit über drei Millionen Einwohnern eine evangelische Gemeinde finden. Aber sie hatte sich aufgemacht und den ersten Bus bestiegen. An der nächsten Haltestelle setzte sich dann Juanita neben sie und erhielt von ihr das Traktat. So kamen sie ins Gespräch und zusammen in den Gottesdienst. „Wer außer Gott", fragte Juanita die Gemeinde, „hätte solch ein Wunder tun können? Ihr müßt nämlich wissen, daß diese Frau vollständig blind ist!"

„Ich will dir den Weg zeigen, den du gehen sollst; ich will dich mit meinen Augen leiten!"

(Psalm 32,8)

20. August

Der Klügere gibt nicht nach?

Zwei Bauern treffen mit ihren Fuhrwerken auf einer schmalen Brücke zusammen. Jeder fordert vom anderen, daß er Platz mache. Sie diskutieren. Jeder hat seine Gründe dafür, daß er weiter und der andere weichen muß. Keiner gibt nach. Jeder fühlt sich im Recht und hat seinen Stolz. So stehen sie sich gegenüber. Schließlich lesen sie Zeitung, packen ihre Vesper aus. Jeder sitzt auf seinem Wagen und hofft, daß der andere entnervt aufgibt. Der Tag vergeht, sie halten trotzig ihre Position. Plötzlich ruft der eine energisch zum anderen hinüber: „Wenn du jetzt nicht augenblicklich zurückweichst und mir Platz zur Durchfahrt machst, dann mach ich es mit dir ebenso, wie ich schon heute morgen mit einem anderen Bauern auf der Brücke vorher gemacht habe!" Erschrocken weicht der andere zurück. Nachdem der Bauer mit seinem Fuhrwerk die Brücke verlassen hat, fragt der andere noch eingeschüchtert: „Nun, sag mir wenigstens, wie du es heute morgen mit dem anderen gemacht hast." – „Nun, was werde ich schon

180

gemacht haben? Ich bin zurückgefahren und hab ihm Platz gemacht!"

Wer ist nun der Klügere?

*„Wer geduldig ist, der ist weise; wer aber ungeduldig ist, offenbart
seine Torheit."*

(Sprüche 14,29)

21. August

Selbstgewißheit

„Ich bin ich!" sagen die einen, stampfen mit dem Fuß auf und wollen
sich trotzig behaupten und verwirklichen.

„Ich bin nichts!" sagen die anderen, machen eine resignierte
Handbewegung und wollen sich ängstlich verkriechen.

Dazwischen gibt es eine gute, befreiende Selbstgewißheit. Ma-
rias Antwort auf die große Zumutung Gottes zeigt die beste Form
des Ichbewußtseins: „Ich bin des Herrn Magd, mir geschehe, wie
du gesagt hast!"

Ein richtiges und ruhiges, ein klares und gutes „Ich bin" gibt es
nur im Lebenszusammenhang mit Gottes Liebe und Weisung. Die
richtige Antwort auf die schwierige Frage „Wer bin ich?" stellt den
Zusammenhang des Lebens her. Wir gehören Gott und uns nur in
ihm. So kommen wir zu einer wirklich fundierten und befreienden
Selbstgewißheit. Sie beruht darauf, daß wir in der Liebe und
Absicht Gottes gleichsam einen Grund unter unsere Existenz bekommen. Unser „Ich bin" ist mit dem „Ich bin" Gottes verknüpft.
Gottzugehörigkeit und Selbstgewißheit gehören zusammen und
leben voneinander. In der Kommunikation mit Gott und seinem
Willen finden wir unsere Identität, und unsere Identität fließt in die
Beziehung zu Gott mit ein. Inmitten der ängstlichen, besorgten,
hilflosen Frage nach sich selbst wächst die vertrauensvolle, zuver-
sichtliche und tragende Gewißheit, daß ich Gott zugehörig und ihm
eigen bin.

*„Maria aber sprach: Ich bin des Herrn Magd, mir geschehe, wie du
gesagt hast!"*

(Lukas 1,38)

22. August

Liebe ohne Ende

„O, Du unendliche Liebe, die nie aufhört, es allezeit liebreich auszuhalten mit mir. Wenn ich schlafe, wachst Du. Und wenn ich wachend mich irre, so machst Du den Irrtum zu dem noch Besseren, als es das Richtige gewesen wäre. Und ich, ich habe mich nur zu verwundern über Dich, Du unendliche Liebe!" (Søren Kierkegaard)

„Sehet, welch eine Liebe hat uns der Vater erzeigt, daß wir Gottes Kinder heißen sollen – und es auch sind!"

(1. Johannes 3,1)

23. August

Dem Leben sind Tor und Tür geöffnet

Ein Mann ist in Not. Er geht zur Kirche, um dort zu beten. Er findet sie verschlossen. Enttäuscht kehrt er im Wirtshaus ein und tröstet sich mit einigen Bieren. Dann nimmt er sein Auto und fährt in die nächstgrößere Stadt bis vor den Dom. Auch der ist verschlossen. Verärgert setzt er sich ins Auto, nimmt Anlauf, durchbricht die große Eingangstür, braust den Mittelgang entlang bis vor den Altar. Ob er dort betet oder flucht, bleibt sein Geheimnis. Schließlich wendet er und fährt wieder aus der Kirche heraus. Der Sachschaden ist erheblich. Aber der Personenschaden in einem Menschen, der Hilfe suchte und alles verschlossen fand, auch. Wir sind eine geschlossene Gesellschaft. Die Häuser sind abgeschlossen. Die Kreise sind geschlossen. Die Kirchen sind abgeschlossen. Die Gesichter sind verschlossen, die Menschen sind zugeknöpft. Die Herzen sind eingefroren, und die Liebe ist erkaltet.

Da macht Gott seine Türen weit auf, lädt uns ein, zu kommen, zu reden, zu wohnen, zu bleiben und zu leben. Bei Gott sind dem Leben Tor und Tür geöffnet. Selbst die Gräber sind wieder geöffnet, und neues Leben ist möglich. „Wer wälzt uns den Stein von des Grabes Tür?" fragten einst die Frauen besorgt. Gott hat ihn schon abgewälzt. Jesus lebt. Und seine Leute wissen allerhand Lebendiges vom Tod.

Nun könnten wir auch wieder aufmachen: Gesichter und Herzen, Häuser und Hände, Kirchen und Gruppen.

„Siehe, ich habe vor dir gegeben eine offene Tür, und niemand kann sie zuschließen; denn du hast eine kleine Kraft und hast mein Wort behalten!"

(Offenbarung 3,8)

24. August

Die Bibel bringt's

Die Bibel ist das Buch für das Leben. Es ist ein Buch von Gott für den Menschen und zugleich ein Buch von Menschen für Gott.

Es ist die Ur-Kunde, also die ursprünglichste, elementarste Kunde der göttlichen Liebe zum Menschen.

Es ist die Ur-Kunde, also die erste, grundlegendste Kunde des menschlichen Lebens vor Gott.

Es ist die Ur-Kunde, also die erste und wichtigste Kunde des Glaubens, die göttliche Liebe und menschliches Leben in eine Beziehung bringt. Die Bibel ist die Aufdeckung der Zusammenhänge von Gott und Welt, Mensch und Leben, Bruch und Heil.

Die Bibel ist die Ausrichtung des Lebens und bietet Orientierung für Herkunft und Zukunft, Weg und Ziel des Lebens.

Die Bibel ist die Ausrüstung für das Abenteuer des Lebens. In ihr ist Nahrung und Kraft, Tröstung und Mut, Mahnung und Weisung, Herausforderung und Bewahrung.

Nur wer sich mit seiner ganzen Existenz auf dieses Buch einläßt, wird die wunderbaren Gaben empfangen, die es enthält.

„Dein Wort ist meines Fußes Leuchte und ein Licht auf meinem Wege!"

(Psalm 119,105)

25. August

Gernegroß

Wir alle sind gerne groß. Großes Geld, großes Glück, große Macht, große Schau, große Reise, großes Haus, großes Einkommen, große Gesellschaften, große Autos locken die Menschen und bringen sie dazu, im wesentlichen immer kleiner zu werden. Beim Glückhaben wählen wir immer eine Nummer zu groß, beim Liebegeben sind wir oft eine Nummer zu klein.

Wirklich groß sind wir, wenn wir großmütig im Verzeihen,
großzügig im Geben,
großartig in kleinen Dingen und
großherzig in der Liebe sind!

„Jesus sprach: Die Fürsten halten ihre Völker nieder, und die Mächtigen tun ihnen Gewalt. So soll es nicht sein unter euch; sondern wer groß sein will unter euch, der sei euer Diener!"

(Matthäus 20,25f)

26. August

Reine Herzen und schmutzige Hände

Viele Menschen haben saubere Hände, aber ein vergiftetes Herz. Liebe, aus Gott geboren, macht Menschen mit reinem Herzen und dem Mut, sich die Hände schmutzig zu machen. Die heilige Elisabeth von Thüringen, um die sich viele Legenden ranken, war eine solche Frau mit einem reinen Herzen voller Liebe und der Kraft, sich im Dreck der Welt die Hände schmutzig zu machen. Einer Legende nach nahm sie eines Tages einen Aussätzigen zu sich in ihr Haus, wusch seine stinkenden Wunden, pflegte und verband ihn und legte ihn schließlich in ihr eigenes Ehebett. Dem Landgraf wurde diese Ungeheuerlichkeit berichtet, und streng stellte er seine Frau zur Rede, wen sie da in ihr Ehebett gebracht habe. Elisabeth meinte, es wäre Jesus selbst, dem sie das Beste doch gewähren wolle. Ihr Mann ging in das Schlafgemach, um sich davon zu überzeugen, schlug die Bettdecke zurück und erblickte nicht den Aussätzigen, sondern den gekreuzigten Jesus.

Auch ihr Mann sieht kraft der Liebe nicht den verletzten Menschen, sondern in ihm den leidenden Jesus. Die Liebe verbindet die schmutzige Welt des Aussatzes und Schmerzes mit der reinen Welt des Heiles und des Guten.

„Ich habe ihnen deinen Namen kundgetan, damit die Liebe, mit der du mich liebst, sei in ihnen und ich in ihnen!"

(Johannes 17,26)

27. August

Heilige

Heilige sind Menschen wie Du und ich, die Gott gehören.
Nur die Heiligen heilen die Welt.
Die Scheinheiligen entstellen sie.
Die Eisheiligen erschrecken sie.
Die Eiligen übersehen sie.
Die Gierigen verderben sie.
Die Hassenden zerstören sie.
Die Ängstlichen meiden sie.
Die Mächtigen benutzen sie.
Die Klugen erklären sie.
Die Phantasten verklären sie.
Nur die Heiligen heilen die Welt.

„Petrus aber sprach: Silber und Gold habe ich nicht; aber was ich habe, das gebe ich dir: Im Namen Jesu Christi von Nazareth stehe auf und gehe!"

(Apostelgeschichte 3,6)

28. August

Heiligung

Heiligung ist keine Eigenschaft, die wir erwerben, und kein Werk, das wir schaffen können. Heiligung ist eine Stellung, die wir zu Jesus einnehmen. Ein Strohballen zum Beispiel hat die Eigenschaft zu brennen. Diese Gefährdung wird er nie verlieren, so sehr er auch nicht brennbar sein möchte. Er würde sich dabei nur verkrampfen

185

und es doch nie schaffen. Wenn aber der Strohballen in Wasser eingetaucht ist, kann er nicht brennen. Solange er unter Wasser bleibt, wird kein Feuer ihn entzünden und verbrennen können. Wenn er aus dem Wasser herauskommt und trocknet, wird er wieder seine Eigenschaft, zu brennen, haben. Im Wasser aber ist das Stroh bewahrt und geschützt vor dem Feuer.

So können Menschen niemals aus sich heraus heilig sein. Sie bleiben für alle Sünde und Schuld anfällig. Aber wenn sie in Christus bleiben, sind sie in ihm geheiligt. Jesus bewahrt und heiligt unser Leben. Er umgibt uns mit seiner Heiligkeit, und wir wollen die dazu nötige Einstellung haben.

„Ihr aber seid in Christus Jesus, welcher uns gemacht ist von Gott zur Weisheit und zur Gerechtigkeit und zur Heiligung und zur Erlösung!"

(1. Korinther 1,30)

---

29. August

Überzeugend einfach – einfach überzeugend

Ein Mann mit einem schnellen Wagen überholt auf einer einsamen Landstraße einen alten Mann, der langsam auf seinem Esel den Weg entlang reitet. Er hält und ruft dem Älteren zu: „Soll ich Sie mitnehmen, mein Auto hat 300 Pferdestärken und ist viel schneller als Ihr Esel. Kommen Sie, steigen Sie bei mir ein, ich nehme Sie gerne mit." – „Nein, vielen Dank", antwortet der Alte, „mir ist mein Esel lieber, und ich mag es so langsam!"

Der Autofahrer gibt schneidig Gas, rast los, und kommt in der nächsten Kurve von der schmalen Straße ab und saust mit seinem Wagen in einen flachen Tümpel neben der Straße. Bald darauf kommt der alte Mann auf seinem Esel vorbei und ruft dem Wagenbesitzer zu: „Was machen Sie denn da im Wasser, tränken Sie Ihre dreihundert Pferde?"

„Siehe, dein König kommt zu dir, ein Gerechter und ein Helfer, arm und reitet auf einem Esel. Denn ich will die Wagen wegtun aus Ephraim und die Rosse aus Jerusalem, und der Kriegsbogen soll zerbrochen werden. Denn er wird Frieden gebieten den Völkern!"

(Sacharja 9,9f)

30. August

Der andere Mensch

„Der ganze Mensch muß in das Evangelium kriechen und dort neu werden, die alte Haut auszuziehen, wie die Schlange es tut. Wenn ihre Haut alt wird, sucht sie ein enges Loch im Felsen. Da kriecht sie durch und zieht ihre Haut selbst ab und läßt sie draußen vor dem Loch.

So muß der Mensch auch in das Evangelium und in Gottes Wort sich begeben und getrost folgen seiner Zusage; es wird nicht trügen.

So zieht er ab seine alte Haut, läßt draußen sein Licht, seinen Dünkel, seinen Willen, seine Liebe, seine Lust, sein Reden, sein Wirken. Und wird also ein ganz anderer, neuer Mensch, der alles anders ansieht als vorhin, anders richtet, anders urteilt, anders denkt, anders will, anders redet, anders liebt, anders lüstet, anders wirkt und fährt als vorhin!" (Martin Luther)

„Ihr habt ja ausgezogen den alten Menschen mit seinen Werken und angezogen den neuen, der da erneuert wird zur Erkenntnis nach dem Ebenbilde dessen, der ihn geschaffen hat."

(Kolosser 3,9f)

31. August

Warte nur!

„Vor dir verschlossene Türen, Unmöglichkeiten, dunkle Wände – bei Gott aber sind Licht, heilige Pläne der Liebe und des Friedens. Warte nur! Glaube, daß sich Gottes Gedanken viel mehr mit deinen Angelegenheiten beschäftigen als du selbst!" (Hedwig von Redern)

„Als ich furchtsam und verzagt mich selbst und mein Herz geplagt, als ich manche liebe Nacht mich mit Wachen krank gemacht, als mir aller Mut entfiel, tratest du, mein Gott, selbst ins Spiel, gabst dem Unfall Maß und Ziel!" (Paul Gerhardt)

„Ich weiß wohl, was ich für Gedanken über euch habe, spricht der Herr: Gedanken des Friedens und nicht des Leides, daß ich euch gebe das Ende, auf das ihr wartet!"

(Jeremia 29,11)

1. September

Das erste und das letzte Wort

Gott hat das erste Wort. Was Menschen sagen, ist immer nur Antwort. Gott hat das letzte Wort. Was Menschen sagen, ist immer nur vorletztes Wort. Das erste Wort eines Menschen zu Gott, das die Bibel berichtet, drückt die tief gestörte Beziehung aus: „Ich fürchtete mich!" (1. Mose 3,10)

Das letzte Wort des Menschen zu Gott am Ende der Bibel drückt die tiefe Sehnsucht nach Heilwerden der Beziehung aus: „Amen, ja, komm, Herr Jesus!" (Offenbarung 22,20)

Dazwischen liegt eine wunderbare Heilsgeschichte, die alles verwandelt:

die Furcht vor Gott in die Freude auf Gott,

die Angst vor dem Heiligen in die Sehnsucht nach dem Heil,

die Flucht vor Gott in die Zuflucht bei Gott,

das Verbergen vor Gott in das Verbinden mit Gott,

das Verstecken wegen der Schuld in das Ans-Licht-Kommen wegen der Vergebung.

Jesus hat in seiner Liebe den Weg aus dem Zerbruch der Lebensbeziehung in die Wiederherstellung der Gemeinschaft mit Gott bereitet. Und wir wollen ihn gehen!

„Gott, du bist mein Gott, den ich suche. Es dürstet meine Seele nach dir, mein ganzer Mensch verlangt nach dir!"

(Psalm 63,2)

2. September

Gott und Welt

Gottes Welt ist zauberhaft schön. Er hat sie mit Liebe gestaltet, und wir sollen sie mit Freude erleben. Aber die Welt hat mit Gott gebrochen und ist grauenhaft, schrecklich. Sie ist voller Haß und Krieg, Bosheit und Schlechtigkeit und wird mit Trauer und Entsetzen erlitten.

Es ist Gottes Welt, die er liebt, es ist die böse Welt, die wir nicht lieben sollen. Wie kommen wir da zurecht?

Weltsucht möchte die Welt und alles, was sie bietet, genießen.

Weltflucht möchte die Welt und alles, was sie sündigt, meiden. Zwischen Vergötzung und Verachtung irren wir umher.

Die Welt ist schlecht, wenn wir ihre Sklaven sind. Weltverfallenheit wird auch das Leben verfallen lassen. Wenn wir Gottes Kinder sind, muß uns die Welt als Natur und Kultur, Arbeit und Freizeit, Essen und Trinken, Ehe und Familie, Sport und Spiel, Gesellschaft und Wirtschaft zum Besten dienen.

Wenn wir Gott gehören und ihn lieben, dient uns auch seine Welt. Wenn wir der Welt gehören und sie lieben, frißt uns die Welt auf. Martin Luther hat einmal gesagt: „Es ist eine großartige Sache, ein Christ zu sein und sein Leben verborgen zu haben, nicht an einem Ort wie ein Einsiedler noch auch in seinem Herzen, das ein Abgrund ist, sondern in dem unsichtbaren Gott selbst; das heißt, inmitten der Dinge der Welt zu leben und sich von dem zu nähren, was nirgends in Erscheinung tritt, außer in dem dürftigen Zeichen des Wortes und allein im Hören."

„Euer Leben ist verborgen mit Christus in Gott!"

(Kolosser 3,3)

---

3. September

Anders oder angenommen

Susi ist acht und kommt eines Tages weinend aus der Schule nach Hause. „Mutti, alle haben mich ausgelacht und verspottet, weil ich rote Haare habe!" Die Mutter nimmt Susi in den Arm, trocknet ihre Tränen und versucht, die Kleine zu trösten. „Ich habe dich ganz lieb, so wie du bist. Deine roten Haare sind wunderschön, und Gott hat sie für dich gemacht." Da antwortet Susi unter Tränen: „Aber bei dem lassen wir nichts mehr machen, gell Mutti?!"

Viele Menschen leiden unter ihrer Haut- oder Haarfarbe, ihrem Körper oder Charakter, ihrem Gesicht oder ihrem Geschlecht. Viele Menschen möchten anders sein und liegen ein Leben lang mit sich und mit Gott, der sie so gemacht hat, im Streit. Wenn Gott uns so liebt, sollten wir uns dann verachten? Wenn Gott uns so annimmt, sollten wir dann immer anders sein wollen?

„Deine Hände haben mich gebildet und bereitet, und danach hast du dich abgewandt und willst mich verderben? Bedenke doch, daß du mich aus Erde gemacht hast, und läßt mich wieder zum Staub zurückkehren?" (Hiob 10,8f)

„Ich danke dir dafür, daß ich wunderbar gemacht bin, wunderbar sind deine Werke. Das erkennt meine Seele!"

(Psalm 139,14)

4. September

Dank für alles Gute, das wir empfangen

Herr, wir sehen oft nur das, was uns bedrückt;
öffne Du uns die Augen dafür,
zu erkennen, wie Du uns segnest.
Herr, Du weißt, daß wir oft mürrisch sind
über das, was uns nicht gelingt;
dränge uns, daß wir uns an all das erinnern,
was Du schon hast gelingen lassen.
Herr, wir stehen manchmal in der Gefahr,
mit dem, was wir empfangen haben oder besitzen,
nicht zufrieden zu sein.
Verzeih uns solche Gedanken, die Dich,
den Geber aller guten Gaben, beleidigen.
Lehre uns, die uns anvertrauten Gaben zu erkennen
und sie zu Deiner Ehre zu gebrauchen.
Herr, wir leben unter den Menschen unserer Umgebung
immer zwischen Lob und Kritik.
Hilf uns, daß wir uns ganz an Dich binden.
Dann bewahrst Du uns bei allem Lob vor Hochmut,
bei aller Kritik vor Resignation.
Herr, wir vergessen so oft, für all das Gute zu danken,
das Du uns schenkst.
Laß uns dankbar werden für jeden Tag,
an dem Friede ist,
für das tägliche Brot, mit dem Du uns sättigst,
für liebe Menschen, die um uns sind,
für das Zuhause, in dem wir Heimat haben,
für die Brüder und Schwestern im Glauben,
die mit uns von Deiner Wirklichkeit leben
und mit uns unterwegs sind hin zu Dir.

(Paul Toaspern)

„Lobe den Herrn, meine Seele, und vergiß nicht, was er dir Gutes getan hat!"

(Psalm 103,2)

5. September

Drei Wünsche

Ein Mann, der ewig und mit allem unzufrieden war, bekam eines Tages drei Wünsche frei. Spontan wünschte er sich aus seinem tristen Zuhause fort an den Ort seiner Träume. Unter den Palmen der Südsee konnte er nun endlich das süße Leben genießen. Doch nach einiger Zeit erschien ihm das alles so fad und leer, und er bekam heftiges Heimweh nach Hause. So wünschte er sich wieder an den ihm vertrauten Ort seiner Heimat. Nun hatte er noch einen der drei Wünsche frei. Ihm war klar, daß er nun nicht mehr so töricht und kurzschlüssig wünschen dürfte. Nun galt es, das Beste und Wichtigste zu wünschen. Was könnte das sein? Versuchen Sie doch für ihn oder auch sich selbst eine gute Antwort.

Meine Antwort wäre: ein zufriedenes Herz!

„Wenn ich nur dich habe, so frage ich nichts nach Himmel und Erde!"

(Psalm 73,25)

6. September

Natürlich und heilig

Welt und Leben, Mann und Frau, Leib und Geist, Geschlecht und geschlechtliches Leben, Essen und Trinken, Arbeiten und Genießen sind von Gott. Aber die natürlichen Gaben des Lebens sind gebrochen, weil Menschen mit Gott im Bruch leben. Darum muß alles Natürliche wieder in der Hingabe an Gott geheiligt werden. Auf die natürliche Geburt muß eine geistliche Geburt folgen, damit wir von Geschöpfen Gottes zu seinen Kindern werden. So werden Verstand und Sinne, Sexualität und Arbeit, Leib und Gesundheit geheiligt und darin eindeutig und gut. Alle natürlichen Gaben müssen an Gott gebunden und von ihm geheiligt sein, damit sie wieder gut und richtig werden. Darum wollen wir mit Augustinus beten:

„Atme in mir, o Heiliger Geist, daß ich Heiliges denke.
Treibe mich, o Heiliger Geist, daß ich Heiliges tue.
Locke mich, o Heiliger Geist, daß ich Heiliges liebe.
Stärke mich, o Heiliger Geist, daß ich Heiliges hüte.
Hüte mich, o Heiliger Geist, daß ich es nie verliere. Amen."

„Er aber, der Gott des Friedens, heilige euch durch und durch, und euer Geist samt Seele und Leib müsse bewahrt werden unversehrt!"

(1. Thessalonicher 5,23)

<hr>

7. September

Arbeit und Vergnügen

Vater und Sohn streiten sich. Der Vater möchte, daß sein Junge fleißig und tüchtig ist. Der Sohn möchte lieber das Leben genießen und alles locker angehen. Der Vater versucht, die Vorzüge der Arbeit deutlich zu machen. Er spricht vom Vorrecht und der besonderen Gabe der Arbeit, von ihrem Nutzen und der tiefen Befriedigung, die man aus einer vollbrachten Arbeit beziehen kann. „Für mich ist die Arbeit jedenfalls etwas Schönes, und es bereitet mir ein Vergnügen, tüchtig zu arbeiten!" – „Siehst du", antwortet der Junge cool, „und ich bin der Meinung, daß wir nicht zum Vergnügen auf der Welt sind!"

„Denn was kriegt der Mensch von all seiner Mühe und dem Streben seines Herzens, womit er sich abmüht unter der Sonne? Alle seine Tage sind voller Schmerzen, und voll Kummer ist sein Mühen. Das ist auch eitel. Ist es nun nicht besser für den Menschen, daß er esse und trinke und seine Seele guter Dinge sei bei seinem Mühen? Doch dies sah ich auch, daß es von Gottes Hand kommt. Denn wer kann fröhlich essen und genießen ohne ihn?"

(Prediger 2,22ff)

8. September

Gerichtet!

Es waren einmal zehn Bauern, die gingen miteinander über das Feld. Sie wurden von einem schweren Gewitter überrascht und flüchteten sich in einen halb zerfallenen Tempel. Das Gewitter kam immer näher, und es war ein Donner, daß die Luft um sie her zitterte. Kreisend fuhren die Blitze fortwährend um den Tempel herum. Die Bauern fürchteten sich sehr. Und in ihrer Angst dachten sie, es müsse wohl ein Sünder unter ihnen sein, den der Blitz treffen wolle. Um herauszufinden, wer von ihnen es sei, machten sie aus, ihre Hüte vor die Tür zu hängen. Wessen Hut weggeweht werde, der sollte sich dem Gericht stellen. Kaum waren die Hüte draußen, wurde auch einer weggeweht. Ohne Erbarmen stießen die anderen den Unglücklichen vor die Tür. Als der Mann den Tempel verlassen hatte, da hörte der Blitz auf zu kreisen und schlug krachend in den Tempel ein. Der eine, den sie verstoßen hatten, war der einzige Gerechte gewesen, um dessentwillen der Blitz den Tempel bisher verschont hatte. So mußten die Neun ihre Hartherzigkeit mit dem Leben bezahlen. (Chinesisches Märchen)

„Richtet nicht, auf daß ihr nicht gerichtet werdet. Denn mit welcherlei Gericht ihr richtet, werdet ihr gerichtet werden; und mit welcherlei Maß ihr messet, wird euch gemessen werden."

(Matthäus 7,1f)

9. September

Entlarvt

Onkel Tom hatte ein schwaches Herz, und der Arzt hatte ihn ermahnt, sehr vorsichtig zu sein und jede Aufregung zu meiden. Als die Familie erfuhr, er habe von einem verstorbenen Verwandten eine Milliarde Dollar geerbt, zögerte man, ihm die Nachricht zu überbringen, aus Furcht, er könnte dadurch einen Herzanfall bekommen.

So baten sie den örtlichen Pastor um Hilfe. Der versicherte ihnen, er würde einen Weg finden, es dem Onkel vorsichtig beizubringen.

„Sagen Sie, Tom", wandte sich Pastor Murphy an den Mann mit dem schwachen Herzen, „wenn Gott Ihnen in seiner großen Güte eine Milliarde Dollar zukommen ließe, was würden Sie damit anfangen?"

Onkel Tom dachte einen Augenblick nach und sagte dann ohne zu zögern: „Ich würde Ihnen die Hälfte für Ihre Gemeinde geben, Pastor!" Als Pastor Murphy das hörte, bekam er einen Herzanfall.

(Anthony de Mello)

„Denn die da reich werden wollen, die fallen in Versuchung und Stricke und viel törichte und schädliche Lüste, welche die Menschen versinken lassen im Verderben!"

(1. Timotheus 6,9)

10. September

Familie intakt?

Vater und Mutter sind beide berufstätig und haben wenig Zeit. Ihre kleine Tochter hat Geburtstag, und eilig kommen die Eltern in ein Spielwarengeschäft und erklären der Verkäuferin: „Wir sind den ganzen Tag beruflich von zu Hause fort. Wir brauchen für unsere Tochter ein Geschenk, was sie sehr erfreut, lange beschäftigt, gut anregt und ihr das Gefühl der Geborgenheit schenkt." – „Tut mir leid", sagt die Verkäuferin freundlich, „Eltern führen wir nicht!"

Wenn Eltern keine Zeit für ihre Kinder haben, bewerben sich andere um die Aufgabe der Erziehung und Unterhaltung: „Ich garantiere Ihnen, daß Ihre Kinder alles von mir lernen, was ich ihnen beibringe. Ich zeige ihnen, wie man Alkohol trinkt, raucht und Drogen nimmt, wie man lügt und betrügt, Gewalt und Grausamkeit verübt, quält und tötet, vergewaltigt und Ehebruch begeht. Ich halte die Kinder am Samstagabend wach, damit sie sonntags nicht zur Kirche gehen. Ich bewerbe mich um Ihr Kind. Sie kennen mich gut, Ihr Fernsehen."

Wir sollten den Kindern, die Gott uns anvertraut hat, das Beste geben: Zeit statt Zeitvertreib, Güte statt Güter, Liebe statt Leistung und Hände statt Geräte. Wer liebt, hat auch Zeit!

„Sehet, welch eine Liebe hat uns der Vater erzeigt, daß wir Gottes Kinder sind. Lasset uns nicht lieben mit Worten, sondern mit der Tat und mit der Wahrheit!" (1. Johannes 3,1.18)

11. September

Manchmal ein Vorteil

Die Familie war um den Tisch versammelt beim Abendessen. Der älteste Sohn kündigte an, er werde das Mädchen von gegenüber heiraten.

„Aber ihre Familie hat ihr nicht einen Pfennig hinterlassen", sagte der Vater voller Mißbilligung.

„Und sie selbst hat sicher nichts gespart", ergänzte die Mutter.

„Sie versteht rein gar nichts von Fußball", sagte der Bruder.

„Ich habe noch nie ein Mädchen mit einer so blöden Frisur gesehen", warf die Schwester ein.

„Sie tut nichts als billige Romane lesen", meinte der Onkel.

„Und sie zieht sich sehr geschmacklos an", meckerte die Tante.

„Dafür spart sie nicht mit Puder und Schminke", sagte die Großmutter. „Alles richtig", sagte der Sohn, „aber sie hat, mit uns verglichen, einen großen Vorteil!" – „Und der wäre?" fragten alle gespannt. – „Sie hat keine Familie!"

„Da merkte ich, daß es nichts Besseres gibt als fröhlich sein und sich gütlich tun in seinem Leben. Der Mensch, der da ißt und trinkt und hat guten Mut bei all seinen Mühen, das ist eine Gabe Gottes!"
(Prediger 3,12f)

12. September

Nun danket alle Gott

Martin Rinckart (1586-1649) war während des Dreißigjährigen Kriegs Pastor in Eilenburg in Sachsen-Anhalt. Man nannte ihn den „Ambrosius" der evangelischen Kirche. Sein Mut und seine Tapferkeit bewährten sich während der österreichischen und schwedischen Belagerung von Eilenburg. Wie überall wütete auch dort die Pest, und Rinckart mußte insgesamt 4.480 Menschen seiner Gemeinde beerdigen. Auf Belagerung und Pest folgte dann die Hungersnot, die noch weitere Opfer forderte. Von der Liebe Christi bewogen, ging er von Haus zu Haus, um den Menschen in ihrer Not beizustehen. Sein Siegelring trug die Gravur: MVSICA „Mein Vertrauen steht in Christus allein!"

Trotz unsagbarem Leid betete er jeden Tag mit seiner Familie

195

das Dankgebet aus Sirach 50,24: „Nun danket alle Gott, der große Dinge tut an allen Enden. Der uns von Mutterleib an lebendig erhält und tut uns alles Gute!" Die Verse brachte er in Gedichtform und schenkte der Christenheit so eines der schönsten Lob- und Danklieder.

„Nun danket alle Gott, mit Herzen, Mund und Händen,
der große Dinge tut an uns und allen Enden,
der uns von Mutterleib und Kindesbeinen an
unzählig viel zugut und noch jetzund getan."

„Danket dem Herrn, denn er ist freundlich, und seine Güte währet ewig!"

(Psalm 106,1)

13. September

Bedingungslose Liebe

Ein kleiner Berliner Steppke fragt eines Tages eine feine Dame nach dem Kurfürstendamm. Die vornehme Frau schaut den kleinen Jungen durchdringend an und sagt: „Junge, wenn du mich was fragst, dann nimm erst mal die Hände aus der Tasche, zieh die Mütze vom Kopf, putz dir anständig die Nase, mach einen Diener und sag ‚Gnädige Frau' zu mir!" Darauf antwortet der Junge: „Det ist mir vill zu ville, da verloof ick mir lieba!"

Gott stellt uns keine Bedingungen. Wir dürfen zu ihm kommen, wie wir sind, wer wir sind, woher wir sind. Jeder ist eingeladen. Alle nimmt Gott an, die sich aufmachen, ihn fragen, bitten und etwas von ihm erwarten. Seine Liebe ist bedingungslos und grenzenlos, vorbehaltlos und maßlos, restlos, aber nicht absichtslos und folgenlos. Gottes Liebe ist eine echte Vorliebe, aber sie möchte Folgen haben und zielt deswegen auf unsere Nachfolge.

„Jesus sprach zu Zachäus: In deinem Haus muß ich heute einkehren! Die Leute murrten und sprachen: Bei einem Sünder ist er eingekehrt!
Zachäus sprach zu Jesus: Die Hälfte meiner Güter gebe ich den Armen, und wenn ich jemand betrogen habe, das gebe ich ihm vierfältig wieder!"

(Lukas 19,5ff)

14. September

Typisch Pferd

Ein Pferd spricht: „Die Menschen lassen sich nicht von Taten, sondern von Worten leiten. Zu solchen Worten, die bei ihnen als sehr wichtig gelten, gehören die Worte: mein, meine, die sie in Verbindung mit verschiedenen Sachen, Geschöpfen und Gegenständen gebrauchen, sogar mit Erde, Menschen und Pferden. Über ein einzelnes Ding machen sie aus, daß nur einer ‚meins‘ zu sagen habe. Und derjenige, der von den meisten Dingen nach den Regeln dieses Spieles ‚meins‘ sagen kann, der gilt bei ihnen als der Glücklichste. Die Menschen streben im Leben nicht danach, das zu tun, was sie für gut erachten, sondern danach, möglichst viele Sachen mit ‚mein‘ zu benennen. Ich bin davon überzeugt, daß darin der wesentliche Unterschied zwischen uns und den Menschen besteht!" (Leo Tolstoj)

„Die Liebe sei ohne Falsch. Hasset das Arge, hanget dem Guten an!"

(Römer 12,9)

15. September

Zufrieden

Der weise Philosoph Diogenes hatte im Flußwasser ausgiebig gebadet und ruhte nun auf einem Felsen in der Sonne. Ihre Wärme tat dem Mann gut, und er genoß die kostenlose Wohltat. Da ritt Alexander von Mazedonien mit einem großen Gefolge und herrlicher Pracht vorbei. Als er den armen Philosophen sah, dauerte der ihn, und er sagte: „Ach, du armseliger Mensch, bitte mich, und ich werde dir geben, was du auch möchtest!" Diogenes antwortete höflich: „Ich bitte dich herzlich: Geh mir aus der Sonne!"

„Mein Leib und Seele freuen sich in dem lebendigen Gott. Denn Gott der Herr ist Sonne und Schild, der Herr gibt Gnade und Ehre!"

(Psalm 84,3.12)

16. September

Schlagfertig oder zum Verständnis bereit?

Von Johann Peter Hebel gibt es eine Geschichte von einem Bauern, der eines Tages den Lehrer im Feld trifft. „Ist es noch Euer Ernst, Schulmeister, was Ihr gestern den Kindern erklärt habt: So dich jemand schlägt auf deine rechte Backe, dem biete auch die andere dar?" Der Schulmeister sagt: „Es steht im Evangelium!" Also gab ihm der Bauer eine Ohrfeige und die andere auch, denn er hatte schon lange einen Verdruß auf ihn. Indem reitet in einer Entfernung der Edelmann vorbei und sein Jäger. „Schau doch mal nach, Joseph, was die zwei dort miteinander haben!" Als der Joseph kommt, gibt der Schulmeister, der ein starker Mann war, dem Bauern auch zwei Ohrfeigen und sagt: „Es steht geschrieben: Mit welcherlei Maß ihr messet, wird euch wieder gemessen werden. Ein voll gerüttelt und überflüssig Maß wird man in euren Schoß geben!" Und zu dem letzten Spruch gab er ihm noch ein halbes Dutzend Ohrfeigen drein. Da kam Joseph zu seinem Herrn zurück und sagte: „Es hat nichts zu bedeuten, gnädiger Herr, sie legen einander nur die Heilige Schrift aus!"

Wie oft haben sich Menschen die Worte Gottes um die Ohren gehauen und Gottes heiliges Wort als Waffe gegen andere benutzt. Über das Wort der Liebe sind Menschen in Streit geraten, und über dem Mahl der Liebe haben sich Christen entzweit. Die Bibel sieht das Wort Gottes als ein Schwert, das uns trifft, das Böse trifft. Aber wir sollten Gottes Wort und unsere Auslegung nicht als Waffen gegen andere einsetzen.

Sind wir treffend oder verbindend? Sind wir schlagfertig, also zum Schlag bereit, oder zur Verständigung und Versöhnung fähig?

„Und Jesus fing an bei Mose und den Propheten und legte seinen Jüngern in der Schrift aus, was darin von ihm gesagt war."

(Lukas 24,27)

17. September

Feindesliebe

Es gibt Widrigkeiten im Leben und Feinde des Menschen. Sehr nüchtern geht die Bibel davon aus, daß Feinde da sind. Aber Jesus gibt uns einen guten Rat, wie wir mit dieser Feindseligkeit umgehen können. Wer seine Feinde haßt, die Rache oder Vergeltung selbst in die Hand nimmt, macht sich nur selbst kaputt und gibt dem anderen große Macht. Wer einen Menschen haßt und sich an ihm rächen will, gibt ihm weitreichende Macht über sein Leben. Der andere wird über den Schlaf, den Appetit, die Gesundheit und die Gemütsverfassung herrschen. Und das will Gott nicht. Und wir wollen es letztlich auch nicht. Darum ist es besser, gesünder, verträglicher für uns, den anderen, die Beziehung, für das Leben insgesamt, wenn wir die zerstörerischen Kräfte des Hasses in die aufbauenden der Liebe verwandeln. Es geht nicht um Sympathie, sondern um das bewußte Aus-der-Hand-Geben des Hasses und der Rache. Gott selbst wird die Dinge in die Hand nehmen. Und wir werden frei, lassen uns nicht durch Gefühle von Haß und Vergeltung aufreiben und den anderen nicht über uns bestimmen.

„Ich aber sage euch: Liebet eure Feinde, bittet für die, die euch verfolgen, auf daß ihr Kinder seid eures Vaters im Himmel!"

(Matthäus 5,44f)

18. September

Was ist der Mensch?

In seinen Roman „Krebsstation" hat Solschenyzin eine alte islamische Legende eingeflochten:

Warum wird der Mensch 100 Jahre alt? Allah verteilte das Leben und gab jedem Tier 50 Jahre. Der Mensch kam als letzter an die Reihe, und Allah hatte nur noch 25 Jahre zu vergeben. Der Mensch jammerte: „Das ist mir zu wenig!" – „Na", sagte Allah, „dann mach dich auf den Weg, vielleicht hat jemand von den Tieren ein paar Jahre übrig und gibt sie dir ab." Und der Mensch begegnete dem Pferd. „Na schön", sagte das Pferd, „du kannst 25 Jahre von mir haben." Der Mensch ging weiter und begegnete dem Hund. „Na schön, nimm dir 25", sagte der Hund. Der Mensch traf den Affen. Von dem bekam er auch 25 Jahre. Dann kehrte er zu Allah zurück. Der sagte: „Du hast es selbst gewollt. Die ersten 25 Jahre wirst du wie ein Mensch leben. Die zweiten 25 Jahre wirst du arbeiten wie ein Pferd. Die dritten 25 Jahre wirst du bellen wie ein Hund. Und die letzten 25 Jahre wird man über dich lachen wie über einen Affen!"

Warum tun sich die Menschen so schwer mit ihrer Stellung zwischen Gott und den anderen Kreaturen? Einmal wollen sie sich erheben und an die Stelle Gottes setzen, dann wieder sinken sie auf die Stufe der Tiere herab, werden zum Arbeitstier wie ein Pferd, zum Kläffer wie ein Hund oder zum Tor wie ein Affe.

„Was ist der Mensch, daß du, Gott, seiner gedenkst? Du hast ihn wenig niedriger gemacht als Gott, mit Ehre und Herrlichkeit hast du ihn gekrönt. Du hast ihn zum Herrn gemacht über deiner Hände Werk, alles hast du unter seine Füße getan, Schafe und Rinder allzumal, dazu auch die wilden Tiere."

(Psalm 8,5ff)

19. September

Altwerden

Herr, wir wissen nicht, wieviel Zeit Du uns anvertraust.
Unsere Tage sind in Deiner Hand.
Aber eines merken wir genau, daß wir von Tag zu Tag,
von Jahr zu Jahr dem Ziel unseres Lebens näherkommen.
Herr, ich denke manchmal darüber nach, wie das sein wird,
wenn hier das Leben so weitergeht wie immer –,
aber ich bin nicht mehr da.
Die Straßenbahnen quietschen um die Ecken.
Die Kehrmaschine säubert die Rinnsteine.
Im Betrieb geht jeder wie immer seiner Arbeit nach,
frühstückt, macht einen Scherz.
Der Blaulichtwagen heult die Straße entlang.
Im Blumengeschäft gibt es Hortensien,
auch bunte Asternsträuße
und zum Ewigkeitssonntag Kränze.
Herr, hilf mir, das alles zu sehen

im Wissen um das Ziel meiner Wege.
Herr, hilf mir, das Altwerden als ein Reifen
zur Vollendung zu begreifen.
Herr, hilf mir zu sehen, daß die eigentliche Lebenskurve
ansteigt und nicht fällt.
Herr, hilf mir, auch zum Alter ja zu sagen,
denn es gibt keine Zeit, die nicht Deine Zeit ist
und die nicht von Dir Sinn,
Auftrag und Erfüllung empfängt.
Herr, hab Dank, daß ich auch im Altwerden
noch Dein Kind bleibe und Du mein Vater bist.
Laß meine Lippen Dich rühmen, wie Dir Kinder danken.

(Paul Toaspern)

„Auch im Alter, Gott, verlaß mich nicht, und wenn ich grau werde!"
(Psalm 71,18)

20. September

Ein geheimnisvolles Haus

Wie ein geheimnisvolles Haus mit wunderbaren Räumen, herrlichen Aussichten, verlockenden Möglichkeiten, aber auch gefährlichen Stufen, bedrohlichen Ecken und dunklen Kellern liegt die Zeit vor uns. Das Haus ist verschlossen. Wir suchen den Schlüssel, um in das Haus zu gelangen und das Geheimnis zu erkennen. Wir möchten im Haus der Zeit geborgen leben, alle Räume durchschreiten und in Besitz nehmen, die Aussichten genießen und die Gefahren bestehen. Wer schließt uns das Geheimnis der Zeit auf? Wer hat den Schlüssel? Wer öffnet die Tür?

„Jesus kam und predigte die frohe Botschaft Gottes und sprach: Die Zeit ist erfüllt, und Gott ist euch ganz nah gekommen. Kehrt um und glaubt an die frohe Botschaft!" (Markus 1,14f)

Der ewige Gott kommt in die Zeit. Ist das der Schlüssel? Der sterbliche Mensch begegnet dem lebendigen Gott. Ist das die Tür? Wenn Gott kommt, ist die Zeit erfüllt. Wenn Jesus spricht, ist die Zeit erfüllt. Erfüllte Zeit ist das Geheimnis eines erfüllten Lebens. Wenn Gottes Tage unsere Tage und unsere Tage seine Tage sind, wenn die Zeit zum Treffpunkt und Begegnungsort von Gott und

Mensch wird, ist das Leben erfüllt. Das Haus öffnet sich. Jesus schließt uns die Tür zu Gott, zum Leben, zur Erfüllung auf.

„Als aber die Zeit erfüllt war, sandte Gott seinen Sohn, geboren von einer Frau und unter das Gesetz getan, damit er die, die unter dem Gesetz waren, erlöste!"

(Galater 4,4f)

21. September

Ein bißchen geizig

Nach einem Missionsfest ist der Pfarrer bei einer Landwirtsfamilie eingeladen. Nach dem Essen nimmt die Frau den Pfarrer zur Seite, gibt ihm 100 Mark für die Mission und sagt dazu: „Lassen Sie es meinen Mann nicht wissen. Er ist ein bißchen geizig!" Als später der Mann dem Pfarrer das Vieh und die Anlagen zeigt, gibt er ihm 100 Mark für die Mission und meint: „Sagen Sie es nicht meiner Frau. Sie ist ein bißchen geizig!" So ein bißchen Geiz mag noch gehen, aber in seiner wirklichen Form ist der Geiz das Grundübel des Lebens. Geiz will das behalten, was man mit anderen zur Vermehrung des Lebens teilen könnte. Eng verwandt damit ist der Neid, der das besitzen möchte, was andere empfangen haben. Vor diesen beiden schlimmen Brüdern muß man sich hüten. Sie zerstören viel und richten großen Schaden an.

„Euer Wandel sei ohne Geiz; lasset euch genügen an dem, was da ist. Denn der Herr hat gesagt: Ich will dich nicht verlassen noch versäumen!"

(Hebräer 13,5)

22. September

Die Macht des Faktischen

Eine stachelige Raupe sprach zu sich selbst: „Was man ist, das ist man! Man muß sich annehmen, wie man ist, mit Haut und Haaren. Was zählt, ist das Faktische. Alles andere sind Träume. Meine Lebenserfahrung läßt keinen anderen Schluß zu. Niemand kann aus seiner Haut!"

Als die Raupe dies gesagt hatte, flog neben ihr ein wunderbarer Schmetterling auf. Es war, als ob Gott gelächelt hätte. (Lindolfo Weingärtner)

„Gelobt sei Gott, der Vater unseres Herrn Jesus Christus, der uns nach seiner großen Barmherzigkeit wiedergeboren hat zu einer lebendigen Hoffnung durch die Auferstehung Jesu Christi von den Toten!"

(1. Petrus 1,3)

23. September

Gemeinsam den Weg suchen

Eine jüdische Legende erzählt von einem Mann, der sich einst im tiefen Wald verirrt hatte. Trotz aller Versuche konnte er den Weg aus dem Dickicht nicht finden. Nach einiger Zeit verirrte sich ein zweiter Mann und geriet auch tief in den Wald hinein. Dort traf er auf den ersten und fragte ihn hoffnungsvoll nach dem Weg hinaus aus dem Wald. „Den weiß ich nicht", antwortete dieser, „aber ich kann dir die Wege zeigen, die nicht hinaus, sondern noch tiefer in den Wald führen. Und nun laß uns gemeinsam den richtigen Weg suchen, der uns herausführt!"

Wir Menschen können einander Ausweg und Lösung nicht sein, aber wir können uns miteinander auf die Suche machen und gemeinsam den richtigen Weg und die wirkliche Lösung finden.

„So ist es besser zu zweien als allein. Fällt einer von ihnen, so hilft ihm der andere auf. Einer mag überwältigt werden, aber zwei können widerstehen, und eine dreifache Schnur reißt nicht leicht entzwei!"

(Prediger 4,9f.12)

24. September

Der einzige Weg

Einst fragte ein Fremder einen Bauern am Weg nach einem bestimmten Gehöft: „Ist dies der richtige Weg zum Meierhof?" – „Es ist der einzige Weg!", antwortete der Bauer trocken.

203

„Ob auch tausende von Religionen und Ansichten und Meinungen und Weltanschauungen in der Welt sind, ob es auch die schönsten Weltanschauungen seien, und ob sie den Menschen das Herz bewegen und rühren, sie scheitern alle am Tod. Sie müssen alle zerbrechen, weil sie nicht wahr sind. Es bleibt nur das Evangelium. Und ehe das Ende kommt, wird es allen Völkern, Geschlechtern und Sprachen verkündigt sein über die ganze Erde. Ob es hier auch scheint, es gebe viele Wege, gilt doch nur ein Weg für alle Menschen auf dem Erdboden: das Evangelium. Und seine Sprache ist so einfach, daß sie jeder verstehen muß: ‚Fürchtet Gott und gebt ihm die Ehre!'" (Dietrich Bonhoeffer)

„Wer den Herrn fürchtet, hat eine sichere Festung. Die Furcht des Herrn ist eine Quelle des Lebens!"

(Sprüche 14,26f)

25. September

Der Beste

Kein Mensch hat einen besseren Freund,
kein Volk einen besseren Regenten,
kein Leidender einen besseren Arzt,
kein Starker einen besseren Partner,
kein Sünder einen besseren Erlöser,
kein Verletzter einen besseren Heiland,
kein Trauernder einen besseren Tröster,
kein Suchender einen besseren Ratgeber,
kein Angeklagter einen besseren Anwalt,
kein Weiser einen besseren Mitwisser,
kein Schaffender einen besseren Mutmacher,
kein Mensch einen besseren Liebhaber,
kein Sterbender einen besseren Lebenshelfer
als Jesus, Jesus allein!

„Und alle Kreatur, die im Himmel ist und auf Erden und unter der Erde und im Meer, und alles, was darinnen ist, hörte ich sagen: Dem, der auf dem Thron sitzt, und dem Lamm sei Lob und Ehre und Preis und Gewalt von Ewigkeit zu Ewigkeit!"

(Offenbarung 5,13)

26. September

Warum gerade Jesus?

Ein Chinese erzählte, warum er Christ geworden sei:

Ich war in eine tiefe Grube gefallen, aus der ich mich nicht mehr befreien konnte. Da kam Konfuzius vorbei und sprach: „Mein Sohn, wenn du meiner Lehre gehorcht hättest, würdest du jetzt nicht in der Grube sitzen!" – „Das weiß ich", schrie ich, „aber das hilft mir nicht. Hol mich heraus, und ich will dir folgen!" Aber Konfuzius ging fort und ließ mich ohne Hoffnung zurück. Da schaute Buddha über den Rand. Er kreuzte die Arme und sagte: „Mein Sohn, nur wenn du die Arme kreuzest und die Augen schließest und in einen Zustand völliger Ruhe und Unterwerfung kommst, wirst du einmal das Nirwana erreichen. Du mußt dich gleichgültig verhalten in allen äußeren Umständen, so wirst du Ruhe finden." Mit stürmischen Schritten kam Mohammed, beugte sich über den Grubenrand. „Mann, mache keinen solchen Lärm. Gewiß, du bist in einer elenden Lage. Aber du brauchst dich nicht zu fürchten. Es ist Allahs Wille. Sprich das Bekenntnis aus: Allah ist groß, und Mohammed ist sein Prophet. Sage dies Bekenntnis, bis sich dein Mund für immer schließt. Hernach wirst du das Paradies doppelt genießen." Und Mohammed ging fort.

Da hörte ich eine liebevolle Stimme: „Mein Sohn!" Jesus sah meine Not und kam sofort zu mir in die Grube hinab. Kein Vorwurf, keine Redensarten. In seiner Liebe umfaßte er mich und hob mich aus der Grube heraus. Dort nahm er meine schmutzigen Kleider ab und gab mir reine, neue Sachen. Dann stillte er meinen Hunger und Durst und sprach zum Schluß: „Folge mir nach. Ich werde dich von nun an leiten und dich vor einem solchen Unglück bewahren!"

Darum wurde ich Christ und folgte Jesus nach.

„Es ist in keinem anderen Heil, denn auch kein anderer Name unter dem Himmel ist den Menschen gegeben, in dem wir selig werden!"
(Apostelgeschichte 4,12)

27. September

Ein guter Rat

Wenn mitten in der Hoch-Zeit des Lebens der Wein der Freude ausgeht und es an Liebe gebricht und an Vertrauen mangelt und an Hoffnung fehlt und die Treue verlorengeht und das Miteinander nicht mehr gelingen will, dann gilt ein guter Rat: Was er euch sagt, das tut!

Damals auf der Hochzeit in Kana füllten sie die Wasserkrüge bis obenan mit Wasser, weil Jesus es gesagt hatte, und bekamen den besten Wein für ihr Fest der Liebe. So können wir die leeren Krüge unseres Lebens bis an den Rand füllen mit dem, was wir haben: mit unseren Tränen und Traurigkeiten, mit unseren Vorwürfen und Verletzungen, mit unseren Ängsten und Angriffen. Wenn Jesus dabei ist, verwandelt sich das alles in den Wein der Freude und Liebe. Wer nicht an dieses Wunder glaubt, ist kein Realist. Wer nicht mit dieser Wandlung rechnet, macht die Rechnung ohne den Wirt. Das ganze Leben und besonders das Leben miteinander ist ein solches Wunder der Verwandlung.

„Da es an Wein gebrach, sprach die Mutter Jesu zu den Dienern: Was er euch sagt, das tut!"

(Johannes 2,3.5)

28. September

Sich mitteilen

Ein älteres Ehepaar feiert nach 50 erfüllten Ehejahren das Fest der Goldenen Hochzeit. Morgens beim gemeinsamen Frühstück sind die beiden noch unter sich und stärken sich für den großen Tag. Beim Aufschneiden des Brötchens denkt die Frau so bei sich: „Seit 50 Jahren habe ich nun auf meinen Mann Rücksicht genommen und ihm immer das knusprige Oberteil des Brötchens gegeben. Heute will ich mir das gönnen und ihm das Unterteil geben!" So schmierte sie sich genüßlich das Oberteil und gab ihrem Mann die untere Hälfte. Der war hocherfreut und bedankte sich herzlich: „Liebling, Du machst mir heute am Hochzeitstag die größte Freude. 50 Jahre habe ich Dir das Brötchenunterteil gegönnt, obwohl ich es lieber selbst gegessen hätte. Aber ich habe es Dir gelassen aus Liebe."

Müssen wir so lange warten, bis wir uns mitteilen, was wir möchten und gern haben? Die beiden haben sich das Brötchen geteilt, aber haben sie sich auch selber dem anderen mitgeteilt?

„So hatten wir Herzenslust an euch und waren willig, euch mitzuteilen nicht allein das Evangelium Gottes, sondern auch unser Leben, darum weil wir euch liebgewonnen hatten!"
(1. Thessalonicher 2,8)

29. September

Vergebliche Mühe

Eine Frau und ihr Mann bestellen ihren Garten. Sie graben um und säen ein, was sie im Herbst ernten wollen. Ein Beet ließen sie brach liegen. Da säte der Mann heimlich noch Salat aus, um seiner Frau damit eine Freude zu machen. Am nächsten Tag denkt auch die Frau an das leere Beet und legt heimlich Bohnen aus, weil ihr Mann sie gerne ißt. Immer wieder gehen nun die Ehepartner zum Beet, der eine ohne den anderen. Jeder von beiden jätet nun, was er für Unkraut hält. Die Frau jätet den Salat, der Mann die sprossenden Bohnen. Am Ende haben sie sich vergeblich gemüht, weil der eine die Saat des anderen zunichte machte. Gut gemeint und ganz verkehrt.

Viele Male ereignet sich diese Geschichte im Garten der Ehe und der Erziehung. Das Gegenteil von gut ist gut gemeint. Wenn Mann und Frau nicht im Einverständnis und im Gespräch sind über das, was sie vorhaben und tun, werden sie am Ende keine Frucht sehen, und ihre Mühe wird vergeblich sein.

„Die Pläne werden zunichte, wo man nicht miteinander berät!"
(Sprüche 15,22)

30. September

Auf Händen getragen

Ein Mann ist mit einer neuen Aufgabe betraut, die ihn übermäßig belastet. Bald kommen ihm Zweifel, ob er der Herausforderung gewachsen ist. Wie eine schwere Last drückt seine Arbeit. Resignation keimt auf. Eines Tages kommt er von der Arbeit nach Haus. Er hat für seine Frau ein hübsches Geschenk mitgebracht und trifft im Flur auf seine kleine Tochter, die an Kinderlähmung erkrankt im Rollstuhl sitzt.

„Wo ist Mutter?" – „Mutter ist oben", sagt die Kleine. „Ich habe ein Geschenk für sie", sagt der Vater. – „Laß mich das Päckchen zu Mutter tragen!" – „Aber Liebes, wie willst du das Geschenk tragen, wo du nicht einmal dich selber tragen kannst?" – Lachend antwortet das Mädchen: „Du trägst mich, und ich trage das Päckchen!"

Sanft nimmt der Vater sie auf den Arm. Er trägt sie zur Mutter, und das Kind trägt das Geschenk.

Während er die Treppe hinauf geht, wird es ihm plötzlich klar. So ist es auch mit seiner schwierigen Arbeit. Er trägt wohl an der Last, aber Gott trägt ihn damit auf seinen starken Händen.

Gott will uns in seiner Liebe tragen, damit wir das wirklich bewältigen, was uns aufgetragen ist.

„Da hast du gesehen, daß dich der Herr, dein Gott, getragen hat, wie ein Mann seinen Sohn trägt, auf dem ganzen Wege, den ihr gewandert seid."

(5. Mose 1,31)

1. Oktober

Er las, lachte und zahlte

Auf einem Basar, der 1863 für notleidende Polenkinder veranstaltet wurde, hielt sich an einem Stand die bekannte Schriftstellerin George Sand auf. Als der reiche Baron James von Rothschild vorüberging, sagte Frau Sand zu ihm: „Nun, Baron, möchten Sie bei mir etwas kaufen?" – „Ich sehe nichts, was mir gefiele", antwortete von Rothschild. „Aber verkaufen Sie mir doch Ihr Autogramm!" Die Schriftstellerin nahm ein Blatt und schrieb darauf: „Von Herrn Baron von Rothschild tausend Franken für die notleidenden Polenkinder erhalten!" Darunter schrieb sie ihren Namen als Autogramm und gab das Blatt dem Baron. Er las, lachte und zahlte.

„Ein jeder gebe nach dem Willen seines Herzens, nicht mit Unwillen oder aus Zwang; denn einen fröhlichen Geber hat Gott lieb!"

(2. Korinther 9,7)

2. Oktober

Der Mantel und die Bücher

Es ist Herbst. Der Winter kommt. Es wird kalt. Paulus sitzt in Rom im Gefängnis. Er hat ein reiches Leben hinter sich und einen schweren Weg vor sich. Paulus hat Sehnsucht nach seinem Freund und Vertrauten Timotheus. „Komme vor dem Winter und bringe den Mantel mit und die Bücher!" Paulus wird beides brauchen: den Mantel für den Leib, wenn es kalt wird, und die Bücher für den Geist, wenn es schwer wird, zu leben und zu glauben, zu schreiben und zu beten.

Der Mantel steht für Wärme und Schutz, Bedeckung und Bewahrung. Die Bücher stehen für Weite und Trost, Belebung und Ermutigung. Das ist es, was wir alle brauchen, einen Mantel von außen gegen die Kälte der Welt und die Bücher für innen gegen Erstarrung und Verflachung. Der Mantel deckt uns außen, die Bücher beleben uns innen. Gott hat immer beides für uns, den Mantel seiner Liebe und die Worte des Lebens. Gott gewährt beides, den Schutz von außen und die Erweckung von innen.

Der Mathematiker Gauß lag todkrank zu Bett und sagte zu seiner Tochter: „Decke mich warm zu und gib mir die Bibel!" Wohl uns, wenn einer da ist, der uns mit Liebe zudeckt und uns die Worte des Lebens reicht und zuspricht.

Wem können wir, wenn es kalt wird, einen Mantel, etwas Wärme und Schutz mitbringen? Und wem können wir Bücher, also Worte voller Zuspruch und Trost, Ermutigung und Hoffnung schenken?

„Komme bald, sieh nur zu, daß du vor dem Winter kommst. Und bringe den Mantel mit und die Bücher!"

(2. Timotheus 4,21.13)

3. Oktober

Gefährten oder Tod

Ein Weiser ging über Land und sah einen Mann, der einen Johannisbrotbaum pflanzte. Er blieb stehen, schaute ihm zu und fragte: „Wann wird der Baum wohl seine Früchte tragen?" Der Mann erwiderte: „In siebzig Jahren!" Da sprach der Weise: „Du Tor!

Denkst du, in siebzig Jahren noch zu leben und die Früchte deiner Arbeit zu ernten? Pflanze lieber einen Baum, der früher Früchte trägt, daß du dich an ihnen freuen kannst, solange du lebst!" Der Mann aber hatte sein Werk vollendet und freute sich an dem Baum. „Weiser, als ich zur Welt kam, da fand ich Johannisbrotbäume und aß von ihnen, ohne daß ich sie gepflanzt hatte, denn das hatten meine Väter getan. Habe ich genossen, wo ich nicht gearbeitet habe, so will ich einen Baum pflanzen für meine Kinder und Enkel, daß sie davon genießen. Wir Menschen können nur bestehen, wenn einer dem anderen die Hand reicht. Ich bin nur ein einfacher Mann, aber wir haben ein Sprichwort: Gefährten oder Tod!"

„Das ganze Gesetz ist in einem Wort erfüllt: Liebe deinen Nächsten wie dich selbst. Wenn ihr euch aber untereinander beißet oder fresset, so sehet zu, daß ihr nicht voneinander verzehrt werdet!"
(Galater 5, 14f)

---

4. Oktober

Ein offenes Geheimnis

Christsein ist ein Geheimnis wie die Liebe. Die Glaubensbeziehung zu Jesus ist mehr als Worte sagen und Gesten zeigen können. Sie ist ein Geschenk, das wir empfangen, ein Geheimnis, das sich uns offenbart und in dem wir leben. Der Glaube ist etwas ganz Persönliches, Inneres, Intimes, eben ein Geheimnis. Aber es sollte nicht das bestgehütete Geheimnis sein, sondern ein offenes Geheimnis, in das wir andere einladen.

Auch das Geheimzeichen der Christen, der Fisch, erinnert uns daran. Die griechischen Buchstaben des Wortes Fisch = *ichthys* sind die Abkürzung für das Bekenntnis: Jesus Christus Gottes Sohn ist Retter. An diesem Zeichen erkannten sich die Christen, und sie tun es auch heute wieder. Der Fisch hat in der Antike aber noch eine andere Bedeutung. Er ist das Zeichen für ein Geheimnis, das wie der Fisch immer wieder aufblitzt, aber auch verborgen ist. So sollte auch das Christsein ein Geheimnis sein, das immer wieder aufleuchtet und einlädt, daß auch andere daran teilhaben und darin wohnen. Denn das Geheimnis des Glaubens bietet wirklich ein Heim zum Leben im Gegensatz zu all den unheimlichen Dingen der Welt. Mit Christus kommt die Farbe in unser Leben. Und wir wollen die Farbe auch bekennen.

„Paulus bezeugte ihnen das Reich Gottes und predigte ihnen von Jesus."

(Apostelgeschichte 28,23)

5. Oktober

Was ist los?

Wenn die Menschen gottlos leben, werden
die Sitten zügellos,
die Mode schamlos,
die Lügen grenzenlos,
die Verbrechen maßlos,
die Völker friedlos.
die Schulden zahllos,
die Regierungen ratlos,
die Politik charakterlos,
die Konferenzen endlos,
die Aussichten trostlos,
die Kirchen kraftlos und
die Christen gebetslos.

Was ist los? Der Teufel ist los. Die Hölle ist los. Aber seit dem Kommen Jesu ist noch etwas ganz anderes los: Der Himmel ist offen, die Freude ist los, die Hoffnung hat Raum, die Barmherzigkeit gewinnt, die Versöhnung wächst, die Liebe blüht auf. Wo Menschen sich an Jesus verschenken, ist der Himmel los.

„Ihr werdet den Himmel offen sehen und die Engel Gottes hinauf- und herabfahren über den Menschensohn!"

(Johannes 1,51)

6. Oktober

Ein Unglück kommt selten allein

Manche Tage beginnen so schön, und dann geht alles schief. Eine Familie macht sich auf, um ihr neues Auto direkt vom Werk abzuholen. Der Vater freut sich auf den großen Wagen, die Mutter freut sich auf den Einkaufsbummel, die Kinder freuen sich auf den Besuch in einem Freizeitpark. Das Auto ist wunderbar, die Einkäufe günstig, der Tierpark ist erreicht. Alle sind gut drauf. Im riesigen Tierpark laufen die wilden Tiere frei herum, und die Menschen sind zur Abwechslung mal eingesperrt in ihren Blechkisten. Es ist heiß, die Kinder lassen die Scheiben herunter, um die Elefanten besser sehen und vielleicht sogar berühren zu können. Eine Elefantendame steckt neugierig ihren Rüssel in das Auto. Plötzlich bekommen die Kinder Angst. Der Vater drückt auf den elektrischen Fensterheber. Die Scheibe saust nach oben und klemmt den Rüssel ein. Nun bekommt der Elefant Ärger und drückt vor Wut mit seinem massigen Körper die ganze Seite des Autos ein. Die Kinder schreien, der Vater schimpft, die Mutter weint. Entnervt verlassen sie den Park und müssen nun zur Kenntnis nehmen, daß der Betreiber für den Schaden nicht haftet, da überall die Hinweis-tafeln das Öffnen der Fenster verbieten. Die Familie kehrt im Gasthaus ein, und bei einem guten Essen mit einigen kühlen Bieren für den Vater beruhigt man sich allmählich. Auf der Heimfahrt geraten sie in einen Stau, an dessen Ende mehrere Wagen aufeinander aufgefahren sind. Der Vater kann gerade noch bremsen und kommt direkt hinter dem letzten verunfallten Wagen zum Halten. Die Polizei trifft ein und nimmt den Schaden auf. Die Beamten wollen auch den Wagen der Familie mit in den Unfall einbeziehen. Der Vater bestreitet, am Unfall beteiligt zu sein. Der Beamte weist auf den demolierten Wagen hin. Der Vater: „Das hat ein Elefant getan!" Der Polizist holt sofort die Tüte und läßt den Vater blasen. Er hat zuviel Alkohol im Blut, bekommt den Führerschein abgenommen, und die Familie darf nach endlosen Schwierigkeiten schließlich mit der Bahn die Heimreise fortsetzen.

„Am guten Tag sei guter Dinge, und am bösen Tag bedenke, diesen hat Gott geschaffen wie jenen, damit der Mensch nicht wissen soll, was künftig ist."

(Prediger 7,14)

7. Oktober

Kluge Menschen

Wissen ist Macht. Nichts wissen macht nichts. Sind das kluge Menschen, die sich schöne Häuser bauen, sie kultiviert einrichten, aber ihre Wohnung bei Gott nicht kennen? Menschen bereiten sich schmackhafte Mahlzeiten und sind um Essen und Trinken besorgt, aber von der Ernährung ihrer Seele wissen sie nichts. Sie sind süchtig nach Genuß und Vergnügen, verstricken sich in viele Abhängigkeiten, aber die Freiheit, die Jesus schenkt, kennen sie nicht. Sie schlucken Pillen und Pulver, nehmen Tabletten und Tropfen, aber das heilende Wort Gottes mögen sie nicht. Sie suchen Zerstreuung in jeder Form, aber die Sammlung der Sinne und Kräfte kennen sie nicht. Sie rackern für Reichtum und horten Vermögen, aber von den wirklichen Schätzen bei Gott wissen sie nichts. Sie reisen und rasen, kuren und küren, fahren in fremde Länder und jetten um die Erde, aber ihre Lebensreise zu Gott bedenken sie nicht. Sind das kluge Menschen?

„Darum, wer diese meine Rede hört und tut sie, der gleicht einem klugen Menschen, der sein Haus auf Felsen baut!"

(Matthäus 7,24)

8. Oktober

Die Wahrheit bleibt immer wahr

Aus einer Lüge wird keine Wahrheit, so oft sie auch wiederholt wird. Aus einem Irrtum wird keine Wahrheit, so schön er auch garniert und eingefärbt wird. Und aus einer Wahrheit wird nie ein Irrtum, auch wenn sie noch so ungeschickt gesagt oder ausgelebt wird.

Die Wahrheit Gottes ist nicht abhängig von der Ausdruckskraft seiner Leute. Es ist immer gut, wenn das Leben der Christen mit der Wahrheit des Christus übereinstimmt. Aber wahr ist Christus auch, wenn seine Leute ihn schlecht vertreten.

Eine gute Medizin bleibt immer gut, auch wenn der Arzt mal einen schlechten Tag hat. Ein Vermögen auf der Bank bleibt trotzdem gutes Geld, auch wenn der Schalterbeamte gerade einen

Fehler macht. Gottes Wort bleibt in sich wahr und gültig, auch wenn manche Christen mehr schlecht als recht danach leben. Wir sehen nicht auf Menschen, sondern auf Christus. Menschen können enttäuschen, Jesus nie. Er ist die ganze, verläßliche Wahrheit über das Leben.

„Dein Wort ist nichts als Wahrheit, alle Ordnungen deiner Gerechtigkeit währen ewiglich!"

(Psalm 119,160)

9. Oktober

Wozu sind die Schafe da?

Es gibt ein böses Sprichwort: „Die Schafe sind nicht für die Weide, nur für die Wolle da!" Wenn Leben nur vom Ertrag her verstanden und nur auf Leistung hin betrachtet wird, verkommt es zur nützlichen Lieferung von Waren. Hat Leben nicht einen Wert in sich, in einer Beziehung und dann auch in einem Ertrag? Also sind Schafe für die Weide, den Hirten und die Wolle da. So ist es jedenfalls bei Gott. Bei ihm sind die Menschen nicht wertvoll, weil sie was bringen, sondern weil Gott mit ihnen eine Beziehung aus Vertrauen und Liebe haben möchte. Gott hetzt und schindet seine Leute nicht, er hegt und hütet sie. Gott treibt seine Schafe nicht, er läßt es ihnen gut gehen. Gott wertet seine Menschen nicht nach Leistung, er wartet auf sie mit Liebe. Gott sucht nicht zuerst den Nutzen, sondern den Menschen und sein Vertrauen.

Bei Gott sind die Schafe für saftige Weide, für frisches Wasser, für einen guten Weg, für eine liebevolle Bewahrung und dann auch für die Wolle da. Wir haben soviel von Jesus, dem guten Hirten unseres Lebens, und dann fragen wir auch, was Jesus von uns hat.

„Der Herr ist mein Hirte, mir wird nichts mangeln. Er weidet mich auf einer grünen Weide und führet mich zum frischen Wasser. Er erquickt meine Seele. Er führet mich auf rechter Straße um seines Namens willen. Und ob ich schon wanderte im finstern Tal, so fürchte ich kein Unglück, denn du bist bei mir, dein Stecken und Stab trösten mich!"

(Psalm 23,1ff)

10. Oktober

Der goldene Ohrring

Alte Seeleute und Handwerksburschen trugen früher einen goldenen Ohrring. Das war weniger ein Schmuck und mehr eine Art Vorsorge. Denn von dem Erlös des goldenen Ringes war bei einem evtl. Todesfall eine anständige Beisetzung gewährleistet.

Wenn Menschen für die irdische Seite des Todes, ihr Begräbnis, so sorgsam Vorbereitungen treffen, wieviel mehr sollten sie für die Gestaltung des Lebens nach dem Tod Vorsorge treffen! Für eine anständige Beisetzung zu sorgen, ist gut. Noch besser und wichtiger wäre die Vorsorge für das ewige Leben. Das kann man wohl nicht mit einem goldenen Ring im Ohr garantieren, wohl aber mit einem lebendigen Glauben im Herzen. Wer Jesus im Herzen trägt, trifft die beste Vorsorge für sein ewiges Leben. Jesus allein garantiert ein gutes Leben nach dem Tod. An diesem Leben wollen wir uns jeden Tag freuen, für die Beisetzung mutig vorsorgen und auf das ewige Leben mit Jesus warten.

„Hoffen wir allein in diesem Leben auf Christus, so sind wir die elendesten unter allen Menschen. Nun aber ist Christus auferstanden und der Erste geworden unter denen, die gestorben sind."

(1. Korinther 15,19f)

11. Oktober

Unzufrieden?

Ein junges, fröhliches Fohlen lebte mit anderen Pferden in einem wunderschönen Tal. Es gab dort reichlich gutes Gras, sauberes Wasser und große, schattige Bäume. Eines Tages wurde das Fohlen übermütig und unzufrieden. Das Tal war ihm zu eng, das Leben zu alltäglich, die Gesellschaft zu eintönig. „Vater, wenn ich hier weiterleben muß, werde ich ganz unglücklich. Die Weide bekommt mir nicht mehr, die Luft ist so schlecht. Wir wollen fort von hier!"

So zogen sie fort, steile, steinige Pfade hinauf. Das Gras wurde karger, der Sturm heftiger, die Gegend ungeschützter. Nach einigen Tagen war das Fohlen so erschöpft und hungrig, daß es kaum noch weiter konnte. So führte der Vater sein Fohlen auf einem anderen

215

Weg zurück in das Tal. Kaum sah das Fohlen das weiche, saftige Gras unter seinen Hufen und schmeckte das saubere Wasser aus dem Bach, war es dankbar und glücklich, wieder daheim zu sein. In Zukunft wußte das Fohlen, wie gut es hier im Tal bei den anderen Pferden war. (Nach einer Fabel)

„Es ist aber ein großer Gewinn, wer gottselig ist und lässet sich genügen!"

(1. Timotheus 6,6)

12. Oktober

Allerlei Spinniges

Auf einem Morgen Land leben durchschnittlich 50.000 Spinnen. Im Verhältnis zu ihrer Größe ist die gewöhnliche Spinne achtmal so schnell wie der schnellste menschliche Sprinter. Eine normale Spinne hat bis zu 600 Seidendrüsen, aus denen sie ihre Netze webt. Im Spätsommer kann man diese Kunstwerke, aus tausend Fäden wunderbar gesponnen, im Gegenlicht bewundern. Tautropfen hängen daran und ergeben mit dem Netz ein bewundernswertes Bild. Und doch ist diese immer wieder bestaunte Schönheit, dieses kunstvolle Wunderwerk ein gräßliches Mordinstrument, in dem Insekten gefangen werden und qualvoll zugrunde gehen. So nah beieinander liegen in der Natur Schönes und Häßliches, Wunderwerk und Marterinstrument, Kunstwerk und Mordwaffe. Selbst die Tarantel, die eine Spinne ist und keine Netze weben kann, ist da keine Ausnahme. Sie sticht ihre Opfer, die vor Schmerz – wie von der Tarantel gestochen – leiden. So sind viele Schönheiten der Natur mit häßlichen Überlebenskämpfen verwoben. In der Natur ist kein Heil. Das Heil ist bei Gott, der auch die Natur einst aus dieser Widersprüchlichkeit erlösen wird.

„Alle Kreatur sehnet sich mit uns und ängstet sich noch immerdar und wartet auf des Leibes Erlösung!"

(Römer 8,22f)

13. Oktober

audio – video – disco

Das Wort Disziplin klingt nach Strenge und schmeckt wie Unerbittlichkeit. In Wahrheit ist es ein Wort der freundlichen Einladung und wie eine Tür ins Leben. Die Jünger Jesu hießen Schüler. Discipulus ist das lateinische Wort dafür. Um eine Lebensschule geht es.

In der Antike umfaßte das Lehr- und Schulprogramm, also die Disziplin, den Dreiklang von audio = ich höre, video = ich sehe und disco = ich lerne. Im Zuhören und Aufhören, im Zusehen und Aufsehen, im Mitleben und Aufleben wurde gelernt und erfahren. Die Worte audio, video, disco sind heute noch in, aber die Inhalte sind verkommen zu einer disziplinlosen Konsumierung von Verrücktheiten und krankmachenden Lärmereien.

Jesus hat seine Leute mitgenommen, hat sein Leben mit ihnen geteilt. Das war eine Lebensschule besonderer Art und eine fröhliche Disziplin. Die Jünger haben gehört, was Jesus geredet und mit Menschen gesprochen hat. Sie haben gesehen, wie Jesus gelebt und gehandelt hat. Und sie haben gelernt, wie man vertrauensvoll und gelöst, aber auch engagiert und herausgefordert lebt. Jesus lädt uns ein in seine Schule. Ob wir mit ihm gehen und sagen: audio – video – disco?

„Nehmet auf euch mein Joch und lernt von mir, denn ich bin sanftmütig und von Herzen demütig. So werdet ihr Ruhe finden für eure Seelen."

(Matthäus 11,29)

14. Oktober

Wie schwitzt du?

In Ägypten, wo die Menschen oft unter der unerträglichen Hitze leiden, grüßen sich Menschen unterwegs mit der Frage: „Wie schwitzt du?" Ein solcher Gruß drückt eine Teilnahme aus, die auf die Lebensumstände eingeht. Vielleicht sollten wir im Grüßen und Nachfragen auch ein wenig differenzierter und feinfühliger sein. Das übliche „Wie geht es?" ist meistens nur leere Floskel und nicht gerade phantasievoll.

„Wie kommst du mit deiner neuen Arbeit zurecht?"
„Wie erlebst du gerade deine Familie?"
„Wie geht es dir im Glauben an Jesus?"
„Was machst du in deiner Krankheit für Erfahrungen?"
„Was liest du im Moment?"
„Welche Ziele verfolgst du?"
„Was hast du so für Träume?"

Wir sollten uns fragen, ob unser Gruß wirklich eine Brücke des Verstehens sein soll. Die oberflächliche Nachfrage will im Grunde keine Antwort. Sie wird nur schnell abgefragt und abgehakt. Und schon ist man wieder ganz bei sich selbst und seinen Dingen.

Es wird Zeit, daß wir die leeren Hülsen unserer Grußformeln mit Leben und Liebe, Zuneigung und Interesse füllen.

„Grüßet Rufus, den Auserwählten in dem Herrn, und seine Mutter, die auch mir eine Mutter war. Grüßet euch untereinander mit dem heiligen Kuß. Es grüßen euch alle Gemeinden Christi!"

(Römer 16,13.16)

15. Oktober

Heil werden

Herr, unser Leiden
ist unsere Unfähigkeit zum Leiden.
Heile uns von dem Leiden,
nicht leiden zu können.

Herr, unsere Armut
ist unser Hängen am Reichtum.
Heile uns von dem Reichtum,
der unser Herz arm macht.

Herr, unsere Schwachheit
ist unser Mißbrauch der Kraft.
Heile uns von der Kraft,
die unsere Schwäche ist.

Herr, unsere Einsamkeit
ist unser Mangel an Vertrauen.

Heile uns vom Mißtrauen,
das uns einsam sein läßt.

(Peter Thomas)

„Es ist das Herz ein trotzig und verzagt Ding, wer kann es ergründen? Heile du mich, Herr, so werde ich heil! Hilf du mir, so ist mir geholfen, denn du bist mein Ruhm!"

(Jeremia 17,9.14)

16. Oktober

Wider den Trübsinn

Die Lebensweisheit kennt vier Mittel gegen den Trübsinn. Ein gutes Essen, ein tiefer Schlaf, ein weiter Spaziergang und ein freundschaftliches Gespräch sollen dagegen helfen. Wir wissen, wie wichtig gute Ernährung, ausreichender Schlaf, viel Bewegung an frischer Luft und freundliche Gespräche für das Wohlbefinden von Körper, Seele und Geist sind.

In der Antike wurden diese Einsichten in der Lehre von der rechten Lebensweise, der sog. Diätetik, entfaltet. Danach sind Licht und Luft, Speise und Trank, Arbeit und Ruhe, Wachen und Schlafen, Ausscheidung und Absonderung, Anregung und Auferbauung die Dinge, die zur Gesundung des Lebens dienen. Es ist interessant, daß Gott seinem erschöpften Boten Elia, als er lebensmüde und abgekämpft, verzweifelt und schwermütig in der Wüste unter einem Baum liegt, genau diese vier Wohltaten schenkt und ihn damit wieder auf die Beine und den Weg bringt: mit Essen und Trinken, gutem Schlaf, einem wichtigen Gespräch und einem weiten Weg.

Wir sollten diese Einsichten leiblich ernstnehmen und befolgen und sie dann geistlich deuten. Dann brauchen wir für ein gesundes geistliches Leben: Brot und Wasser des Lebens von Gott, Ruhen in Gott, Reden mit Gott und Laufen für Gott. Das sind vier gute Mittel gegen den trüben Sinn und einen schweren Mut.

„Elia setzte sich unter einen Wacholder und wünschte sich zu sterben und sprach: Es ist genug, Herr, so nimm nun meine Seele... Und siehe, ein Engel rührte ihn an und sprach: Steh auf und iß! Und er sah sich um, und siehe, zu seinen Häupten lag ein geröstetes

Brot und ein Krug mit Wasser. Und als er gegessen und getrunken hatte, legte er sich wieder schlafen. Und der Engel des Herrn kam zum zweitenmal, rührte ihn an und sprach: Steh auf und iß! Denn du hast einen weiten Weg vor dir."

(1. Könige 19,4ff)

17. Oktober

Von mir aus!

In Schwierigkeiten, die wir mit viel Aufwand bekämpfen wollen, läßt Gott uns eine wichtige Nachricht zukommen: „Von mir aus ist diese Sache geschehen! Wenn du in Versuchung gerätst und Widrigkeiten dich anfechten, so wisse: von mir aus ist diese Sache geschehen! Ich bin der Gott des Lebens und der Herr der Umstände.

Gehst du durch bittere Trübsal, leidest du Schmerzen und Pein? Von mir aus ist diese Sache geschehen. Ich bin der Mann der Schmerzen, ich verstehe dich. Haben dich Freunde enttäuscht und dein Vertrauen mißbraucht? Von mir aus ist diese Sache geschehen. Ich bin dein bester Freund und dein Vertrauter. Hat man dich verleumdet und ins Unrecht gesetzt? Von mir aus ist diese Sache geschehen. Ich bin deine Gerechtigkeit, und in meiner Liebe bist du angesehen. Sind deine Pläne durchkreuzt und deine Erwartungen unerfüllt? Von mir aus ist diese Sache geschehen. Ich bin es doch, der Pläne macht für dein Leben. Hast du große Dinge für mich tun wollen und mußt nun lernen, in ganz kleinen Dingen treu zu sein? Von mir aus ist diese Sache geschehen. Bei mir ist nur die Liebe groß und die Treue großartig.

Bist du für eine besonders schwierige Aufgabe berufen? Von mir aus ist diese Sache geschehen. Ich bin mit dir und stärke dich. Verlasse dich völlig auf meine Kraft und gehe mutig ans Werk.

Ich bin bei dir an jedem Tag, in jedem Umstand, in aller Widrigkeit, in tiefen Enttäuschungen, in allem Leid, in kleinen Dingen und großen Verlegenheiten!"

„So spricht der Herr: Ihr sollt nicht hinaufziehen und gegen eure Brüder, die von Israel, kämpfen. Jedermann gehe wieder heim, denn das alles ist von mir aus geschehen! Und sie gehorchten dem Wort des Herrn."

(1. Könige 12,24)

18. Oktober

Der Mächtigste

Zu einem Rabbi kommen die Leute eines Tages mit einer wichtigen Frage: „Wer ist der Mächtigste im ganzen Land?" Der Rabbi überlegt und antwortet dann: „Wer die Liebe seines Feindes gewinnt, ist der Mächtigste im ganzen Land!" Normalerweise halten die Menschen den für mächtig, der gegen seine Feinde gewinnt. Aber die Liebe, die den Feind gewinnt, ist noch viel mächtiger. Solche Mächtigen voller Liebe und Liebende voller Kraft brauchten wir mehr.

„Homo homini lupus est!" sagten die Lateiner. Der Mensch ist des Menschen Wolf! So besiegen sie sich gegenseitig und machen doch alles kaputt. Jesus wurde darum nicht ein Wolf, sondern das Lamm Gottes und überwand mit seiner Liebe alle Macht der Welt. Seine Jünger sandte er darum wie Lämmer mitten unter die Wölfe, damit sie eine andere Art von Macht ausüben.

„Solange wir Lämmer sind, siegen wir, mögen uns auch tausend Wölfe umringen. Wenn wir aber Wölfe werden, dann weicht von uns die Hilfe des guten Hirten, der nicht Wölfe, sondern Lämmer weidet. Wenn wir als Wölfe die Wölfe besiegen, dann haben sie uns besiegt!" (Johannes Chrysostomus)

„Segnet, die euch verfolgen; segnet und fluchet nicht!"
(Römer 12,14)

19. Oktober

Selig sind:

Selig sind, die es verstehen, die kleinen Dinge ernst und die ernsten Dinge gelassen anzusehen; sie werden weit kommen.

Selig sind, die einen Berg von einem Maulwurfhaufen unterscheiden können; sie werden sich sehr viel Ärger ersparen.

Selig sind, die fähig sind, sich auszuruhen und Stille zu haben, ohne dafür Entschuldigungen zu suchen; sie werden weise werden.

Selig sind, die schweigen und zuhören können; sie werden dabei viel Neues lernen.

Selig sind, die denken, bevor sie handeln, und beten, bevor sie denken; sie werden eine Menge Dummheiten vermeiden.

Selig sind, die den Herrn in allen Wesen erkennen und lieben; sie werden Licht und Güte und Freude ausstrahlen. (Nach einer Vorlage der Kleinen Schwestern/Paris)

„Selig bist du, die du geglaubt hast! Denn es wird vollendet werden, was dir gesagt ist von dem Herrn."

(Lukas 1,45)

20. Oktober

An den Händen erkennt man den Menschen

„Ex ungue leonem" – „An der Klaue erkennst du den Löwen!" sagten die Lateiner und meinten damit: An den Händen erkennt man einen Menschen. Babyhände, Mutterhände, Künstlerhände, Arbeiterhände, betende Hände, schlagende Hände, Bauernhände, Arzthände sprechen vom Menschen und sagen viel über seine Lebensart. Auch aus der Handschrift eines Menschen möchte die Wissenschaft der Graphologie auf den Charakter schließen. Selbst im Bereich des Okkulten meint man, aus der Hand eines Menschen sein Geschick erkennen zu können.

Vielleicht ist bei dem Sprichwort doch mehr daran gedacht, einen Menschen daran zu erkennen, was er mit seinen Händen tut. Auch Jesus kann man an seinen Händen erkennen: Sie haben Kinder gesegnet, Kranke geheilt, Hungrige gespeist, Schwache gestützt, Stürme beruhigt, Sinkende festgehalten, Ängstliche beruhigt. Und schließlich wurden seine Hände angenagelt und für uns durchbohrt. Als Auferstandener hat er den Jüngern seine Hände gezeigt, damit sie ihn als den Gekreuzigten erkennen, und dann hat er sie mit seinen Händen gesegnet und gesandt.

Auch uns wird man an unseren Händen erkennen. An gelösten und gereinigten, geöffneten und betenden, an tätigen und rührigen, an helfenden und segnenden Händen kann man Menschen erkennen.

„Und der Herr, unser Gott, sei uns freundlich und fördere das Werk unserer Hände bei uns. Ja, das Werk unserer Hände wollest du fördern!"

(Psalm 90,17)

21. Oktober

Beten ist alles

Die Hände ineinander falten, nicht handeln, keine Hand anlegen, keine Hände rühren, auf Gottes Handeln warten.

Die Seele auseinander falten, sich öffnen, erklären, hinhalten, offenlegen, alles rauslassen, auf Gottes Liebe zählen.

Die Hände emporheben, sich ausstrecken, alles erwarten, Sehnsucht zeigen, Erfüllung empfangen, mit Gottes Einfluß rechnen.

Die Seele hinunterbeugen, Schuld bekennen, bescheiden bitten, demütig werden, Gott groß sein lassen.

Die Augen aufheben, Jesus im Auge haben, nach Heil ausschauen, bis zum Thron Gottes sehen und Gottes Barmherzigkeit wahrnehmen.

Die Lasten ablegen, Not und Sorge, Leid und Kummer, Angst und Trauer, alles abgeben und bei Gott liegen lassen.

Beten ist Einfalt und Vielfalt, Beugung und Erhebung, Loslassen und Festhalten, menschlich und göttlich zugleich.

„Für mich ist das Gebet ein Aufschwung des Herzens, ein einfacher Blick zum Himmel empor, ein Schrei der Dankbarkeit und der Liebe, aus der Mitte der Prüfung wie aus der Mitte der Freude; kurz, es ist etwas Großes, Übernatürliches, das mir die Seele ausweitet und mich mit Jesus vereint." (Therese von Lisieux)

„Wir liegen vor dir mit unserem Gebet und vertrauen nicht auf unsere Gerechtigkeit, sondern auf deine große Barmherzigkeit!"
(Daniel 9,18)

22. Oktober

The new way of life – Der neue Lebensweg

Eine Sonntagsausgabe der New York Times verbraucht 63.000 Bäume. In den USA gibt es mehr Psychoanalytiker als Briefträger.

Die Verpackung von Cornflakes enthält mehr Nährstoffe als die Cornflakes selber.

In Los Angeles gibt es mehr Autos als Menschen.

Zehn Prozent des jährlichen Salzabbaus der ganzen Welt werden für die Enteisung der Straßen in den USA verwendet.

Die Bevölkerung der USA macht etwa 6 % der Weltbevölkerung aus, verzehrt aber rund 60 % aller irdischen Ressourcen.

Die Sahara ist so groß wie die USA.

Ein Jumbo-Jet hat in seinem Tank genügend Treibstoff, um ein normales Auto viermal um die Erde anzutreiben.

US-Bürger geben für Haustierfutter pro Jahr das Vierfache dessen aus, was sie für Babynahrung verwenden.

In den USA können Summen, die an Kidnapper bezahlt werden, von der Steuer abgesetzt werden.

Die Hersteller von „Monopoly" drucken pro Jahr mehr Geld als das Schatzamt der USA.

Nachdem ein junger Mann aus Pennsylvania sich zwei Jahre lang bemüht hatte, die Dame seines Herzens durch tägliche Liebesbriefe für sich zu gewinnen, gab sie im Sommer 1988 ihr Ja-Wort dem Postboten.

„Ich sah an alles Tun, das unter der Sonne geschieht, und siehe, es war alles eitel und Haschen nach Wind!" – „Aber alles, was Gott tut, das besteht für ewig!"

(Prediger 1,14; 3,14)

23. Oktober

Zweifel und Glaube

Thomas, der Zweifler, hieß Zwilling. Ist der Zweifel ein Zwillingsbruder des Glaubens? Gehören Glaube und Zweifel immer zusammen? Fragen und Zweifeln sind ein Ausdruck der menschlichen Würde. Tiere und Sterne, Bäume und Steine fragen und zweifeln nicht. Aber der Mensch hat die Würde des Fragens. Er muß abwägen und entscheiden, nachdenken und wählen. So setzt die Glaubensentscheidung den Zweifel eigentlich voraus. Das Wort Zweifel erinnert daran: "Zwei-Falten" = zwei Möglichkeiten durchdenken, abwägen und dann eine Entscheidung treffen. Wer richtig zweifelt, kann auch richtig glauben. In einer Indianersprache Perus heißt das Wort Zweifel: zwei Gedanken haben. Machen wir es uns manchmal zu einfach, wenn wir nicht zwei Möglichkeiten erwägen, zwei Seiten sehen, zwei Gedanken haben, um uns dann richtig entscheiden zu können?

Jesus verurteilt nicht den Zweifel, wohl aber den Unglauben. Und der entsteht meistens, wenn Menschen die zwei Gedanken nicht mehr haben, die zwei Möglichkeiten nicht mehr sehen, sondern bei ihrer ersten Sicht stehenbleiben und im Unglauben verharren.

Jesus spricht zu Thomas: „Selig sind, die nicht sehen und doch glauben!"

(Johannes 20,29)

---

24. Oktober

Rebellion und Resignation

Der Mensch ist aus Gottes Haus und seinen Haushaltungen ausgezogen und baut nun seine Türme in Babel, die in Zerstörung und Verwirrung enden. Er baut seine Wolkenkuckucksheime in den Himmel und stürzt entsprechend tief ab. Er baut seine Luftschlösser in seinen Träumen und wacht mit Alpträumen in den Notunterkünften der Erde wieder auf.

Erst Hochmut und Vermessenheit, und wenn man daran scheitert, dann Schwermut und Verzweiflung. Das sind zwei Spielarten einer Sünde: Gott nicht zu vertrauen. Erst Rebellion, der trotzige Versuch, allein besser zurechtzukommen, dann Resignation, der traurige Ausdruck des Verlierens.

Für jede Rebellion und Sünde gegen Gott zahlen wir den Preis auf Heller und Pfennig mit Verlust von Leben und Lebensqualität. Für jeden Gehorsam und ganzes Vertrauen zahlt Gott den Preis auf Heller und Pfennig mit Vermehrung von Leben und Lebensqualität. Wer sich Gott verweigert, muß alles selbst bezahlen. Wer sich Gott verschenkt, bekommt alles von ihm geschenkt.

„Ich freue mich über den Weg, den deine Mahnungen zeigen, wie über einen großen Reichtum!"

(Psalm 119,14)

25. Oktober

Vierfache Freude

Der Mensch kennt eine vierfache Freude, die sein Leben erhebt:

1. Die Freude, Gutes zu tun. Auf diesem Feld der Ethik wird Freude erlebt, indem sie anderen gemacht wird.

2. Die Freude, Schönes zu sehen. Ästhetik ist der Sinn, der Formen und Farben, Zauber und Schönheit wahrnimmt.

3. Die Freude, Wahres zu erkennen. Vernunft und Verstand nehmen Zusammenhänge wahr und verarbeiten und verknüpfen sie.

4. Die Freude, Heiliges anzubeten. Im Glauben und Lieben sich dem heiligen Gott zu öffnen und seine Einwirkungen zu spüren, ist die höchste Lebensfreude. Die Freude am Heiligen, Wahren, Schönen und Guten sind die elementaren Impulse und Träger des menschlichen Lebens. Wer nichts Heiliges anzubeten hat, wer keine Wahrheit erkennen kann, wer keine Schönheit sehen und nichts Gutes tun kann, lebt ein verkümmertes Leben.

„Es ist dir gesagt, Mensch, was gut ist, und was der Herr von dir fordert, nämlich Gottes Wort halten und Liebe üben und demütig sein vor deinem Gott!"

(Micha 6,8)

26. Oktober

Alle eure Sorgen

All eure Sorgen
heute und morgen
bringt vor ihn
bringt vor das Kreuz
ihr seid geborgen
heute und morgen
all eure Sorgen
bringt vor ihn

all eure Zwänge
Weite und Enge

bringt vor ihn
bringt vor das Kreuz
was euch bedränge
Weite und Enge
all eure Zwänge
bringt vor ihn

all eure Sorgen
Freuden und Fragen
bringt vor ihn
bringt vor das Kreuz
Jesus wird tragen
Freuden und Klagen
all euer Fragen
bringt vor ihn

(Eckart Bücken)

„Die Sorge um das Leben ist der größte Tyrann, der ein ganzes Heer von Schergen und Bütteln befehligt, um uns zu Knechten zu machen. In seinem Gefolge stehen: Mißtrauen, Angst, Gewissensbisse, Verzagtheit, Murren, Nörgeln, Gereiztheit, Verbitterung, Starrsinn, Trübsinn, Schwermut, Verzweiflung und Gotteskälte. Sorget nicht!, heißt der Ruf gegen diese Dämonenbrut!" (Paul Schütz)

„Alle eure Sorgen werft auf ihn; denn er sorgt für euch!"
(1. Petrus 5,7)

27. Oktober

Abschied von Illusionen

Niemals komme ich mir selbst auf die Spur.
Niemals bekomme ich mich selbst in den Griff.
Niemals bin ich mir meiner selbst sicher.
Niemals bin ich aus mir selbst verständlich.
Niemals bin ich mir selbst genug.
Niemals habe ich in mir selbst einen Sinn.
Niemals bringe ich mich selbst ans Ziel.

„Dennnoch bleibe ich stets an dir; denn du hältst mich bei meiner rechten Hand, du leitest mich nach deinem Rat und nimmst mich am Ende mit Ehren an. Wenn ich nur dich habe, so frage ich nichts nach Himmel und Erde. Wenn mir gleich Leib und Seele verschmachtet, so bist du doch, Gott, allezeit meines Herzens Trost und mein Teil!"

(Psalm 73,23ff)

28. Oktober

Sonnengesang

Höchster, allmächtiger, guter Herr,
dein ist das Lob, der Ruhm und die Ehre
und alles Preisen.
Dir allein, Höchster, stehen sie zu,
und kein Mensch ist würdig, dich nur zu nennen.

Sei gelobt, mein Herr, mit allen deinen Geschöpfen,
besonders dem Herrn, dem Bruder Sonne;
er ist der Tag, und du leuchtest uns durch ihn.
Er ist schön und strahlend in großem Glanz,
von dir, Höchster, trägt er ein Bild, das dir gleicht.

Sei gelobt, mein Herr,
durch Schwester Mond und die Sterne,
am Himmel geformt hast du sie, kostbar und schön.

Sei gelobt, mein Herr, durch Bruder Wind,
durch die Lüfte, wolkig und heiter, durch jedes Wetter,
das deine Geschöpfe am Leben erhält.

Sei gelobt, mein Herr, durch Schwester Wasser,
sehr nützlich ist sie, demütig, kostbar und rein.

Sei gelobt, mein Herr, durch Bruder Feuer,
durch den du die Nacht erleuchtest,
schön und fröhlich ist er, kraftvoll und stark.

Sei gelobt, mein Herr,
durch unsere Schwester, Mutter Erde,
die uns erhält und regiert,
die vielerlei Frucht bringt, bunte Blumen und Kräuter.

Sei gelobt, mein Herr, durch jene,
die verzeihen aus deiner Liebe,
die Schwachheit ertragen und Not.
Selig, die harren in Frieden,
denn sie werden, Höchster,
von dir die Krone empfangen.

Sei gelobt, mein Herr, durch unsere Schwester,
den leiblichen Tod:
Kein Mensch kann ihr lebend entrinnen.
Weh denen, die in Todsünden sterben;
selig, die sie findet in deinem heiligsten Willen,
denn der zweite Tod kann ihnen nicht schaden.

Lobet und preiset meinen Herrn,
danket und dient ihm in großer Demut.

(Franz von Assisi)

„Unsern Gott loben, das ist ein köstlich Ding, ihn loben ist lieblich und schön!"

(Psalm 147,1)

29. Oktober

Leben und Tod

Zweierlei ist am christlichen Glauben überzeugend: seine Liebe zum Leben und seine Überwindung des Todes.

Der Tod ist schrecklich für Menschen, die geistlich tot sind, also ohne Beziehung zum lebendigen Gott sind. Sie bringt der Tod ins Verderben. Gottes Kinder, die geistlich lebendig sind, bringt der Tod zur Erfüllung und Krönung in das ewige Leben.

Ist der Tod das Aus und die unabwendbare Niederlage, so ist das Leben nur eine von Anfang an verlorene Schlacht.

Ist der Tod die Tür zum ewigen Leben, von dem lebendigen Christus aufgeschlossen, wird das irdische Leben ein wunderbarer Hinweg zu einem krönenden Ziel, eine spannende und erfüllte Zeit vor der letzten Vollendung und Erlösung. Wenn der Tod überwunden und seiner alles vernichtenden Macht entkleidet ist, wird das Leben erst richtig liebenswert und sinnvoll.

„Und Gott wird abwischen alle Tränen von ihren Augen, und der Tod wird nicht mehr sein, noch Leid noch Geschrei noch Schmerz wird mehr sein!"

(Offenbarung 21,4)

30. Oktober

Stein auf Stein

Der Grundstein für das Leben ist von Gott gelegt. Jesus trägt mit seiner Liebe das ganze Lebenshaus. (Jesaja 28,16; 1. Korinther 3,11)

Auch der beim Hausbau so wichtige Eckstein ist in den Winkel gesetzt und gibt dem Fundament den Halt. Gott hat den Stein, den die Bauleute verworfen haben, zum Eckstein für sein Reich gemacht. (Psalm 118,22; Epheser 2,20)

Darauf werden als lebendige Steine die Glaubenden zum Hause Gottes aufgebaut. (1. Petrus 2,5f) Immer wieder hat Gottes Volk die Gedenksteine aufgerichtet, um sich an Gottes Hilfe und Bewahrung zu erinnern. (Josua 24,25ff) Uns fällt ein Stein vom Herzen, wenn Gott uns die Last der Schuld und Sorge, der Angst und Not abnimmt. (Jesaja 35,4)

Der Stein der Weisen ist gefunden. Es ist der Stein, der nicht auf andere geworfen wird, weil Menschen sich um Jesu willen vergeben. (Johannes 8,7-11) Der Grabstein ist abgewälzt. Jesus ist auferstanden und hat eine Hoffnung über den Tod hinaus aufgeweckt. (Markus 16,3f)

Damit kommt ein Stein ins Rollen, der immer weiter läuft. Die wunderbare Botschaft vom Sieg des Lebens über den Tod geht um die Welt. (Apostelgeschichte 1,8; Matthäus 24,14) Gott wird denen, die in seinem Namen leben, den weißen Stein der Gerechtigkeit geben. Darauf steht ein neuer Name für eine ganz neue Identität. (Offenbarung 2,17) Wir haben bei Gott sozusagen einen Stein im Brett, und uns fällt wirklich kein Stein aus der Krone, wenn wir uns zu ihm bekennen. (Offenbarung 2,10) Schließlich wird Gott auch den Schlußstein als Krönung seines Hauses setzen. (Offenbarung 22,13)

„Wenn doch auch du erkenntest, was zu deinem Frieden dient! Es werden Tage kommen, daß deine Feinde dich belagern und dich

*schleifen und keinen Stein auf dem anderen lassen, darum daß du
nicht erkannt hast die Zeit, darin du heimgesucht bist!"*

(Lukas 19,42ff)

31. Oktober

Ich glaube an Gott

„Ich glaube, daß mich Gott geschaffen hat samt allen Kreaturen,
mir Leib und Seele, Augen, Ohren und alle Glieder, Vernunft und
alle Sinne gegeben hat und noch erhält; dazu Kleider und Schuh,
Essen und Trinken, Haus und Hof, Frau und Kind, Acker, Vieh und
alle Güter;

mit allem, was not tut für Leib und Leben, mich reichlich und
täglich versorgt, in allen Gefahren beschirmt und bewahrt;

und das alles aus lauter väterlicher, göttlicher Güte und Barmherzigkeit, ohn all mein Verdienst und Würdigkeit; für all das ich
ihm zu danken und zu loben und dafür zu dienen und gehorsam zu
sein schuldig bin. Das ist gewißlich wahr!" (Martin Luther)

*„Herr, wie sind deine Werke so groß und viel! Du hast sie alle weise
geordnet, und die Erde ist voll deiner Güter."*

(Psalm 104,24)

1. November

Ich glaube an Jesus Christus

„Ich glaube, daß Jesus Christus, wahrhaftiger Gott, vom Vater in
Ewigkeit geboren, und auch wahrhaftiger Mensch, von der Jungfrau
geboren, sei mein Herr,

der mich verlorenen und verdammten Menschen erlöset, erworben, gewonnen von allen Sünden, vom Tode und von der Gewalt des
Teufels; nicht mit Gold oder Silber, sondern mit seinem heiligen,
teuren Blut und mit seinem unschuldigen Leiden und Sterben;

damit ich sein eigen sei und in seinem Reich unter ihm lebe und
ihm diene in ewiger Gerechtigkeit, Unschuld und Seligkeit, gleichwie er ist auferstanden vom Tode, lebet und regiert in Ewigkeit. Das
ist gewißlich wahr!" (Martin Luther)

231

„In Jesus haben wir die Erlösung durch sein Blut, die Vergebung der Sünden, nach dem Reichtum seiner Gnade, auf daß wir etwas seien zum Lob seiner Herrlichkeit, die wir zuvor auf Christus gehofft haben."

(Epheser 1,7.12)

2. November

Ich glaube an den Heiligen Geist

„Ich glaube, daß ich nicht aus eigener Vernunft noch Kraft an Jesus Christus, meinen Herrn, glauben oder zu ihm kommen kann;

sondern der Heilige Geist hat mich durch das Evangelium berufen, mit seinen Gaben erleuchtet, im rechten Glauben geheiligt und erhalten; gleichwie er die ganze Christenheit auf Erden beruft, sammelt, erleuchtet, heiligt und bei Jesus Christus erhält im rechten, einigen Glauben; in welcher Christenheit er mir und allen Gläubigen täglich alle Sünden reichlich vergibt und am Jüngsten Tag mich und alle Toten auferwecken wird und mir samt allen Gläubigen in Christus ein ewiges Leben geben wird. Das ist gewißlich wahr." (Martin Luther)

„Welche der Geist Gottes treibt, die sind Gottes Kinder. Denn ihr habt nicht einen knechtischen Geist empfangen, daß ihr euch abermals fürchten müßtet; sondern ihr habt einen kindlichen Geist empfangen, durch welchen wir rufen: Abba, lieber Vater!"

(Römer 8,14f)

3. November

Verklärter Herbst

„Gewaltig endet so das Jahr mit goldnem Wein und Frucht der Gärten. Rund schweigen Wälder wunderbar und sind des Einsamen Gefährten.

Da sagt der Landmann: Es ist gut. Ihr Abendglocken, lang und leise gebt noch zum Ende frohen Mut. Ein Vogelzug grüßt auf der Reise.

Es ist der Liebe milde Zeit. Im Kahn den blauen Fluß hinunter, wie schön sich Bild an Bildchen reiht – das geht in Ruh und Schweigen unter." (Georg Trakl)

Der Herbst als Jahreszeit ist schön, voller Frucht und Fülle, Milde und Süße, Farben und Zauber. Solch einen verklärten Herbst wünschen wir uns auch als Lebenszeit: gut und milde, frohgemut und schön, voller Frucht und Bildern der Erinnerung.

Aber der Herbst des Lebens kann auch notvoll und traurig, düster und schmerzlich sein. Es kann auch kläglich enden und sich Leid an Leid reihen. Es kann eine harte Zeit sein, wo es schlecht steht. Doch auch über einem schweren Herbst mit Not und Grauen, Leid und Tragik ist Gott in seiner Güte und Treue der Herr. Seine Liebe allein, nicht unser Ergehen, seine Treue, nicht unsere Situation sind die Verklärung des Lebensherbstes.

„Wir warten auf unseren Heiland Jesus Christus, der unseren nichtigen Leib verklären wird, daß er gleich werde seinem verklärten Leib nach der Wirkung seiner Kraft!"

(Philipper 3,20f)

4. November

Nähe und Distanz

Zwei kleine Igel haben sich in einem Laubhaufen ein kuschliges Nest gebaut. Es wird kalt, und sie suchen in ihrem Nest die Wärme. Sie rücken nah aneinander. Sie spüren die Wärme und Nähe des anderen wohlig und gemütlich. Es wird noch kälter. Sie rücken noch näher zusammen. Aber da piekt es und tut weh. Sie rücken auseinander, und sie frieren. Sie rücken wieder zusammen und tun sich weh. So versuchen sie ihr Miteinander zwischen Nähe und Distanz so zu leben, daß Nähe nicht verletzend und Distanz nicht frierend macht.

Das ist im Miteinander von Menschen nicht einfach, dem anderen so nah zu sein, ohne ihm weh zu tun, und ihn freizulassen, ohne ihn allein zu lassen. Wie oft war die Nähe erdrückend und die Distanz erkältend. Wie oft war eine Nähe belastend und eine Distanz zum Erfrieren.

Die Nähe muß den anderen freilassen und die Distanz den anderen festhalten. Wenn ich die Nähe brauche, macht sie den anderen vielleicht gerade kaputt. Wenn ich die Distanz möchte, macht sie den anderen vielleicht gerade todeinsam. Wir müssen es immer wieder versuchen, uns so nah wie möglich und entfernt wie nötig zu sein. Nur die Liebe wird Nähe und Distanz zugleich sein.

„Seid miteinander freundlich, herzlich und vergebet einer dem anderen, gleichwie Gott euch vergeben hat in Christus!"

(Epheser 4,32)

5. November

Richtig genießen!

Gott hatte dem Menschen so viel Freude am Leben und Genuß an seinen Gaben zugedacht, daß er ihm geradezu gebot: „Du sollst essen von allen Bäumen im Garten!" (1. Mose 2,16). Warum nur nahm der Mensch dann gerade von dem einen Baum, den Gott verboten hatte: „Aber von dem Baum der Erkenntnis des Guten und Bösen sollst du nicht essen; denn an dem Tage, da du von ihm issest, mußt du des Todes sterben!" (1.Mose 2,17)

Da wurde aus dem Genuß die Sünde und aus der Sünde die Gebrochenheit des Lebens. So ist auch die Beziehung zur Lust am Leben und zum Genuß an Gottes Gaben gebrochen. In alles mischt sich die Sünde ein. Und doch möchte Gott, daß wir das Gute genießen, das er uns gewährt. So haben die Rabbinen der Spätantike in jedem erlaubten Genuß eine göttliche Gabe gesehen. Sie lehrten, daß der Mensch vor dem göttlichen Richterstuhl einmal Rechenschaft ablegen muß über jeden richtigen Genuß, den er sich ohne Grund versagt hat. Dazu verfaßten die Rabbinen Segenssprüche, in denen sie Gott dankten für die verschiedenen Arten des Genusses, etwa für den Geruch der Spezereien, den Anblick der ersten Blumen im Frühling, für den Geschmack eines guten Weines oder die Erscheinung eines besonders hübschen Menschen.

„Den Reichen in dieser Welt gebiete, daß sie nicht stolz seien, auch nicht hoffen auf ungewissen Reichtum, sondern auf Gott, der uns alles reichlich darbietet, es zu genießen!"

(1. Timotheus 6,17)

6. November

Der Axtdieb

Ein Mann suchte seine Axt und fand sie nicht. Er vermutete, daß der Sohn des Nachbarn seine Axt gestohlen hätte. Darum beobachtete er den Nachbarjungen genau. Dessen Gang war der eines Axtdiebes. Er blickte wie ein Dieb. Er sprach wie ein Dieb. Alles, was der Junge tat, und wie er es tat, ließ auf einen Axtdieb schließen. Der Verdacht wurde immer stärker. – Nach einiger Zeit fand der Mann seine Axt wieder. Er hatte sie nur an einer ungewöhnlichen Stelle verlegt. Als er nun den Sohn des Nachbarn traf, waren sein Gang, sein Blick, sein Benehmen und seine Worte nicht mehr die eines Axtdiebes, sondern die eines ganz normalen Menschen. (Nach einer chinesischen Fabel)

„Was ist das? Wir sollen Gott fürchten und lieben, daß wir unsern Nächsten nicht belügen, verraten, verleumden oder seinen Ruf verderben, sondern sollen ihn entschuldigen, Gutes von ihm reden und alles zum Besten kehren!" (Martin Luther)

„Du sollst nicht falsch Zeugnis reden wider deinen Nächsten!"
(2. Mose 20,16)

7. November

Singt alle mit!

Alles, was ist, rühme ihn, unseren Gott.
Stimmt ein, singt mit, ihr, die oben sind in der Höhe!
Singt mit, ihr Engel, das Heer seiner himmlischen Diener.
Singt mit, Sonne und Mond, singt mit, ihr leuchtenden Sterne!
Singt mit, ihr Welten, ihr unendlichen Räume im All!
Denn Gottes Werk seid ihr, geschaffen von seiner Hand.
Stimmt ein, singt mit hier auf der Erde.
Singt mit in der Tiefe des Meeres und an den Wolken des Himmels.
Singt mit, Gewitter und Hagel, singt mit, Schnee und Nebel.
Sing mit, du Sturmwind, der sein Wort ausrichtet.
Singt mit, ihr Berge und Hügel, ihr Fruchtbäume, ihr Zedern,
ihr Feldtiere, ihr Tiere im Haus, ihr Tiere der Erde,
ihr Vögel am Himmel.

Stimmt ein, singt mit, ihr Völker, ihr Könige, ihr Richter der Erde.
Singt mit, Frau und Mann, Greis und Kind.
Rühmt ihn, euren Gott, denn er allein ist würdig des Ruhms.
Seine Hoheit waltet, so weit Himmel und Erde sind.
Singt ihm mit all euren Stimmen, ihr, seine Kinder, sein Volk!

(Psalm 148 nach Jörg Zink)

*„Ich singe mit, wenn alles singt, und lasse, was dem Höchsten
klingt, aus meinem Herzen rinnen."*

(Paul Gerhardt)

8. November

Die Welt

Der Alte Fritz fragte bei einer Schulinspektion einen Jungen, wo
Potsdam liege. „In Preußen, Majestät!" – „Und Preußen?" – „In
Deutschland, Majestät!" – „Und Deutschland?" – „In Europa, Maje-
stät!" – „Und Europa?" – „In der Welt, Majestät!" – „Und die Welt?"
Der Junge stutzte einen Augenblick und sagte dann: „Die Welt liegt
im argen!"

„Was ist die Welt und ihr berühmtes Glänzen?
Was ist die Welt und ihre ganze Pracht?
Ein schnöder Schein in kurzgefaßten Grenzen,
ein schneller Blitz bei schwarzgewölbter Nacht,
ein buntes Feld, da Kummerdisteln grünen,
ein schön Spital, so voller Krankheit steckt,
ein Sklavenhaus, da alle Menschen dienen,
ein faules Grab, so Alabaster deckt.
Komm, Seele, komm und lerne weiter schauen,
als sich erstreckt der Zirkel dieser Welt!
Streich ab von dir derselben kurzes Prangen,
halt ihre Lust für eine schwere Last:
So wirst du leicht an diesen Ort gelangen,
da Ewigkeit und Schönheit sich umfaßt."

(Christian Hofmann v. Hofmannswaldau)

*„Die Welt vergeht mit ihrer Lust, wer aber den Willen des Herrn
tut, der bleibt in Ewigkeit!"* (1. Johannes 2,17)

236

9. November

Zankapfel

Eine alte griechische Sage erzählt von Herakles, der einst durch eine Bergenge kam. Auf dem Weg lag etwas, das wie ein Apfel aussah. Herakles versuchte, es zu zertreten, aber es verdoppelte sich. Nun trat er noch stärker darauf, und es vergrößerte sich wieder. Da schlug er mit seiner Keule darauf ein. Doch es blähte sich zu etwas ganz Großem auf und versperrte ihm den Weg. Da warf er die Keule fort und blieb erschrocken stehen. Es erschien ihm Athene und sprach: „Laß ab! Was du siehst, ist Zanksucht und Streit. Wenn man es liegen läßt, bleibt es klein. Wenn man es aber aufnimmt, so schwillt es immer mehr an."

So erleben wir es jeden Tag. Ein kleiner Zankapfel fällt auf den Weg, ein unbedachtes Wort, ein winziges Mißverständnis, ein Nebensatz, der sticht. Immer wird es solche Zankäpfel geben: Ärger beim Frühstück, Meinungsverschiedenheiten bei der Arbeit. Man kann es liegenlassen, einfach darüber hinweggehen. Wenn wir es aber aufheben, wird es sich vergrößern und uns den Weg versperren.

„Denn wo Neid und Zank ist, da ist Unordnung und allerlei böses Ding!"

(Jakobus 3,16)

10. November

Unscheinbare Gefahren

„Des Menschen Todfeinde sind nicht nur große Tiere wie Tiger, Wölfe und Schlangen. Kleine Keime, die wir nur durch das Mikroskop sehen können und durch unsere Nahrung sowie Wasser und Luft in uns aufnehmen, sind oft viel gefährlicher und rufen tödliche Krankheiten hervor. – Ebenso gefährden nicht nur grobe Sünden unsere Seele, sondern verborgene, böse Gedanken, die Keime kleiner Sünden wirken noch viel zerstörender. Wir müssen danach trachten, diese Keime von Anfang an aus unserem Gemüt zu entfernen, damit wir und andere von ihren verhängnisvollen Folgen frei werden!" (Sadhu Sundar Singh)

Nicht nur auf die groben und deutlichen Gefährdungen wollen wir achten, vielmehr auch auf die kleinen und feinen Anfeindungen des geistlichen Lebens: heimlicher Neid, giftige Eifersucht, verborgener Geiz, Gefühle der Verachtung, Bitterkeit und böse Gedanken. Alle diese feinen, unscheinbaren Keime können unser ganzes Leben überwuchern und schließlich zerstören.

„Laß meinen Gang in deinem Wort fest sein und laß kein Unrecht über mich herrschen!"

(Psalm 119, 133)

---

11. November

Gönne dich dir selbst!

„Wenn du dein ganzes Leben und Erleben völlig ins Tätigsein verlegst und keinen Raum mehr für die Besinnung vorsiehst, soll ich dich da loben? Darin lobe ich dich nicht. Wenn du ganz und gar für andere dasein willst, nach dem Beispiel dessen, der allen alles geworden ist, lobe ich deine Menschlichkeit – aber nur, wenn sie voll und echt ist. Wie kannst du aber voll und echt Mensch sein, wenn du dich selbst verloren hast? Auch du bist ein Mensch. Damit deine Menschlichkeit allumfassend und vollkommen sein kann, mußt du also nicht nur für die anderen, sondern auch für dich selbst ein aufmerksames Herz haben. Wenn alle Menschen ein Recht auf dich haben, dann sei auch du selbst ein Mensch, der ein Recht auf sich selbst hat. Warum solltest einzig du selbst nichts von dir haben? Wie lange noch schenkst du allen anderen deine Aufmerksamkeit, nur nicht dir selbst? Wer mit sich selbst schlecht umgeht, wem kann der gut sein? Denk also daran: Gönne dich dir selbst. Ich sage nicht: Tu das immer. Ich sage nicht: Tu das oft. Aber ich sage: Tu es immer wieder einmal! Sei wie für alle anderen auch für dich selbst da, oder jedenfalls sei es nach allen anderen!" (Bernhard von Clairvaux)

„Hab acht auf dich selbst und auf die Lehre; beharre in diesen Stücken. Denn wenn du solches tust, wirst du dich selbst retten und die dich hören!"

(1. Timotheus 4,16)

---
12. November

Gottes Schatzkammern

Beten ist ein fröhliches, vertrauensvolles Nehmen. Beten schließt die Schatzkammern Gottes auf. Gott hat alles, was wir brauchen. Gott weiß alles, was uns fehlt. Gott kann alles, was er möchte. Gott gehören alle Schätze des Himmels und der Erde. In seinen Schatzkammern ist alles, was für uns gut ist und Segen bringt. Darum halten wir im Gebet Gott unsere offenen, leeren, bittenden Hände hin und warten darauf, daß er sie zu seiner Zeit mit seinen Gaben nach seinem Willen füllt.

Gott hat aber noch andere Schatzkammern. Darin liegen nicht die Dinge, die wir von ihm erbitten. Darin wohnen die Menschen, die Gottes Kinder sind. Menschen, die Gott gehören, sind seine eigentlichen Schätze. Die wirklichen Perlen Gottes, die wertvollen Juwelen seines Reiches sind Menschen, die ihn von Herzen lieben.

Wenn wir die Schätze Gottes sind, brauchen wir andere Schätze vielleicht nicht mehr so dringend. Wenn wir die Perlen Gottes werden, müssen wir sie nicht unbedingt in die Hand bekommen. Wenn wir der Reichtum Gottes sind, müssen wir nicht selber noch Reichtümer horten. Dann wäre unser Gebet nicht nur der Weg, an die Schätze Gottes heranzukommen. Dann wäre das Gebet ein Weg, ein Schatz Gottes zu werden.

„Seid allezeit fröhlich, betet ohne Unterlaß, seid dankbar in allen Dingen!"

(1. Thessalonicher 5,16ff)

---
13. November

Zerrissene Kinderschuhe

Familie Müller wohnt am Stadtrand in einer bescheidenen Wohnung. Das kleine Einkommen des Vaters, die vielen Ausgaben für die fünf Kinder zwingen zu äußerster Sparsamkeit. Da geht die Waschmaschine, die doch täglich gebraucht wird, kaputt. In der Zeitung findet Herr Müller ein günstiges Angebot für eine gebrauchte Waschmaschine. Er fährt sofort nach der Arbeit hin und gelangt zu einem vornehmen Haus mit einem wunderbaren Garten. Alles sieht nach Reichtum und Wohlstand aus. Ein freundliches Ehepaar bittet ihn herein. Die Waschmaschine wird besichtigt. Sie ist gut erhalten und sehr günstig im Preis. Erleichtert erzählt Herr Müller von seinen Sorgen, wieviel die fünf Kinder an Kleidung und Schulzeug brauchen. „Fast jede Woche bringe ich ein Paar zerrissene Kinderschuhe zum Schuhmacher!" Da geht die Hausfrau schnell aus dem Zimmer und kann dabei ihr Weinen nicht verbergen. Erschrocken fragt Herr Müller, ob er irgend etwas Kränkendes gesagt habe. „Nein", sagt der Hausherr, „aber wir haben nur ein Kind, ein achtjähriges Mädchen. Es ist seit seiner Geburt gelähmt. Und ein Paar zerrissene Kinderschuhe würde uns zu den glücklichsten Menschen der Welt machen!" – Herr Müller geht doppelt beschenkt nach Hause, mit der günstig erworbenen Waschmaschine und mit einer ganz neuen Freude an den Kindern, die soviel Zeug brauchen und Kosten machen.

„Du hast mir meine Klage verwandelt in einen Reigen und mich mit Freude gegürtet, daß ich dir lobsinge und nicht stille werde. Herr, mein Gott, ich will dir danken in Ewigkeit!"

(Psalm 30,12f)

14. November

Der schmale Weg

Wir gehen zu Jesus durch die enge Pforte der Buße und Bekehrung, aber in ein weites Leben voller Hoffnung. Wir gehen mit Jesus auf einem schmalen Weg, also in einer ganz engen Bindung zu ihm, aber mit einem weiten Herzen voller Liebe. Der schmale Weg zum wirklichen Leben hat nicht die Mehrheit der Masse, aber die Wahrheit des Einen bei sich. Der schmale Weg ist tief genug für alle wichtigen Dinge des Lebens und bietet die höchste Aussicht in die letzte Dimension bis zum Thron Gottes. Es besteht überhaupt kein Grund, den wunderbar schmalen Weg zu verbreitern. Alle, die das Leben suchen, haben darauf Platz. Und alles, was das Leben bietet, ist auf dem schmalen Weg zu finden.

„Gehet ein durch die enge Pforte. Denn die Pforte ist weit, und der Weg ist breit, der zur Verdammnis führt, und ihrer sind viele, die darauf gehen. Und die Pforte ist eng, und der Weg ist schmal, der zum Leben führt, und es sind wenige, die ihn finden!"

(Matthäus 7,13f)

---
15. November

Altkleidersammlung

Ab und an muß man alte Kleidung abgeben, um Platz zu schaffen für neue Sachen. Auch im Kleiderschrank des Lebens sammelt sich manches an, was ausgemustert werden sollte.

Die weiße Weste, die schon lange fleckig ist und nur noch lächerlich wirkt. Ich gebe sie weg, bitte Gott um seine Vergebung für all die Flecken und lasse mir dann das neue Kleid der Gerechtigkeit geben. Die Zwangsjacke, in die ich meine Nächsten immer wieder stecke, damit sie meinen Vorstellungen entsprechen und meinen Bildern vom Leben genügen. Bisweilen zwänge ich mich auch selbst hinein und setze mich unter Druck von Erfolg und Leistung, Gutsein und Frommsein. Ich gebe sie an Gott ab und erbitte für uns alle die wunderbare Weite der Liebe.

Das dicke Fell gebe ich auch mit weg. Ich dachte, es wäre gut gegen Verletzungen und Enttäuschungen, Ängste und Sorgen. Aber mit dem dicken Fell wurde ich der Schwierigkeiten auch nicht Herr, denn sie wurden nun Herr über mich und ließen mich unter dem dicken Fell gehörig schwitzen. Die rosa Brille, die ich mir aufgesetzt hatte, um all das Dunkel und Schlechte in einem besseren Licht sehen zu können, lege ich auch dazu. Lieber nehme ich von Gott den Gürtel der Wahrheit, der den Mantel der Liebe sorgsam zusammenhält.

„Ich freue mich im Herrn, und meine Seele ist fröhlich in meinem Gott; denn er hat mir Kleider des Heils angezogen und mich mit dem Mantel der Gerechtigkeit gekleidet!"

(Jesaja 61,10)

---
16. November

Der Schmuck der Christen

König Wilhelm von England hatte eines Abends eine fröhliche und ausgelassene Runde an seinen Tisch geladen. Darunter war auch die Hofdame Frau von Stein, die wegen ihrer vornehmen Herkunft und ihrer Frömmigkeit geschätzt wurde. Der König wurde albern und spottete übermütig über Gott. „Steiny", so nannte er die

Hofdame scherzhaft, „was sagen Sie dazu?" Frau von Stein schwieg. Der König fragte nochmals, aber die Hofdame schwieg. Die Situation wurde sehr gespannt. Da fragte der König zum dritten Mal und fügte hinzu: „Ich denke doch, daß ich ein Mann bin, der einer Antwort würdig ist!" Frau von Stein blickte ihn an und sagte ernst: „Gott sagt, daß für die Spötter schreckliche Gerichte bereit sind!" – Der König sprang auf und lief erregt im Saal auf und ab. Das Mahl war unterbrochen. Niemand der Gäste wagte sich zu rühren. Da winkte der König einem Diener und gab ihm leise einen Auftrag. Nach kurzer Zeit kam der Diener zurück und brachte ein Etui. Der König entnahm dem Etui eine kostbare Kette und überreichte sie der Hofdame: „Steiny, Sie haben mir heute etwas gesagt, was mir noch niemand zu sagen gewagt hat. Ich weiß das zu würdigen, daß Sie Ihren himmlischen König höher achten als Ihren irdischen. Nehmen Sie diesen Schmuck als Erinnerung an diesen Abend!"

Der Schmuck der Christen ist ihre Liebe zu Gott und das mutige Eintreten dafür.

„Du hast den Menschen wenig niedriger gemacht als Gott, mit Ehre und Schmuck hast du ihn gekrönt!"

(Psalm 8,6)

17. November

Der Heinzie

Er ging mit uns zur Schule, und unsere Väter waren alle Bergarbeiter. Aber der Heinzie hatte es schwer mit uns. Er hatte einen Buckel und lernte schwer. Er kam bald in die Sonderschule, die wir verächtlich „Brettergymnasium" nannten. Er wurde ausgelacht und sogar getreten. Wir machten seinen Gang nach und seine langen Arme, die nicht wußten, wohin. Da auch etwas mit seiner Sprache nicht stimmte, ahmten wir ihn nach, und wer es am besten konnte, bekam Beifall. Ich schäme mich noch heute dafür. Nach der Schule hörte ich nichts mehr von ihm. Ich wurde Soldat und geriet in Gefangenschaft. Als ich zurückkam, schlug ich mich mit Jobs durch. Beim CVJM fand ich einen neuen Sinn in meinem Leben und wurde Mitarbeiter. Und eines Tages traf ich Heinzie auf der Straße. Ich wollte an ihm vorbeieilen, aber er sah mich so traurig an, daß ich stehenblieb. Er sagte: „Ich freu' mich, daß du gesund aus dem Krieg zurück bist." – „Ja, ja", knurrte ich und trat von einem Fuß auf den anderen. „Ich hab' gehört, du bist jetzt bei den Frommen – ist besser als die Hitlerjugend früher."

„Ja, ja", knurrte ich. „Meinst du, ich könnt' auch zu den Frommen kommen?" fragte er. „Ja, ja", sagte ich wieder – weiter fiel mir nichts ein. Er erschien dann im CVJM. Sonst gab ich immer damit an, welche Typen ich da anschleppte. Aber den Heinzie ließen wir alle links liegen. Doch Heinzie war immer da, saß am Tisch und sagte kein Wort. Er war so ein Stück Mobiliar geworden. Aber auf einmal war er nicht mehr da. Fiel uns erst gar nicht auf. Wochenlang erschien er nicht. Da haute mich der Vorsitzende an: „Hör mal, der Heinz wohnt doch da oben bei euch. Erkundige dich doch mal, was los ist." Ich traf seine Mutter an. Die war ganz traurig. „Der Heinzie ist im Krankenhaus. Er war ja schon immer schwach, auch das Herz, aber jetzt geht es zu Ende." Schlechten Gewissens fragte ich nach dem Krankenhaus und besuchte ihn. Die Schwester sah auch traurig aus. Aber sie freute sich über meinen Besuch. „Sonst kommt nur die Mutter, und die weint." Da lag der Heinzie. Ganz bleich und dünn. Er konnte kaum noch reden. Doch er lächelte. Er hielt meine Hand fest. „War schön bei euch", sagte er, und: „Du warst immer so gut zu mir." Ich schämte mich. Heinzie sagte: „Kannste nochmal kommen und die Bibel lesen?" Das tat ich. Noch zwei Tage, dann starb Heinzie. Die Schwester sagte: „So wie er ist selten einer bei uns gestorben. So einen Glauben – wenn ich den nur auch hätte!" – „Das hab' ich noch gar nicht gesehen an ihm", sagte ich.

Am Grab sollte ich für unsere Gruppe etwas sagen. Ich sagte alles, und alle schämten wir uns. Aber ich sagte auch: „Der Heinzie – Liebe hat er gebraucht. Aber er hat nicht immer Liebe gekriegt. Doch er lebte und starb in Gottes Liebe und war ein Vorbild im Glauben. Wir alle brauchen die Liebe Gottes." Dann rannte ich weg. (Fritz Pawelzik)

„Was schwach ist vor der Welt, das hat Gott erwählt, damit er zuschanden mache, was stark ist. Und das Unedle vor der Welt und das Verachtete hat Gott erwählt!"

(1. Korinther 1,27f)

18. November

Was wir letztlich brauchen

Die Grundbedürfnisse des Menschen lassen sich auf drei wesentliche Dinge reduzieren: Kommunikation, Identität und Kompetenz. Jeder Mensch hat Sehnsucht nach Zugehörigkeit, Geborgenheit und Liebe. Er möchte mit anderen kommunizieren und andere an sich teilhaben lassen. Alle Sehnsucht zielt auf Einswerden, Angenommensein und Dazugehören. Gott bietet uns diese Gemeinschaft mit sich und unter uns an.

In der Kommunikation finden wir auch unsere Identität. In einer lebendigen Beziehung findet der Mensch zu sich selber. Und je mehr er er selbst und seiner selbst bewußt wird, um so mehr kann und möchte er kommunizieren. Unsere letzte, beste und sicherste Identität finden wir in der Lebens- und Glaubensbeziehung zu Jesus. Da sind wir angenommen und mit uns eins im besten Sinn. Im Einssein mit ihm liegt das Einssein mit uns selbst und auch das Einssein mit anderen.

Aus Kommunikation und Identität wächst dann unverkrampft und gelöst die Kompetenz des Lebens. Aus der Gemeinschaft mit Jesus und aus der Versöhnung mit uns selbst entsteht die Wirkung und Stimmigkeit des Lebens. Wir werden im besten Sinn kompetent, nehmen Einfluß, bewirken und verändern, schaffen und helfen.

Im Glauben an Jesus sind wir geborgen und angenommen, der eigenen Identität gewiß und in Jesu Liebe auch wertvoll und wichtig.

„Als Menschen, die Gott wert geachtet hat, mit dem Evangelium zu betrauen, reden wir!"

(1. Thessalonicher 2,4)

19. November

Wider die Kritiksucht

Wie ein starkes Gift zersetzt lieblose Kritik die Netze des Miteinander. Aber die Kritiksucht ist ein Bumerang, der auf den Kritiker zurückfällt. Wer immer nur andere kritisiert, sagt nämlich gar nichts über die anderen, er sagt sehr viel über sich selbst und seine enge Lieblosigkeit.

In der griechischen Sagenwelt lebte Momus, der Gott der Kritik. Es gab keinen Gegenstand, der nicht sein Mißfallen erregte. Einst veranstalteten Jupiter, Minerva und Neptun einen Wettbewerb. Es ging darum, den vollkommensten Gegenstand zu schaffen. Jupiter machte einen Mann, Minerva ein Haus und Neptun einen Stier. Die Götter wurden eingeladen, um ihr Urteil zu fällen. Momus hatte an allem etwas auszusetzen. Der Mann hatte kein Fenster in der Brust, durch das man seine Gedanken lesen konnte. Dem Haus fehlten die Räder, um es aus böser Nachbarschaft wegzubringen. Der Stier hatte die Hörner nicht unter den Augen, so daß er die Stöße nicht richtig abschätzen konnte. Schließlich machte sich Momus so unbeliebt, daß ihn die anderen Götter aus ihrem Kreis ausschlossen.

In unseren Gemeinden sollte jede aufbauende und mitwirkende Kritik willkommen sein, aber die spitzfindige, lieblose Kritiksucht sollte draußen bleiben. Ein Pfarrer schrieb unter seinen Gemeindebrief einen Nachsatz: „Lieber Leser, sollten Sie einen Druckfehler entdecken, bedenken Sie bitte, daß er absichtlich gemacht wurde. Es gibt immer Leute, die nur nach den Fehlern suchen, und unser Blatt möchte doch für jeden etwas bieten!"

„Einer ist Richter, der retten und verdammen kann. Wer aber bist du, der du den anderen richtest?"

(Jakobus 4,12)

---

20. November

Das bessere Licht

Es geschah einmal, daß ein Mann eine Laterne anzündete und seines Weges ging. Doch das Licht verlosch. Er zündete die Laterne wieder an, und wieder ging sie aus. Das geschah immerfort. Jedesmal, wenn er die Laterne angezündet hatte, ging sie wieder aus. Schließlich sagte sich der Mann: „Wie lange soll ich mich mit dieser Laterne ermüden? Ich warte bis die Sonne scheint, dann brauche ich die Laterne nicht mehr!"

So ging es auch dem Volk Israel. Sie waren in Ägypten versklavt. Da kam Mose und befreite sie. Aber dann wurden sie von den Babyloniern versklavt. Da standen Daniel und seine Freunde auf und befreiten sie. Jedoch wurden die Israeliten in Elam, Medien und Persien erneut versklavt. Da kamen Mordechai und Esther und erlösten sie. Danach wurden sie von den Griechen unterdrückt, und die Makkabäer befreiten sie. Schließlich hat sie das römische Reich versklavt. Und nun sagen die Israeliten: „Wir sind jetzt des Sklavenseins und des Erlöstwerdens müde. Laßt uns nicht mehr auf Erlösung durch Fleisch und Blut warten, sondern nur noch um Erlösung von unserem Erlöser, dem Herrn der Heerscharen, des Heiligen Israels, beten. Laßt uns nicht mehr die Laternen anzünden, sondern auf die Sonne warten, daß der Heilige selbst uns sein Licht gebe." (Nach einer rabbinischen Erzählung)

„Der Herr ist Gott und leuchtet uns!"

(Psalm 118,27)

21. November

Gott ist gut

Ein Sprichwort sagt: „Das Korn, das Gott gibt, ist schon verlesen!" Was Menschen sich geben, ist durchwachsen. Gutes und Mangelhaftes liegen da nebeneinander. Was das Leben uns bringt, ist gemischt. Freude und Leid, Schönes und Widriges wechseln einander ab. Was wir uns selber aussuchen, ist nicht eindeutig. Einmal wählen wir das Gute, dann gutgemeint das Verkehrte. Was Menschen schaffen, hat immer zwei Seiten. Es ist faszinierend und erschreckend zugleich. All der Fortschritt ist uns nützlich auf der einen und schädlich auf der anderen Seite.

„Das Korn, das Gott gibt, ist schon verlesen!" Aus der Hand Gottes gibt es keine zweideutigen Geschenke. Was Gott uns anvertraut, ist von seiner eindeutigen Hand schon verlesen. Gott gibt uns nur gutes Korn. Nicht immer erkennen wir es auf den ersten Blick. Aber wenn Gott uns die Zusammenhänge zeigt, sehen wir, daß er in allem, was er schenkt, eine reine, eindeutige und gute Absicht hat. Unter den Geschenken, die Gott uns macht, sind keine Nieten verborgen. Und wir müssen nicht, was Gott uns gab, noch sortieren in gut oder weniger gut. Wir wollen Gott vertrauen, daß er es wirklich mit uns gut macht.

„Alle gute Gabe und alle vollkommene Gabe kommt von oben herab, von dem Vater des Lichts, bei welchem ist keine Veränderung noch Wechsel des Lichts und der Finsternis!" (Jakobus 1,17)

22. November

Dem Glück nachdenken

„Jeder ist seines Glückes Schmied!" Glück ist wohl mehr ein Geschenk und eine Gabe. Glück in der Liebe und im Leben kann man nicht schmieden und schon gar nicht zwingen. Was Menschen selber geschmiedet haben, ist aller Erfahrung nach mehr das Unglück gewesen. Wo Menschen Pläne und Waffen geschmiedet haben, da begann oft eine Menge Leid und Not, Blut und Tränen.

„Glücklich ist, wer eine gute Gesundheit und ein schlechtes Gedächtnis hat!" (Albert Schweitzer) Sicher sind Menschen mit robuster Konstitution gut dran. Wenn sie dazu alles Schwierige und Schlechte schnell vergessen können und manches Böse gar nicht erst wahrnehmen, haben sie es bisweilen wirklich leichter. Aber sind nur die Gesunden und Vergeßlichen glücklich? Müssen Menschen mit zarter Gesundheit und sensiblem Geist mehr leiden?

„Glücklich, wer die Verhältnisse zerbricht, bevor sie ihn zerbrechen!" (Franz Liszt) Viele Menschen haben eine belastende Beziehung oder eine schwere Aufgabe verweigert, weil sie meinten, daran zerbrechen zu können. Aber an der Verweigerung sind sie dann erst richtig zugrundegegangen. Wer eine unglückliche Ehe zerbricht, um sich zu retten, kann noch nicht sicher sein, auf dem Zerbruch ein neues Leben aufbauen zu können. Eltern, die ihr schwer behindertes Kind in ein Heim geben, weil sie meinen, ihr Leben zerbricht unter dieser Last, merken oft erst hinterher, daß sie dann noch mehr leiden als vorher. Könnte es sein, daß in einer Beziehung und unter einer Aufgabe leiden am Ende mehr Sinn und Glück bereiten, als an einer Verweigerung sinnlos zu zerbrechen?

Jesus hat für Menschen auf der Suche nach dem Glück ganz andere Vorschläge:

„Glücklich sind, die da geistlich arm sind,
denn das Himmelreich ist ihrer!
Glücklich sind, die da Leid tragen,
denn sie sollen getröstet werden!
Glücklich sind die Sanftmütigen,
denn sie werden das Erdreich besitzen!
Glücklich sind, die hungert und dürstet nach Gerechtigkeit,
denn sie sollen satt werden!
Glücklich sind die Barmherzigen,
denn sie werden Barmherzigkeit erlangen!

Glücklich sind, die reinen Herzens sind,
denn sie werden Gott schauen!
Glücklich sind die Friedfertigen,
denn sie werden Gottes Kinder heißen!
Glücklich sind, die um Gerechtigkeit willen verfolgt werden,
denn das Himmelreich ist ihrer!"

(Matthäus 5,3ff)

23. November

Wenn Steine reden

Die Steine, die am deutlichsten reden, sind die Grabsteine. Jeder Grabstein hat eine eindrückliche Botschaft für uns: „Lebt richtig, lebt sinnvoll, lebt wirklich und ganz, nutzt die Jahre auf der Erde, bevor ihr unter die Erde kommt, schenkt euch Liebe, solange ihr euch habt, schenkt euch Blumen, solange sie der andere noch sehen kann, sagt euch Worte der Verzeihung, solange sie der andere noch hören kann, macht Frieden mit Gott, solange noch Zeit ist."

Aber auch die Inschriften auf den Grabsteinen sprechen laut: „Hier ruht!" Dann: „Hier ruht in Gott!" Einmal heißt es: „Auf Wiedersehen!" Ein anderes Mal: „Auferstehen!" Da ist ein Stein: „Unsere Clara – verlorenes Glück!" Dort ein Kreuz: „Unser Otto – Lasset die Kindlein zu mir kommen!" Die einen schreiben: „Gekämpft, gehofft und doch verloren!" Andere: „Christus ist mein Leben und Sterben ist mein Gewinn!" Für einen Mann steht über seinem Namen: „Dem Verdienste seine Krone!" Für einen anderen: „Aus Gnaden seid ihr selig geworden!" Auf einem Grabstein: „Laß jede Hoffnung fahren". (Dante) Und auf einem anderen: „Herr, ich warte auf dein Heil!" Sehr oft kann man lesen: „Unvergessen!" Sehr selten steht: „Herr, nun lässest du deinen Diener in Frieden fahren, denn meine Augen haben deinen Heiland gesehen!" Und auf vielen modernen Friedhöfen und neueren Grabsteinen steht außer dem Namen und den Lebensdaten kein einziges Wort mehr.

So ist der Friedhof mit seinen Steinen ein Buch mit vielen Blättern, das uns nachdenklich und fragend macht.

„Der Tod ist verschlungen in den Sieg. Gott aber sei Dank, der uns den Sieg gibt durch unsern Herrn Jesus Christus!"

(1. Korinther 15,55.57)

24. November

Und der sagte Ja

Geburt
ich wurde nicht gefragt bei meiner Zeugung
und die mich zeugten wurden auch nicht gefragt
bei ihrer Zeugung
niemand wurde gefragt außer dem Einen
und der sagte Ja

ich wurde nicht gefragt bei meiner Geburt
und die mich gebar wurde auch nicht gefragt bei ihrer Geburt
niemand wurde gefragt außer dem Einen
und der sagte Ja

Sterben
ich sterbe nicht ich werde gestorben
auch du stirbst nicht du wirst gestorben
das Tatwort sterben belügt uns wir tun es nicht
nur Einer tats

(Kurt Marti)

*Jesus antwortete: „Ich bin dazu geboren und in die Welt gekommen,
daß ich für die Wahrheit zeugen soll."*

(Johannes 18,37)

25. November

Trost

„Ich möchte eine alte Kirche sein
voll Stille, Dämmerung und Kerzenschein.

Wenn du dann diese trüben Stunden hast,
gehst du herein zu mir mit deiner Last.

Du senkst den Kopf, die große Tür fällt zu.
Nun sind wir ganz allein, ich und du.

Ich kühle dein Gesicht mit leisem Hauch,
ich hülle dich in meinen Frieden auch.

Ich fange mit der Orgel an zu singen...
nicht weinen, nicht die Hände heimlich ringen!

Hier hinten, wo die beiden Kerzen sind,
komm setz dich hin, du liebes Menschenkind!

Ob Glück, ob Unglück... alles trägt sich schwer.
Du bist geborgen hier, was willst du mehr?

In den Gewölben summt's, die Kerzenflammen
wehn flackernd auseinander, wehn zusammen.

Vom Orgelfluß die Engel sehn dir zu
und hüllen dich mit Flötenspiel zur Ruh.

Ich möchte eine alte Kirche sein
voll Stille, Dämmerung und Kerzenschein.

Wenn du dann diese trüben Stunden hast,
gehst du herein zu mir mit deiner Last.

(Manfred Hausmann)

*„Eines bitte ich vom Herrn, das hätte ich gerne: daß ich im Hause
des Herrn bleiben könne mein Leben lang, zu schauen die schönen
Gottesdienste des Herrn, denn er deckt mich in seiner Hütte zur
bösen Zeit, er birgt mich im Schutz seines Zeltes."*

(Psalm 27,4f)

---

26. November

Leben und Sterben

Geborenwerden und Leben, Leben und Sterben bilden einen geheimnisvollen Zusammenhang. In den alten Mythologien wurden
Leben und Sterben in der Hand eines undurchschaubaren Schicksals gedacht. In manchen modernen Anschauungen liegen Leben
und Sterben in der Hand des Menschen. Er möchte in seinem Drang
nach Selbstbestimmung auch die Grenzen mitbestimmen. Die alt-
germanische Mythologie kennt drei Nornen, die das menschliche
Leben festlegen. Die eine Norne spinnt den Lebensfaden eines
Menschen, die andere bestimmt seine Länge, und die dritte schnei-
det den Lebensfaden ab. Beginn, Länge und Ende des Lebens liegen

in den Händen eines übermenschlichen Schicksals. Als Gegenbewegung gegen diese totale Auslieferung des Seins wollen die Menschen heute ihr Leben selber in die Hand nehmen und bestimmen, den Beginn, den Gang und auch das Ende.

Zwischen dem schicksalhaften Ausgesetztsein und dem überheblichen Selber-in-die-Hand-Nehmen bleibt uns eine befreiende Sicht des Lebens im Vertrauen auf Gott, den Herrn über Leben und Tod. Er vertraut uns das Leben an, er begleitet es in seiner Liebe, und er vollendet es nach seiner Weisheit. Geborenwerden, Lebensollen und Sterbenmüssen sind dann keine schicksalhafte Verkettung, aber auch keine menschliche Verkrampfung, sondern eine göttliche Erlaubnis an den Menschen, der sein Leben und sein Sterben aus Gott empfängt. Hier sind die glühende Liebe zum Leben einerseits, die schmerzhafte Realität des Todes andererseits zu einer Überwindung des Todes in neues Leben hinein zusammengebunden. Im Glauben an Jesus behalten wir das Leben lieb, nehmen den Tod ernst und freuen uns auf die Auferstehung zu einem ewigen Leben.

„Denn Christus ist mein Leben, und Sterben ist mein Gewinn!"
(Philipper 1,21)

27. November

Die schwarze Henne und das weiße Ei

Das Ei ist weiß, obgleich die Henne, die es legt, kohlschwarz ist. Aus Bösem kommt Gutes durch die große Güte Gottes. Von drohenden Wolken erhalten wir erfrischende Schauer. In dunklen Bergwerken findet man glänzende Edelsteine. So kommen aus schlimmsten Leiden die besten Segnungen. Der scharfe Frost macht den Boden fruchtbar. Und die rauhen Winde befestigen die Wurzeln der wertvollen Bäume. Gott sendet uns Briefe der Liebe in schwarzgeränderten Umschlägen. Manchmal holen wir die süßesten Früchte aus Brombeergestrüpp und liebliche Rosen unter stechenden Dornen. Die Trübsal ist wie die Feldrose in unseren Hecken, wo sie wächst, ist ein köstlicher Wohlgeruch rund umher.

Die dunkelste Nacht wird sich zu ihrer Zeit in einen schönen Morgen wandeln. Wir suchen nach dem Silberrand an jeder dunklen Wolke. Wir sind alle in der Schule des Glaubens, und unser Lehrer schreibt manche Lehre mit weißer Kreide auf die schwarze Tafel der Trübsal. Schmale Kost lehrt uns, vom Brot Gottes zu leben. Krankheit heißt uns nach dem göttlichen Arzt rufen. Verlust von Freunden macht uns Jesus um so teurer. Selbst wenn unser Gemüt niedergeschlagen ist, so bringt uns das nur näher zu Gott. Auch der Tod kann uns nicht scheiden von der Liebe Gottes, vielmehr bringt er uns ganz zu Gott. So legt die schwarze Henne ein weißes Ei! (Nach Charles H. Spurgeon)

„Freuet euch, daß ihr mit Christus leidet, auf daß ihr auch zur Zeit der Offenbarung seiner Herrlichkeit Freude und Wonne haben mögt!"

(1. Petrus 4,13)

28. November

Dumme Ansicht oder frohe Aussicht

Bruder und Schwester unterhalten sich vor ihrer Geburt im Leib der Mutter. Die Schwester sagt zu ihrem Bruder: „Ich glaube an ein Leben nach der Geburt!" Der Bruder erhebt lebhaft Einspruch: „Nein, das hier ist alles. Hier ist es schön dunkel und warm, und wir halten uns an die Nabelschnur. Darüber hinaus gibt es nichts!" Aber das Mädchen gibt nicht nach: „Es muß doch mehr als diesen dunklen Ort geben. Es muß etwas geben, wo Licht ist und wo wir uns frei bewegen können." Aber sie kann ihren Bruder nicht überzeugen. Dann nach längerem Schweigen sagt sie zögernd. „Ich glaube noch mehr, ich glaube, daß wir eine Mutter haben!" Jetzt wird der Bruder wütend: „Eine Mutter, eine Mutter!" ruft er, „was für dummes Zeug redest du daher. Ich habe noch nie eine Mutter gesehen und du auch nicht. Wer hat dir das bloß in den Kopf gesetzt. Dieser Ort ist alles, mehr gibt es nicht. Warum willst du immer noch mehr. Hier ist es doch gar nicht so übel. Genieße die Wärme und Geborgenheit. Wir haben doch alles, was wir brauchen!" Die Schwester ist von der Antwort ihres Bruders ziemlich erschlagen und verstummt. Doch schließlich fängt sie wieder an. „Spürst du nicht ab und an einen gewissen Druck? Das ist manchmal richtig schmerzhaft. Weißt du, ich glaube, daß dieses Wehtun dazu da ist, um uns auf einen anderen Ort vorzubereiten, wo es viel schöner ist als hier, wo es licht ist und Raum gibt, wo wir laufen werden und unsere Mutter von Angesicht zu Angesicht sehen werden. Das wird

252

wunderbar und aufregend sein!" Der Bruder gibt keine Antwort mehr. Er hat genug von den dummen Ansichten seiner Schwester. (Nach Henri Nouwen)

Wenn die Geburt der schmerzliche Durchbruch in ein irdisches Leben ist, dann ist das Sterben der schmerzliche Durchbruch in ein ewiges Leben. Wenn wir uns im Glauben an Jesus halten, der als erster die Grenze des Todes durchbrach, werden wir mit ihm zum Leben kommen. Der Kopf ist schon durchgebrochen, nun kommt der Leib auch nach in ein ewiges Leben. Das ist unsere frohe Aussicht gegen alle dummen Ansichten vom Leben.

„Wenn wir glauben, daß Jesus gestorben und auferstanden ist, so wird Gott auch, die gestorben sind, mit Jesus einherführen!"
(1. Thessalonicher 4,14)

29. November

Nicht übersehen

Wir übersehen das Leben, erkennen die Grenzen, den Anfang und das Ende. Wir schauen auf die Lebensstrecke und sehen die Jahrzehnte. Nach unseren Beobachtungen an anderen Menschen erkennen wir, daß wir vermutlich mit 70 oder 80 Jahren sterben werden. Wir wissen, daß uns jeder Tag, jeder Augenblick dem Tod näher bringt. Und wir sehen auch ein, daß jeder Tag der letzte sein kann. Aber wir glauben es einfach nicht. Wir können und wollen es einfach nicht glauben, daß wir sterben können. Eine Frau sagte zu ihrem Mann: „Wenn einer von uns einmal stirbt, ziehe ich in meine Heimat zurück!"

„Herr, lehre mich doch, daß es ein Ende mit mir haben muß und mein Leben ein Ziel hat und ich davon muß. Siehe, meine Tage sind ein Handbreit bei dir, und mein Leben ist wie nichts vor dir. Wie gar nichts sind alle Menschen, die doch so sicher leben!"
(Psalm 39,5f)

30. November

Der König und sein Narr

Ein König gab seinem Hofnarren einen Narrenstab mit bunten Bändern und klingenden Schellen als Auszeichnung für seine gekonnte Unterhaltung. Den Narrenstab sollte er behalten, es sei denn, er fände eines Tages einen noch größeren Narren.

Bald darauf kam der König zum Sterben. „Wohin gehst du?" fragte der Narr. „Weit fort von hier", antwortete der König. „Wann kommst du wieder?" fragte der Narr. „Niemals mehr!" – „Was nimmst du mit auf die weite Reise?" fragte der Narr. „Nichts!" – „Wie hast du dich auf diese Reise vorbereitet?" fragte der Narr. „Gar nicht!"

Da legte der Narr seinen Narrenstab auf das Sterbebett des Königs und sagte: „Du gehst fort und kümmerst dich nicht darum, was werden soll. Nimm den Stab, ich habe einen größeren Narren gefunden, einen, der törichter ist, als ich es jemals gewesen bin!"

„Herr, lehre uns bedenken, daß wir sterben müssen, auf daß wir klug werden!"

(Psalm 90,12)

1. Dezember

Advent

Komm in unsre stolze Welt,
Herr, mit deiner Liebe Werben.
Überwinde Macht und Geld,
laß die Völker nicht verderben.
Wende Haß und Feindessinn
auf den Weg zum Frieden hin.

Komm in unser reiches Land,
Herr, in deiner Armut Blöße,
daß von Geiz und Unverstand
willig unser Herz sich löse.
Schaff' aus unserm Überfluß
Rettung dem, der hungern muß.

Komm in unsre laute Stadt,
Herr, mit deines Schweigens Mitte,
daß, wer keinen Mut mehr hat,
sich von dir die Kraft erbitte
für den Weg durch Lärm und Streit
hin zu deiner Ewigkeit.

Komm in unser festes Haus,
der du nackt und ungeborgen.
Mach ein leichtes Zelt daraus,
das uns deckt kaum bis zum Morgen.
Denn wer sicher wohnt, vergißt
bald, daß unterwegs er ist.
Komm in unser dunkles Herz,
Herr, mit deines Lichtes Fülle,
daß nicht Hochmut, Angst und Schmerz
deine Wahrheit uns verhülle,
die auch noch in tiefer Nacht
Menschenleben herrlich macht.

(Hans Graf von Lehndorff)

„Jauchzet, ihr Himmel, freue dich, Erde! Lobet, ihr Berge, mit Jauchzen! Denn der Herr hat sein Volk getröstet und erbarmt sich seiner Elenden."

(Jesaja 49,13)

2. Dezember

Sehnsucht

Eine jüdische Frau erzählt: „Mein ganzes Leben lang kannte ich nur Angst. Schon als Kind, als meine Eltern von SS-Leuten abgeholt wurden. Angst erlebte ich, als ich mit gefälschten Papieren leben mußte und niemals sicher war, daß man meine wahre Identität entdeckt, was dann schließlich doch geschah. Im Konzentrationslager lebte ich in Angst unter Menschen, die um mich herum starben. Dann kam ich endlich zu meinem Volk in dieses Land und erlebte hier die Angst in den Kriegen und in den militärischen Einsätzen meiner Söhne. Einer davon wurde im Jom-Kippur-Krieg schwer verwundet und ist seither ein Krüppel. Nun stehen meine

Enkel mit Maschinenpistolen und Schlagstöcken in den besetzten Gebieten. Und wieder sind meine Tage und Nächte mit Angst erfüllt. Wann werden wir endlich aus solcher Not befreit sein?"

Es ist aller Menschen stärkste Sehnsucht nach dem König des Friedens und dem Heiland für alle Wunden, die Sehnsucht nach dem Messias.

„Doch es wird nicht dunkel bleiben über denen, die in Angst sind. Das Volk das im Finstern wandelt, sieht ein großes Licht, und über denen, die da wohnen im finstern Land, scheint es hell!"

(Jesaja 8,23; 9,1)

<hr>

3. Dezember

Das Geheimnis des Lichtes

Wir zünden eine Kerze an. Wir nehmen uns Zeit. Wir betrachten das Wunder des Lichtes. Es hat eine siebenfache Botschaft für uns:

1. Feierliche Stille – Die Kerze brennt lautlos. Sie schreit nicht. Gott kommt leise zur Welt. Seine Liebe ist feierliche Stille. Doch sein Licht setzt sich durch gegen das laute Poltern der Heere, das Geschrei der Massen und den Heidenlärm.

2. Frohes Leuchten – Lustig und lebendig flackert das Licht. Es verbreitet Helligkeit und Freude. Schon ein kleines Licht ist stärker als die Dunkelheit eines großen Raumes. Ein Wort der Liebe Gottes bringt frohes Leuchten auf die Gesichter und in die Herzen.

3. Wohltuende Wärme – Die Flamme wärmt und schenkt Geborgenheit und Wohlbefinden. Uns wird heimelig, wenn wir Gottes Liebe am eigenen Leib spüren. Unter der warmen Liebe Gottes entspannt sich das verkrampfte Leben. Wir sind erlöst.

4. Ständige Wandlung – Das Licht ist still und ständig in Bewegung. Farben und Formen wechseln. Gottes Licht ist ruhig und dynamisch, immer neu, immer anders, überraschend.

5. Sinnvolles Opfer – Die Kerze opfert sich, um Licht zu spenden. Sie nimmt ab und gibt her. Fraglos und einfach verschenkt sie ihr Sein. Ausleben und Aufleben sind eins.

6. Strebt nach oben – nimmt ab nach unten – Das Licht des Lebens strebt nach oben, und das Material wird weniger nach unten. Wir leben zum Himmel empor, und zugleich wird unser Leib weniger.

7. Geheimnis – Gegen alle unheimliche Dunkelheit bietet das Licht Gottes ein Heim. In seiner Liebe sind wir aufgehoben und geborgen. In seinem hellen Licht finden wir den Weg und sind wir orientiert. Und doch bleibt seine Liebe letztlich ein Geheimnis.

„Gott, der da hieß das Licht aus der Finsternis hervorleuchten, der hat einen hellen Schein in unsere Herzen gegeben!"

(2. Korinther 4,6)

---
4. Dezember
Weihnachtsgeld

Eine arme, alte Frau schreibt in ihrer Not vor Weihnachten einen Brief an Gott mit der dringlichen Bitte, ihr doch etwas Geld, nur 100 DM zu schicken, damit sie sich einige kleine Wünsche erfüllen und ein frohes Fest erleben könne. Irgendwie landet der Brief auf Umwegen beim Finanzamt. Die Mitarbeiter des Amtes sind bewegt von der Armut und Glaubenseinfalt der Frau und legen in ihrer Abteilung spontan Geld für sie zusammen. Die Sammlung erbringt 70 DM. Die schicken sie mit herzlichen Grüßen von Gott, übermittelt vom Finanzamt, an die Frau. Die alte Dame freut sich riesig über die freundlichen Zeilen und das Geld und schreibt sofort einen Dankesbrief. Voller Freude habe sie das Geld erhalten, danke vielmals und bitte darum, in Zukunft das Geld nicht durch das Finanzamt zu schicken, denn die Spitzbuben hätten ihr gleich 30 DM an Steuern einbehalten.

„Denn wer da bittet, der empfängt; und wer da sucht, der findet; und wer anklopft, dem wird aufgetan!"

(Matthäus 7,8)

---
5. Dezember
Lebenskunst

Von der klugen Nonne Spaniens, Teresa von Avila, stammt das Wort: „Wenn Fasten, dann Fasten, wenn Rebhuhn, dann Rebhuhn." Dieser heiße Tip christlicher Lebenskunst wird seitdem immer wieder gebraucht, um in Zeiten des Verzichts auch wirklich und ganz den Verzicht zu leben, ohne nach den leckeren Fleischtöpfen vergangener Zeiten zu schauen. Andererseits auch wirklich zu genießen, wenn sich die Gelegenheit dazu bietet.

Ein Rabbi kommt spät nach Hause. Seine Frau fragt ihn, wo er so lange gewesen sei. „In einem Gottesdienst", sagt der Rabbi, „ich habe mit guten Freunden Rebhühner gegessen."

„Jesus sprach: Wie können die Hochzeitsleute Leid tragen, solange der Bräutigam bei ihnen ist? Es wird aber die Zeit kommen, daß der Bräutigam von ihnen genommen wird; dann werden sie fasten!"
(Matthäus 9,15)

6. Dezember

Der Winter

Im Winter nimmt sich das Leben zurück. Es stirbt in den dunklen Schoß der Erde hinein. Die Natur hält ihren langen Schlaf. Im gänzlichen Sich-zurück-Nehmen der Natur zur Zeit des Winters bereitet sich ihre Auferstehung vor. Der Winter ist die Zeit der großen Ruhe und Sammlung. Die Erde, die sich verausgabt hat, ruht sich aus für den schöpferischen Aufbruch im Frühling.

Winter. Es ist eine Zeit der Hoffnung, eine Zeit des Glaubens: Manches Samenkorn wird schon im Herbst in die Erde gesät und stirbt. Unsere Augen nehmen nicht teil an der geheimnisvollen Wandlung vom Tod zum Leben. Der Winter ist die Zeit des Glaubens. Er verhüllt die Geburtsstunde des Lebens. Der Winter ist die Zeit der Armut. Er ist die Zeit des Wartens. Eine Zeit der Bereitung auf das Licht, auf neues Leben. Die Sonne wird zur Verheißung für eine Zeit erneuter Fülle und Fruchtbarkeit.

„Der Winter sagt uns, was das hohe Alter sein kann. Eine Zeit, in der das Leben sich immer mehr zurücknimmt. Eine Zeit, in der sich das Leben erinnert, in der die Lebenssubstanz sich unsichtbar sammelt zu ihrer letzten großen Anstrengung: zur Wandlung in die Unvergänglichkeit. Im Alter, wenn unser Horizont seine Weite verliert, wenn die Kraft schwindet und der Leib hinfällig wird, in dieser Zeit rettet allein der Glaube vor dem Tod." (Theresia Hauser)

„Wer mein Wort hört und glaubt dem, der mich gesandt hat, der hat das ewige Leben und kommt nicht in das Gericht, sondern er ist vom Tode zum Leben hindurchgedrungen."

(Johannes 5,24)

7. Dezember

Leidenschaft

Menschliche Leidenschaften, ob für materielle, ideelle oder kulturelle Dinge, gleichen Feuern, die heftig lodern und schließlich in schmutzig grauer Asche enden. Ausgebrannt und abgebrannt, aufgebraucht und abgelebt bleiben Menschen in der Enttäuschung zurück, mit Herzen voller Frust und Seelen voller Schmerz. Eine Leidenschaft für Gott und sein Reich gleicht einem Feuer, das wärmt und entflammt, aber nicht zerstört und zu Asche verbrennt. Das Feuer der Liebe richtet keinen Schaden an, es richtet auf, macht Mut und zeigt uns den Weg. Lassen wir uns vom Feuer Gottes ganz neu entzünden und in Brand setzen.

„Es gibt Menschen, deren Leidenschaft ist die Kunst. Es gibt Menschen, deren Leidenschaft ist der Ruhm. Es gibt Menschen, deren Leidenschaft ist das Gold. Meine Leidenschaft gilt der Seele der Menschen!" (William Booth im Gästebuch König Edwards VII.)

Paulus an die Korinther: „Ich suche nicht das Eure, sondern euch! Ich will aber gerne hingeben und hingegeben werden für eure Seelen!"

(2. Korinther 12,14f)

8. Dezember

Brennen und Kühlen

Immer wieder hört man gut gemeinte Stimmen, die vor zu viel und tiefer Gotteshingabe warnen. Mechthild von Magdeburg (1212-1283) schreibt dazu: „Der Fisch kann im Wasser nicht ertrinken, der Vogel in den Lüften nicht versinken. Das Gold ist im Feuer nie vergangen, denn es wird dort Klarheit und leuchtenden Glanz empfangen. Gott hat allen Kreaturen das gegeben, daß sie ihrer

Natur gemäß leben. Wie könnte ich denn meiner Natur widerstehen? Ich muß von allen Dingen weg zu Gott hingehen, der mein Vater ist von Natur, mein Bruder nach seiner Menschheit, mein Bräutigam von Minnen, und ich die Seine ohne Beginnen. Meint ihr, ich würde diese Natur nicht fühlen? Gott kann beides: kräftig brennen und tröstlich kühlen!"

„Die Hauptsumme aller Unterweisung aber ist Liebe aus reinem Herzen und aus gutem Gewissen und aus ungefärbtem Glauben!"
(1. Timotheus 1,5)

9. Dezember

Geheimnis des Glaubens

Maria ist guter Hoffnung. In ihr wächst Jesus heran. Durch sie will Gott zur Welt kommen. Maria ist in ihrer Erwartung ein Urbild für das Geheimnis des Glaubens. Im Glaubenden wächst ein Leben von Gott heran. Es ruht ganz tief innen, aber es will zur Welt kommen. Es beginnt ganz klein und unsichtbar, aber es wächst und wird erkennbar. Der Glaubende trägt ein Geheimnis der Liebe in sich. Er lebt alltäglich normal nach außen in Arbeit und Begegnung, im Tun und Lassen. Zugleich lebt der Glaubende – wie eine schwangere Frau – auch nach innen, spürt und achtet auf das kostbare Leben in sich. Der Glaubende lebt einerseits wie alle Menschen in den irdischen Gegebenheiten. Und doch ist sein Tun und Lassen von dem inneren Leben bestimmt. Er wird nichts tun oder unterlassen, was dem wachsenden Leben schaden oder es gefährden könnte. So ist der Glaubende welt- und alltagsorientiert und zugleich auf Gott und sein Reich ausgerichtet. Er ist natürlich und heilig, Mensch mit Menschen und Mensch mit Gott in einem. So will Gott durch Glaubende zur Welt kommen.

Mit Maria fing es an. Weihnachten geschah das Wunder. Aber die Geschichte geht weiter. Gott kommt auch heute durch seine Leute zur Welt. Glaubende haben ein göttliches Leben in sich, das zum Ausdruck und zur Auswirkung kommen will.

„Der Heilige Geist wird über dich kommen, und die Kraft des Höchsten wird dich überschatten, darum wird auch das Heilige, das von dir geboren wird, Gottes Sohn genannt werden!"
(Lukas 1,35)

10. Dezember

Hunger nach Liebe

Anläßlich der Verleihung des Friedensnobelpreises am 10. Dezember 1979 hielt Mutter Teresa eine eindrückliche Rede: „Heute, da ich diesen großen Preis erhalte – ich persönlich bin äußerst unwürdig –, bin ich glücklich wegen unserer Armen, glücklich, daß ich die Armen verstehen kann, genau gesagt, die Armut unserer Leute. Ich bin dankbar und sehr glücklich, ihn im Namen der Hungrigen, der Nackten, der Heimatlosen, der Krüppel, der Blinden, der Leprakranken zu erhalten. Im Namen all derer, die sich unerwünscht, ungeliebt, nicht umsorgt fühlen, die aus der Gesellschaft ausgestoßen sind, die eine Last für die Gesellschaft und von jedem ausgeschlossen sind. Ich nehme den Preis in ihrem Namen an und bin sicher, dieser Preis wird eine neue, verstehende Liebe zwischen den Reichen und den Armen bringen. Hierauf bestand Jesus, darum kam er auf die Welt, um diese frohe Botschaft den Armen zu bringen. Die Armen sind jemand für uns, auch sie sind durch die gleiche liebende Hand Gottes erschaffen, um zu lieben und geliebt zu werden."

„Seid niemand etwas schuldig, außer daß ihr euch untereinander liebt!"

(Römer 13,8)

11. Dezember

Vom Tier zum Engel

„Unsere Armen sind großartige Leute. Sie sind liebenswerte Menschen. Sie brauchen nicht unser Mitleid und unsere Sympathie. Sie brauchen unsere verstehende Liebe. Sie brauchen unseren Respekt. Sie wollen, daß wir sie mit Liebe und Achtung behandeln. Und ich fühle, daß es die größte Armut ist, daß wir dies erfahren, daß wir es erst verstehen lernen müssen, wie der Tod unserer Leute ist.

Ich vergesse es nie, wie ich einst einen Mann von der Straße auflas. Er war mit Maden bedeckt. Sein Gesicht war die einzige Stelle, die sauber war. Ich brachte den Mann in das Heim für

Sterbende. Und er sagte nur einen Satz: 'Ich habe wie ein Tier auf der Straße gelebt, aber nun werde ich wie ein Engel sterben, geliebt und umsorgt.' Und er starb wunderschön. Er ging heim zu Gott. Der Tod ist nichts anderes als ein Heimgang zu Gott. Ich spürte, er erfreute sich an dieser Liebe, daß er erwünscht war, geliebt, daß er für jemanden jemand war." (Mutter Teresa)

„Wer ist wie der Herr, unser Gott, im Himmel und auf Erden? Der den Geringen aufrichtet aus dem Staube und erhöht den Armen aus dem Schmutz!"

(Psalm 113,5.7)

---

12. Dezember

Die ärmsten Länder

„Ich habe eine Überzeugung, die ich Ihnen allen mitteilen möchte: der größte Zerstörer des Friedens ist heute der Schrei des unschuldigen, ungeborenen Kindes. Wenn eine Mutter ihr eigenes Kind in ihrem eigenen Schoß ermorden kann, was für ein schlimmeres Verbrechen gibt es dann noch, als wenn wir uns gegenseitig umbringen. Sogar in der Heiligen Schrift steht: ‚Selbst wenn die Mutter ihr Kind vergessen könnte, ich vergesse es nicht.' Aber heute werden Millionen ungeborener Kinder getötet, und wir sagen nichts. In den Zeitungen lesen wir dieses und jenes, aber niemand spricht von den Millionen von Kleinen, die empfangen wurden mit der gleichen Liebe wie Sie und ich, mit dem Leben Gottes. Und wir sagen nichts, wir sind stumm.

Für mich sind die Nationen, die Abtreibung legalisiert haben, die ärmsten Länder. Sie fürchten die Kleinen, sie fürchten das ungeborene Kind. Und das Kind muß sterben, weil sie dies eine Kind nicht mehr haben wollen. Und ich bitte Sie hier im Namen der Kleinen: Rettet das ungeborene Kind, erkennt die Gegenwart Jesu in ihm!" (Mutter Teresa)

„Lasset die Kinder zu mir kommen und hindert sie nicht. Denn das Reich Gottes ist bestimmt für Menschen, die sind wie diese Kinder! Und Jesus herzte sie und legte die Hände auf sie und segnete sie."

(Markus 10,14.16)

13. Dezember

Lieben, bis es weh tut

„Gott segnete Sie mit Wohlstand. Aber in vielen Familien hier haben wir vielleicht jemanden, der nicht hungrig ist nach einem Stück Brot, der sich jedoch vergessen oder ungeliebt fühlt, der Liebe braucht. Liebe beginnt zu Hause, dort zuerst.

Ich vergesse nie ein kleines Kind, einen Hindujungen von vier Jahren. Er hatte irgendwie gehört: Mutter Teresa hat keinen Zucker für ihre Kinder. Er ging nach Hause zu seinen Eltern und sagte: ‚Ich will drei Tage keinen Zucker essen, ich schenke ihn Mutter Teresa!‘ Nach drei Tagen mußten seine Eltern ihn zu mir bringen, und er schenkte mir ein kleines Gläschen Zucker. Wie sehr liebte dieses kleine Kind. Es liebte, bis es weh tat. Und dies ist es, worum ich Sie bitte: Liebet einander, bis es weh tut. Vergessen Sie nicht, daß es viele Kinder, viele Frauen, viele Männer auf dieser Welt gibt, die das nicht haben, was Sie haben. Und denken Sie daran, daß Sie auch jene lieben, bis es weh tut." (Mutter Teresa)

„Lasset uns nicht lieben mit Worten noch mit der Zunge, sondern mit der Tat und mit der Wahrheit!"

(1. Johannes 3,18)

14. Dezember

Ja, wofür dann?

Ein amerikanischer Reporter begleitete Mutter Teresa in den Elendsvierteln Indiens bei ihrer Arbeit. Er sah zu und ließ vom Kamerateam filmen, wie sie Kinder aus der Mülltonne auflas, die schon halbtot und verhungert waren, wie sie Sterbende von der Straße in Pflegehäuser brachte. Als Mutter Teresa einen schmutzigen, stinkenden und von Krankheit entstellten Menschen liebevoll in den Arm nahm und ihn an ihr Gesicht drückte, sagte der Reporter beeindruckt: „Nicht für 1000 Dollar würde ich so etwas tun!" Mutter Teresa antwortete ihm gütig: „Ich auch nicht!" – „Ja, wofür tun Sie es dann?" – „Ich tue es für Jesus. In jedem dieser Menschen begegnet mir Jesus selbst. Seine Liebe zu mir und den Armen bewegt mich, es zu tun!"

„Wahrlich ich sage euch: Was ihr getan habt einem unter diesen meinen geringsten Brüdern, das habt ihr mir getan!"

(Matthäus 25,40)

15. Dezember

Die Macht des Fehlenden

Otto Funcke erzählt in seinen Lebenserinnerungen, daß er als Junge von zehn Jahren wegen einer schweren Krankheit nicht zur Schule gehen durfte. Er wäre so gerne mit den anderen Kindern gegangen. So beneidete er alle anderen Kinder, wenn sie morgens mit ihren Schultaschen vorüberkamen. Die Kinder beneideten ihn, daß er nicht in die Schule mußte, sondern zu Hause bleiben durfte.

So ist es immer: Der Reiche beneidet den Armen, weil ihm das einfache Leben viel besser scheint. Der Arme beneidet den Reichen um all seinen Luxus. Die Ledige beneidet ihre verheiratete Freundin um ihre Familie. Und die Ehefrau und Mutter beneidet die ledige Freundin um ihre Freiheit. Die Putzfrau mit ihrer schweren Dreckarbeit beneidet die kranke Frau, die den ganzen Tag im Bett liegen kann. Und die Patientin im Krankenhaus beneidet die gesunde Putzfrau um ihre Alltagsarbeit.

So hat die Macht des Fehlenden die Menschen im Würgegriff, läßt sie maulen und nörgeln, jammern und neiden, bis wir uns aus dieser teuflischen Macht des Fehlenden erlösen lassen, und uns den Blick für das Gute und Positive unserer Lebenssituation gönnen.

„Ich habe gelernt, mir genügen zu lassen, wie ich es finde. Ich kann niedrig sein und kann hoch sein. Ich kann beides: satt sein und hungern, übrig haben und Mangel leiden. Ich vermag alles durch den, der mich mächtig macht, Christus!"

(Philipper 4,11ff)

16. Dezember

Der bessere Trost

Ein Vikar macht in einer großen Klinik seine ersten Krankenbesuche. Er hat während seines Studiums auch medizinische Vorlesungen gehört und kennt sich deswegen auch mit Behandlungen und Heilmethoden aus. Er kommt zu einem alten Mann in das Zimmer. Sie machen sich bekannt und kommen ins Gespräch, soweit das bei der Schwerhörigkeit des Mannes überhaupt möglich ist. Die Ehefrau sitzt abseits und läßt die beiden Männer reden. Der Vikar fragt den alten Mann nach seiner Krankheit und geht ausführlich auf alles ein, erklärt ihm manches und wünscht ihm schließlich gute Besserung. Als die beiden Eheleute wieder unter sich sind, fragt der Mann seine Frau: „Was hat der Herr Vikar mir gesagt?" Die Frau brüllt ihrem Mann in sein Ohr: „Er hat gesagt, du sollst an das Leiden Jesu denken, daß er das alles für dich getan hat, und daß seine Liebe dich umgibt!" – „Das ist ein guter Trost!" antwortet der Mann.

„Ich schäme mich des Evangeliums von Christus nicht; denn es ist eine Kraft Gottes, die da selig macht alle, die daran glauben!"
(Römer 1,16)

17. Dezember

Gottes Absicht ist groß

„Ich weiß nicht, was morgen sein wird. Wenn ich die Angst vor dem Morgen loslasse, ergibt sich die große Chance für das Heute: Dankbarkeit und Genügsamkeit für diesen Tag mit seinen hellen und dunklen Stunden. Wenn ich an Gott denke, wird das Morgen seine Sache werden. Und meine Verantwortung dafür wächst. Ich sage mir: Du willst dich doch nicht kümmerlich um das Heute bringen durch deinen Kummer um das bevorstehende Morgen. Auf die Zukunft kann ich nicht bauen. Ich baue auf Gott, der für mich seine Zukunft bereithält. Meine Zukunft lasse ich Gott etwas angehen. Er allein wird sie bereithalten. Vielleicht haben mich lange Krankheit und schwere Behinderung nicht nur eingeengt in Grenzen, sondern auch befreit von dem zu vielen Plan-Denken und dem zwingenden Planen-Müssen. Ich warte auf das Ungeplante, das von Gott Geplante. Vielleicht wird, wenn ich von meiner Zukunft absehen kann, Gottes Absicht mit mir erst recht groß!" (Lieselotte Jacobi)

„Es ist nicht meine Sache, an mich zu denken!
Es ist meine Sache, an Gott zu denken!
Es ist Gottes Sache, an mich zu denken!"

(Simone Weill)

„Siehe, des Herrn Auge achtet auf alle, die ihn fürchten!"
(Psalm 33,18)

18. Dezember

Komm nun wieder, stille Zeit!

Komm nun wieder, stille Zeit,
Krippe, Stern und Kerzen,
Will in allem Erdenleid
Diese Welt verschmerzen.

Aus den Windeln lächelt's stumm
Zu der Mutter Neigen,
Ochs und Esel stehn herum,
Und die Sterne schweigen.

Schuld und Fehle rechnen nicht,
Jedes Herz muß tragen,
Schein wieder, sanftes Licht,
Wie in Kindertagen.

Tief darüber beug ich mich,
Gleichnis allen Lebens,
Ende fügt zum Anfang sich,
Nichts scheint mehr vergebens.

Wenn sich jede Tür verschließt,
Eins kannst du bewahren:
Daß du vor der Liebe kniest
Noch in weißen Haaren.

(Ernst Wiechert)

„Ein Mensch war zu Jerusalem, mit Namen Simeon. Der wartete auf den Trost Israels. Und Gott hatte ihm gesagt, er solle den Tod nicht sehen, er habe denn zuvor den Christus des Herrn gesehen. Und als die Eltern das Kind Jesus in den Tempel brachten, da nahm er ihn auf seine Arme und lobte Gott und sprach: Herr, nun lässest du deinen Diener in Frieden fahren, denn meine Augen haben deinen Heiland gesehen!"

(Lukas 2,25ff)

19. Dezember

Umtauschen

Ein junger Mann sucht für seine verwöhnte Verlobte wunderbare Geschenke aus. Er kann das Weihnachtsfest kaum erwarten. Schließlich ist es soweit. Er packt alle die erlesenen Sachen aus und ist gespannt auf ihre Freude. Aber die Braut hat an allem was auszusetzen. Das Parfüm ist zu gewöhnlich, die Kleider haben nicht die richtige Modefarbe, die Handschuhe gefallen ihr nicht, die Handtasche ist nicht aus dem wertvollsten und weichsten Leder. Als ihr nichts gefallen will und sie das Mißfallen so deutlich zeigt, packt der junge Mann alles wieder zusammen. „Was soll das?" fragt sie. „Umtauschen!" sagt er. „Was, meine Weihnachtsgeschenke willst du einfach umtauschen?" fragt sie. „Nein, dich!" sagt er und geht.

„Ein törichter Sohn ist seines Vaters Herzeleid, und eine zänkische Frau wie ein ständig triefendes Dach!"

(Sprüche 19,13)

20. Dezember

Das Opfer

Der junge Landarzt kommt von einer langen Besuchstour nach Hause und findet seinen kleinen Jungen lebensgefährlich erkrankt vor. Sofort versucht er alles, was in seiner Macht steht, um den Jungen zu retten. Er läßt schließlich noch zwei Arztkollegen aus der weit entfernten Stadt kommen. Auch sie tun alles ärztlich Mögliche. Aber sie können den Eltern keine Hoffnung machen. Der Zustand verschlechtert sich stündlich. Und die Eltern sitzen hoffend und betend bei ihrem Kind. Es ist unmittelbar vor Weihnachten, und statt Vorfreude zieht nun eine tiefe Traurigkeit in das Haus ein. Da klopft spätabends noch ein Bauer an die Tür und bittet den Arzt um Hilfe für sein Kind. Zehn Kilometer ist der Mann mit dem Pferdeschlitten gefahren, um den Doktor zu Hilfe zu holen. Doch der Arzt will bei seinem Kind und seiner Frau bleiben. Der Bauer fragt ganz vorsichtig, ob der Arzt dem eigenen Kind noch helfen kann. „Nein", antwortet der Doktor. – „Aber mein Kind könnten Sie noch retten. Kommen Sie doch bitte mit mir. Es ist unser einziges Kind, und wir können keine mehr bekommen. Es ist alles, was wir haben, bitte!" Aber der Arzt will jetzt seine Frau und das Kind nicht allein lassen. „So werden denn zwei Kinder sterben", sagt der Bauer traurig und verläßt das Haus. Der Arzt kämpft einen schweren Kampf, und schließlich fährt er doch mit dem Bauern. Dem kleinen Jungen kann er durch schwierige ärztliche Behandlung in der Nacht helfen, so daß er gesund wird. Als er am Morgen tief erschöpft nach Hause kommt, ist sein Kind tot. Mit seiner Frau zusammen weinen sie lange am Bett des Kindes. Aber in die Trauer über den Verlust des Kindes mischt sich ganz leise der Trost, durch sein Opfer einem anderen Kind das Leben gerettet zu haben.

„Gott lieben von ganzem Herzen und seinen Nächsten lieben wie sich selbst, das ist mehr als alle Brandopfer!"

(Markus 12,33)

21. Dezember

Ein Ächzen ging durch die Finsternis

Und niemand dachte sich etwas dabei.
Die Frau bekam ihr erstes Kind.
Sie stöhnte, schrie und zerbiß den Schrei,
wie Frauen dann so sind.

Der Ort war mit Fremden überfüllt.
Zur Rechten hämmerte wer an ein Tor,
zur Linken wurde wer angebrüllt.
Auch das kommt manchmal vor.

Es brauchte nicht gerade im Stall zu sein
und zwischen dem wiederkäuenden Vieh.
Doch hausten sie wenigstens allein,
der Mann, das Kind und sie.

Ein Ächzen ging durch die Finsternis.
Das Kind lag hilflos auf seinem Stroh.
Der Tod war seines Sieges gewiß.
Aber das blieb nicht so.

(Manfred Hausmann)

„Unser Heiland Jesus Christus hat dem Tode die Macht genommen und das Leben und ein unvergängliches Wesen ans Licht gebracht!“
(2. Timotheus 1,10)

22. Dezember

Ein Kind im Mittelpunkt

„Von der Geburt eines Kindes ist die Rede, nicht von der umwälzenden Tat eines Mannes, nicht von der kühnen Entdeckung eines Weisen, nicht von dem frommen Werk eines Heiligen. Worum sich Könige und Staatsmänner, Philosophen und Künstler, Religionsstifter und Sittenlehrer vergeblich bemühen, das geschieht nun durch ein neugeborenes Kind. Wie zur Beschämung der gewaltigsten menschlichen Anstrengungen und Leistungen wird hier ein Kind in den Mittelpunkt der Weltgeschichte gestellt. Ein Kind, von Men-

269

schen geboren, ein Sohn, von Gott gegeben; alles Vergangene und alles Zukünftige ist hier umschlossen. Die unendliche Barmherzigkeit des allmächtigen Gottes läßt sich zu uns herab in der Gestalt eines Kindes, seines Sohnes. Daß uns dieses Kind geboren, dieser Sohn gegeben ist, daß mir dieses Menschenkind, dieser Gottessohn gehört, daß ich ihn kenne, ihn habe, ihn liebe, daß ich sein bin und er mein ist, daran hängt nun mein Leben." (Dietrich Bonhoeffer)

„Uns ist ein Kind geboren, ein Sohn ist uns gegeben, und die Herrschaft ruht auf seiner Schulter. Und er heißt Wunder-Rat, Gottes-Held, Ewig-Vater, Friede-Fürst; auf daß seine Herrschaft groß werde und des Friedens kein Ende."

(Jesaja 9,5f)

23. Dezember

Treffpunkt

Weihnachtsgeschichte ist Weltgeschichte, Gottes Geschichte und unsere Geschichte. Das Christuskind in der Krippe ist der Treffpunkt zwischen Gott und Mensch. Gott wählt die tiefste Stufe der Erniedrigung, er wird ein Menschenkind, um uns die höchste Stufe der Erhöhung zu gewähren, wir werden Gotteskinder. Mit den Hirten und Weisen, den Nahen und Fernen wollen wir diesen Treffpunkt suchen. Jesus ist der Ausgangspunkt allen Heils und für uns der Zielpunkt aller Sehnsucht und Heilserwartung. Wer im Anbeten und Anschauen verwandelt und erfüllt wird, entdeckt, daß es nur noch eine Ausrichtung, Dringlichkeit und Notwendigkeit des Lebens gibt: Die Anbetenden werden zu Zeugen und Überbringern des Heils.

Der wichtigste Treffpunkt ist die tägliche Einswerdung mit Jesus. Der höchste Zielpunkt ist die wachsende Anbetung Jesu im Herzen. Und der beste Ausgangspunkt für das praktische Christenleben im Alltag ist das Anschauen Jesu.

„Jesus ist gekommen und hat verkündigt den Frieden euch, die ihr ferne waret, und Frieden denen, die nahe waren. Denn durch ihn haben wir den Zugang alle beide in einem Geist zum Vater."

(Epheser 2,17f)

24. Dezember

Weltnacht und Weihnacht

Es war eine Nacht wie jede andere. Dunkel fiel über das Land und löschte das Licht des Tages langsam aus. Wilde Tiere machten sich auf, arglose Schafe zu reißen. Hirten wachten draußen auf dem Feld gegen das Böse und wärmten sich am Feuer. Schwermut legte sich auf die Traurigen, und Kranke zählten unter Schmerzen die langen Stunden. Kinder träumten selig vom bunten Leben. Diebe machten sich im Schutz der Dunkelheit mit ihrer Beute davon. Liebespaare suchten heimlich die Erfüllung ihrer Sehnsucht. Sterbende blieben todeinsam, und Abgearbeitete sanken erschöpft auf ihr Lager. Sterne leuchteten am Himmel.

Es war eine Weltnacht, eine Allerweltsnacht wie jede andere. Und doch war in dieser Nacht alles anders. Gott weihte uns seinen Sohn. In einer Notunterkunft wurde Jesus geboren. Arm, unter Schmerzen, unterwegs und winzig kam er zur Welt. Gott fand in seiner Liebe einen Weg zu uns Menschen. Er nahm unser Fleisch und Blut an und weihte sein Liebstes uns armen Erdenkindern.

Da begann ein Weg der Liebe und der Schmerzen. Maria und Joseph erfuhren es zuerst. Maria gab ihren Leib und ihre Liebe und mußte erleben, daß ihr Sohn nicht ihr Sohn ist. Joseph gab seinen Namen, seine Kraft und seine Ehre, sein Hab und Gut und hatte nichts als Schwierigkeiten. Kein Glanz fiel auf seine Treue, Demut und Hingabe. Und Jesus selbst wurde in seiner Liebe zum Menschen so verletzlich, daß er sich schließlich auf seine Liebe zu uns festnageln und kreuzigen ließ.

Aber durch diese Liebe verwandelte Gott das Dunkel der Weltnacht in das Licht der Weihnacht. Christ der Retter ist da! Für uns ist damals der Heiland geboren. Gott bindet sich an unser Leben. Er weiht uns seinen Sohn. Nun ist alles ganz anders.

„Siehe, ich verkündige euch große Freude, die allem Volk widerfahren wird; denn euch ist heute der Heiland geboren, welcher ist Christus, der Herr!"

(Lukas 2,10f)

25. Dezember

Mitten in der Nacht

Mitten in der Nacht der Welt, während ringsumher alles schlief, waren die Hirten hellwach, hellhörig und hellsichtig. Mitten in der Nacht wurde es für sie hell, und sie erlebten das Wunder der Weihnacht. Hellwach müssen wir sein, wenn wir das Kommen Jesu in unser Leben bemerken, anbeten und weitersagen wollen.

Hellhörig müssen wir sein, ganz Ohr, wenn Gott uns sagen läßt, wo das Heil zu finden ist. Helle Augen brauchen wir für den Glanz Gottes in einer finsteren Umgebung. Gott macht Licht, und wir sehen in seinem Licht die Verworrenheit des Lebens, die Ratlosigkeit der Welt und die düsteren Aussichten der Zukunft. Der Glanz, der von Jesus ausgeht, macht uns hellsichtig für die Nöte der Welt und den Nothelfer in der Welt zugleich.

„Das Licht der Herrlichkeit scheint mitten in der Nacht. Wer kann es sehn? Ein Herz, das Augen hat und wacht." (Angelus Silesius)

„Wache auf, der du schläfst, und stehe auf von den Toten, so wird dich Christus erleuchten!"

(Epheser 5,14)

26. Dezember

Das Zeitungsblatt von Gott

Bertolt Brecht erzählt in einer Weihnachtsgeschichte von Leuten, die sich am Heiligen Abend in einer Kneipe in Chicago über das Fest lustig machen und sich Anti-Geschenke bereiten. Dem Wirt schenken sie schmutziges Schneewasser, dem Kellner eine alte Konservendose und dem Küchenmädchen ein schartiges Taschenmesser. So wollen sie sich gegen die Gefühle von Weihnachten wehren. Einem Gast, der eine unerklärliche Angst vor der Polizei hat, reißen sie aus dem Adressbuch sämtliche Anschriften der Polizeiwachen heraus, verpacken sie sorgfältig in einer alten Zeitung und überreichen sie dem Gast.

„Und nun geschah etwas sehr Merkwürdiges. Der Mann nestelte eben an der Schnur, mit der das Geschenk verschnürt war, als sein

Blick auf das Zeitungsblatt fiel, in das die Adressbuchblätter geschlagen waren. Aber da war sein Blick schon nicht mehr abwesend. Sein ganzer dünner Körper krümmte sich sozusagen um das Zeitungsblatt zusammen, er bückte sein Gesicht tief darauf herunter und las. Niemals, weder vorher noch nachher, habe ich einen Menschen so lesen sehen. Er verschlang das, was er las, einfach. Und dann schaute er auf. Und wieder habe ich niemals, weder vorher noch nachher, einen Mann so strahlend schauen sehen wie diesen Mann. Da lese ich eben in der Zeitung, sagte er mit einer verrosteten, mühsam ruhigen Stimme, die in lächerlichem Gegensatz zu seinem strahlenden Gesicht stand, daß die ganze Sache einfach schon lange aufgeklärt ist. Jedermann in Ohio weiß, daß ich mit der ganzen Sache nicht das Geringste zu tun hatte.

Und dann lachte er. Und wir alle, die erstaunt dabeistanden und etwas ganz anderes erwartet hatten und fast nur begriffen, daß der Mann unter irgendeiner Beschuldigung gestanden und inzwischen, wie er eben aus diesem Zeitungsblatt erfahren hatte, rehabilitiert worden war, fingen plötzlich an, aus vollem Halse und fast aus dem Herzen mitzulachen. Und dadurch kam ein großer Schwung in unsere Veranstaltung, die gewisse Bitterkeit war überhaupt vergessen, und es wurde ein ausgezeichnetes Weihnachten, das bis zum Morgen dauerte und alle befriedigte. Und bei dieser allgemeinen Befriedigung spielte es natürlich gar keine Rolle mehr, daß dieses Zeitungsblatt nicht wir ausgesucht hatten, sondern Gott!"
(Bertolt Brecht)

„Fürchtet euch nicht. Siehe, ich verkündige euch große Freude, die allem Volk widerfahren wird; denn euch ist heute der Heiland geboren, welcher ist Christus, der Herr!"
(Lukas 2,10f)

---

27. Dezember

Ein Weihnachtsleben

Mitten in der Weltnacht leuchtet ein helles Licht: Gott weiht uns seinen Sohn. Wie kann in unserem Leben aus dem bedrückenden Dunkel das beglückende Licht werden? Unsere Antwort auf Gottes Gabe kann nur eines sein: Wir weihen unser Leben Jesus. So wie die Weisen damals suchen wir heute den Weg zu Jesus. Wir werden ihn finden und ihm dann alles geben, was wir haben, das Gold des Vertrauens, den Weihrauch der Anbetung und die Myrrhe des Leidens. Dann wird es auch bei uns Weihnachten. Was nützt die von Gott geweihte Nacht in Bethlehem, wenn wir selbst im Dunkel bleiben? Waren wir bei Jesus und haben ihm unser Leben geweiht? Dann ist auch bei uns Weihnacht, und aus dem einen Fest wird ein ganzes Weihnachtsleben.

In der Liebe weiht uns Gott seinen Sohn.
Im Glauben weihen wir Jesus unser Leben.
Im Zeugnis in Wort und Tat weihen wir uns zum Dienst.
So wird aus Weltnacht Weihnacht und aus Weihnacht ein Leben.
Seit Jesu Geburt kann jede Nacht, wie dunkel sie auch sein mag,
Weihnachten werden. Und jeder Tag,
wie menschlich er auch sein mag,
kann Christtag sein.

„Die Weisen fielen nieder und beteten Jesus an und taten ihre Schätze auf und schenkten ihm Gold, Weihrauch und Myrrhe."
(Matthäus 2,11)

28. Dezember

Kennzeichen des Lebens

Ein Symbol ist ein Kennzeichen, ein Zeichen, an dem man etwas erkennt. Das Wort kommt von *symballo* = ich trage zusammen, etwa zwei Ringe, die zusammenpassen, zwei Teile eines Ganzen, die zusammengehören, oder zwei Hälften, die zueinander gefügt, sich als gültig erweisen. Dieses Wort, zusammentragen, kommt in der Weihnachtsgeschichte vor (Lukas 2,19): „Maria aber behielt alle diese Worte und trug sie in ihrem Herzen zusammen!"

Maria trägt die Worte des Engels und der Elisabeth, Josephs Worte und die Anordnung des römischen Kaisers, die Worte der Hirten aus der Nähe und der Weisen aus der Ferne zusammen. Sie trägt sie in ihrem Herzen zusammen und merkt, wie sie zusammenpassen. Weihnachten ist das Kennzeichen des Lebens.

Der kaiserliche Befehl und Gottes Handeln, ihre Schmerzen bei der Geburt und die Freude über das Kind, die Verheißung der Engel und die Erfüllung an den Hirten, es paßt alles zusammen. Es stimmt zueinander.

Die Not, die zum Himmel schreit, und der Nothelfer, der vom Himmel kommt. Die Wunden des Lebens und der Heiland für alle. Die große Sündenschuld und die noch größere Vergebung Gottes. Die tiefe Einsamkeit der Menschen und die wunderbare Gemeinschaft mit Gott. Das Suchen der Weisen und das Finden des Kindes in Bethlehem. Maria trägt es in ihrem Herzen zusammen und freut sich daran, wie es stimmt und zusammenpaßt. Weihnachten ist das Kennzeichen des lebendigen Gottes. Seine göttliche Wahrheit, die alles aufdeckt, und seine glühende Liebe, die alles zudeckt, stimmen zusammen. Die Gabe des Liebenden und die Liebe des Gebenden stimmen zusammen. Alles paßt zueinander.

Zu Weihnachten tragen wir alles zusammen: unseren Lebenshunger und Gottes Lebensbrot, unsere tiefe Angst vor dem Weniger und seine große Hoffnung auf Mehr, unsere Tränen und seinen Trost, unsere Wunden und seinen Heiland, unsere Gebrochenheit und seine Ganzheit, unsere Sünde und seine Vergebung, unseren irdischen Namen und seinen himmlischen Namen.

Es ist wahr, es stimmt, es paßt, es gehört zusammen, es bildet das Kennzeichen des Lebens. Wie zwei Ringe, die zusammengehören und einen Lebensbund symbolisieren, so gehören wir zu Jesus. In seinem Ring steht unser Name, und in unser Leben ist sein Name eingraviert. Wir gehören zusammen. Zu Weihnachten passen der heilige Gott und der verlorene Mensch wieder zusammen.

„Und das habt zum Zeichen: ihr werdet finden das Kind in Windeln gewickelt und in einer Krippe liegen."

(Lukas 2,12)

29. Dezember

Der Esel

Ich bin ja nur ein graues Tier und stehe auf den Beinen vier
und habe lange Ohren.
Doch was ich dann am Abend sah, und was da dicht vor mir
geschah, war, daß ein Kind geboren.

Es waren beides schlichte Leut' in ihrem langen Wanderkleid,
die dort im Stalle ruhten.
Auf einmal kamen dann die Weh'n, ich hab es alles mitgesehn,
und es verlief zum Guten.

Dann war auf einmal ein Getön. Um uns herum, so hell und schön,
daß ich voll Wunder staunte.
Ich merkte, daß hier das geschah, wonach die Welt voll Sehnsucht sah, und die Geschichte raunte.

Der Ärger war dann schnell verraucht, daß meine Krippe jetzt ge-
braucht, aus der ich gern gefressen.
Jetzt schmeckt es besser als es tat, weil nach des Allerhöchsten
Rat auch Engel draufgesessen.

Ich bin ja nur ein graues Tier und stehe auf den Beinen vier
und habe lange Ohren.
Doch, wenn ein Esel es begreift, daß so die Liebe Gottes reift,
ist's Leben nicht verloren.

(Paul-Gerhard Hoerschelmann)

*„Ein Ochse kennt seinen Herrn und ein Esel die Krippe seines
Herrn; aber Israel kennt's nicht, und mein Volk versteht's nicht!"*
(Jesaja 1,3)

30. Dezember

Vom Wissen zum Danken

Drei kluge Leute saßen abends vor ihrer Tür, um ihre Weisheit
auszutauschen. Da sagte der eine: „Was Menschen von der Welt
wissen, wissen wir. Wir können glücklich sein." – „Ja", bestätigte
der zweite, „was Menschen vom Leben wissen, wissen wir. Wir
können glücklich sein." – „Nein", warf der dritte ein, „was wissen
wir denn über Gott? Können wir also glücklich sein?"

Da dachten sie nach und beschlossen endlich, sich auf den Weg
zu machen, um Gott zu finden. Oder wenn nicht, dann würden sie
das wenigstens wissen und wären wieder glücklich. Zuerst trafen
sie einen alten Mann. „Bist du Gott?" fragten sie ihn. „Wie kann ich
Gott sein?" antwortete der, „Gott ist jünger!" Betroffen von der
Antwort gingen sie weiter. Gott ist jünger? Wie konnte das sein?
Auf dem weiteren Weg begegneten sie einer weinenden Frau. „Bist
du Gott?" – „Wie kann ich Gott sein?" schluchzte sie, "Gott ist
fröhlich!" Wiederum eine seltsame Antwort. Immerhin aber kam es
ihnen in den Sinn, daß es Menschen gab, die wohl viel von Gott

wußten. Da trafen sie wenig später einen Totengräber und fragten nun vorsichtig, ob er denn wüßte, wo Gott zu finden sei. Der aber sagte knapp: „Ihr dürft ihn nicht bei den Toten suchen." Da stiegen sie auf ihre Tiere und ritten in die Nacht hinein. – Einer entdeckte plötzlich den großen Stern. „Da ist Gott!" rief er. Und sie richteten sich nach dem Stern. Bald kamen sie an den Königshof, traten vor den Herrscher und fragten auch ihn. „Ja, ich bin Gott!" erwiderte er. Aber die drei klugen Leute empfanden, daß er niemals Gott sein konnte, er wirkte nicht jünger, nicht fröhlich und nicht lebendig. Da ritten sie weiter und fragten unterwegs die Sonne: „Bist du Gott?" – „Wie kann ich Gott sein?" strahlte sie, „kann das Geschöpf den Schöpfer spielen?" – Als es Abend wurde, sahen sie in der Ferne ein kleines Licht. Sie ritten darauf zu, stiegen dann zögernd ab, betraten leise den kleinen Stall und sahen das Kind. Die anderen Leute knieten, und so knieten sie auch. Da wußten sie plötzlich alles und waren sehr glücklich. Später saßen sie abends vor ihrer Tür, um ihre Dankbarkeit auszutauschen. (Peter Spangenberg)

„In Jesus wohnt die ganze Fülle der Gottheit leibhaftig, und ihr habt diese Fülle in ihm!"

(Kolosser 2,9)

31. Dezember

Jahre

Kalenderjahre vergehen, Lebensjahre bleiben und Gottes Gnadenjahr kommt.

„Das nächste Jahr wird kein Jahr ohne Angst, Schuld und Not sein.

Aber daß es in aller Schuld, Angst und Not ein Jahr mit Christus sei, daß unserem Anfang mit Christus eine Geschichte mit Christus folge, die ja nichts ist als ein tägliches Anfangen mit Ihm, darauf kommt es an!" (Dietrich Bonhoeffer)

„Er hat mich gesandt, den Elenden gute Botschaft zu bringen, die zerbrochenen Herzen zu verbinden, zu verkündigen den Gefangenen die Freiheit, den Gebundenen, daß sie frei sein sollen; zu verkündigen ein gnädiges Jahr des Herrn und einen Tag der Ver-

277

geltung unseres Gottes, zu trösten alle Trauernden, daß ihnen Schmuck statt Asche, Freudenöl statt Trauerkleid, Lobgesang statt eines betrübten Geistes gegeben werden!"

(Jesaja 61,1ff)

Zum neuen Jahr

Heller Stern, du hast die Weisen
einst aus fernem Land geführt,
auch die Hirten auf dem Felde
haben Gottes Kraft gespürt.

Du durchbrichst mit deinen Strahlen
Einsamkeit und Not und Nacht,
und du hast mit deinem Glanze
unsere Herzen froh gemacht.

Bleib nicht stehen über'm Stalle,
führe uns mit deinem Schein,
geh mit uns auf unsern Wegen
in das neue Jahr hinein.

(Barbara Cratzius)

Verzeichnis der Bibelstellen

1. Mose 2,3	23.7.	33,15	6.5.
2,16f	5.11.	33,18	17.12.
3,6	13.1.	34,6	9.3.
3,10	1.9.	36,6ff	3.1.
3,17.19	3.2.	36,10	17.6.
3,21	28.3.	36,8f	26.4.
4,8	14.1.	37,3f.7.16	17.8.
4,12	10.3.	37,4	1.6.
28,12	9.6.	38,10	1.4.
50,19f	19.2.	39,5f	29.11.
		39,7	8.3.
2. Mose 20,16	6.11.	39,10	21.3.
		41,4	27.6.
5. Mose 1,31	30.9.	46,2ff	29.1.
30,15	29.2.	50,15	28.5.
		57,2	11.2.
Josua 24,25ff	30.10.	63,2	19.5., 1.9.
		63,2.4.9.	2.2.
1. Könige 3,5.9	1.8.	63,9	19.6.
12,24	17.10.	65,12	19.7.
19,4ff	16.10.	68,20	26.2.
		71,18	19.9.
2. Könige 20,1ff	11.7.	71,20f	11.6.
		73,23ff	27.10.
Hiob 2,11ff	10.8.	73,25	5.9.
10,8f	3.9.	77,1ff	23.1.
		84,3.12	15.9.
Psalm 1,2f	10.4.	90,1	5.2.
1,3	21.6.	90,12	30.11.
5,4	30.5.	90,17	20.10.
6,10	9.5.	92,13ff	2.6.
8,2	28.4.	92,14f	20.6.
8,5	6.3.	96,2	23.6.
8,5ff	18.9.	103,1f	22.6., 4.9.
8,6	16.11.	103,1.5	25.7.
13,6	20.1., 16.6.	103,4f	13.6., 19.7.
16,1	25.6.	103,13	20.4.
16,11	30.6.	104,1f	24.6.
17,8	17.5.	104,24	31.10.
18,20	17.2.	106,1	12.9.
19,8	28.6.	113,5.7	11.12.
23,1ff	9.10.	115,13f	6.8.
27,4	13.5., 25.11.	118,8	28.2.
27,8	30.1.	118,22	30.10.
30,12f	13.11.	118,24f	2.1., 3.7.
31,15f	1.7.	118,24.27	3.5.
32,8	19.8.	118,27	20.11.

119,14	24.10.	9,17	3.6.
119,18	26.3.	Jesaia 1,3	29.12.
119,105	24.8.	8,23	2.12.
119,112	20.5.	9,1	2.12.
119,123	16.1.	9,5f	22.12.
119,133	10.11.	28,16	30.10.
119,160	8.10.	30,15f	6.2., 3.3., 1.5.
121,5ff	7.7.	30,26	13.7.
121,7f	17.3.	32,2	18.6.
126,5f	24.3.	33,5	29.4.
127,1f	10.1.	35,4	30.10.
127,3	6.4.	35,10	18.4.
139,3	13.3.	40,1f	18.7.
139,5	12.3.	43,19	8.7.
139,7	11.3.	44,5	7.1.
139,14	3.9.	49,13	1.12.
139,16ff	15.3.	49,15f	7.1., 14.2.
147,1	28.10.	53,3ff	12.7., 26.7.
148	7.11.	53,4f	7.4.
		53,5	8.1.
Sirach 50,24	12.9.	53,6	16.2.
		60,1	10.6.
Sprüche 3,5	24.2.	60,20	18.7.
3,9f	22.7.	61,1ff	31.12.
9,6	13.2.	61,10	15.11.
11,17	21.4.		
13,4	4.2.	Jeremia 17,7f	21.5.
14,26f	24.9.	17,13	8.1.
14,29	20.8.	17,9.14	15.10.
15,14.21f	9.2.	29,11	31.8.
15,22	29.9.	31,3	2.5., 1.8.
16,2	12.1.	33,8	16.5.
16,32	8.8.		
17,28	16.8.	Daniel 6,11	31.5.
19,13	19.12.	9,18	21.10.
20,22	20.2.		
23,25	14.5.	Jona 2,6f	4.7.
25,11	26.1.	2,8	9.7.
27,12	13.8.		
		Micha 6,8	25.10.
Prediger 1,14	22.10.	7,7	24.7.
2,22ff	7.9.		
3,11	8.5.	Habakuk 3,4	15.7.
3,12f	11.9.		
3,14	22.10.	Sacharia 9,9f	29.8.
4,9f.12	23.9.		
5,12	5.4.	Maleachi 3,20	23.4.
7,14	6.10.	3,24	7.8.
9,7ff	21.7.		

Matthäus 2,11	27.12.	18,38	18.8.
5,3ff	22.11.	19,5ff	13.9.
5,9	5.8.	19,42ff	30.10.
5,44f	17.9.	22,70	12.4.
6,33f	9.1.	23,43	22.1.
7,1f	8.9.	24,27	16.9.
7,7	22.3.	24,30f	6.6.
7,8	4.12.		
7,13f	14.11.	Johannes 1,10	18.1.
7,24	7.10.	1,14	29.4.
9,15	5.12.	1,29	2.4.
10,16	15.8.	1,51	5.10.
11,29	13.10.	2,3.5	27.9.
13,23	4.3.	5,24	6.12.
14,13-21	11.8.	6,35	5.3.
16,21	7.5.	6,37	7.3.
18,2f	4.8.	8,6f	8.1.
18,20	22.4.	8,7-11	30.10.
20,25f	25.8.	8,12	15.7.
24,13	8.2.	9,39	30.4.
24,14	30.10.	10,9	3.8.
25,40	14.12.	11,25f	2.7.
28,20	28.1., 14.3.	12,24	18.3.
		13,1.5	25.3
Markus 1,14f	20.9.	13,7	19.4.
1,41	1.2.	14,1f	22.2.
2,14	22.5.	14,2f	2.8.
3,34f	7.6.	14,23	19.3., 29.4.
4,26ff	10.1.	15,20f	30.7.
6,31	7.2.	17,26	26.8.
10,14.16	12.12.	18,37	24.11.
10,21f	31.7.	20,20	8.1.
12,33	20.12.	20,21f	15.6.
16,3f	30.10.	20,29	23.10.
		21,17	1.8.
Lukas 1,35	9.12.		
1,38	21.8.	Apostelgeschichte 1,8	30.10.
1,45	19.10.	2,41	5.6.
2,10f	24.12., 26.12.	3,6	27.8.
2,12	28.12.	4,12	26.9.
2,19	28.12	5,29	11.1.
2,25ff	18.12.	10,43	27.7.
2,48	19.4.	28,23	4.10.
11,1	25.5.		
12,15	16.3.	Römer 1,16	16.12.
15,18	29.7.	1,24f	13.1.
15,22	28.3.	3,23f	4.5.
15,22ff	14.6.	6,23	14.1., 15.1.
17,15f	24.5., 10.7.	7,24f	17.4.

8,1	3.2.
8,12	15.7.
8,14f	2.11.
8,22	3.2., 12.10.
8,26	27.1.
8,28	5.1.
8,31f.38f	12.6.
8,37ff	13.4.
10,8.10	28.7.
11,33	26.6.
11,36	20.7.
12,9	14.9.
12,14	18.10.
13,8	10.12.
15,2	17.1.
16,13.16	14.10.
1. Korinther 1,20	27.4.
1,27f	17.11.
1,30	28.8.
3,11	30.10.
4,7	9.8.
10,7	27.2.
13,5.7	8.4.
15,10	16.7.
15,19f	10.10.
15,55.57	23.11.
15,57	16.4.
16,14	25.1.
2. Korinther 4,6	3.12.
6,2	11.8.
9,7	1.10.
12,9	25.2.
12,14f	7.12.
Galater 2,20	23.2.
4,4f	20.9.
5,13	29.3.
5,14f	3.10.
6,10	31.1.
6,14	15.4.
Epheser 1,4	18.2.
1,7f	4.4.
1,7.12	1.11.
2,10	11.5.
2,14.16	9.4.
2,17f	23.12.

2,20	30.10.
3,17	20.3.
4,32	4.11.
5,1	14.8.
5,2	1.8.
5,14	23.5., 25.12.
6,18	26.5.
Philipper 1,6	4.1.
1,21	26.11.
2,3f	28.3.
2,5.7f	31.3.
3,7ff	16.5.
3,13f	18.5.
3,20f	3.11.
4,6	27.5.
4,7	1.1.
4,11ff	12.2., 15.12.
Kolosser 1,23	1.3., 5.7.
2,9f	3.4., 30.12.
2,13f	17.7.
3,3	2.9.
3,9f	30.8.
3,13	2.3.
1. Thessalonicher 2,4	18.11.
2,8	28.9.
4,14	28.11.
5,16ff	12.11.
5,23	6.9.
2. Thessalonicher 3,5	30.3.
1. Timotheus 1,5	8.12.
4,16	11.11.
6,6	11.10.
6,9	9.9.
6,17	5.11.
6,20	27.3.
2. Timotheus 1,7	4.6.
1,10	6.1., 21.12.
4,13.21	2.10.
1. Petrus 1,3	22.9.
1,18f	11.4.
2,5f	30.10.
2,24	24.1.

4,10	21.2.
4,13	27.11.
5,5	12.8.
5,7	26.10.
5,10	12.5.
1. Johannes 1,5.7	14.7.
2,15	8.6.
2,17	13.1., 8.11.
3,11	10.5.
3,1	22.8.
3,1.18	10.9.
3,18	13.12.
Hebräer 4,11	24.4.
4,12	29.6.
4,15	10.2.
9,27	3.2.
12,2	19.1.
12,12 f	6.7.
13,5	21.9.
Jakobus 1,6.8	29.5.
1,17	21.11.
3,16	9.11.
4,1f	21.1.
4,12	19.11.
4,14	5.5.
Offenbarung 1,5f	14.4.
2,2.4	4.2.
2,10	30.10.
2,17	30.10.
3,8	23.8.
5,13	25.9.
14,13	15.5.
21,4	15.2., 29.10.
22,5	15.7.
22,13	30.10.
22,20	1.9.

Stichwortregister

Abendmahl 9.4.
abgeschrieben 7.1.
Advent 1.12.
Alltag 25.4.
Alter 8.5., 19.9., 6.12.
Anfang 4.1., 24.5.
Angst 4.1., 23.1., 25.2., 18.6.
Anklopfen 22.3.
Anstöße 20.3.
anschauen 23.12.
Antwort 1.8.
Arbeit 10.1., 4.2., 7.9.
Armut 5.4., 10.12.
aufatmen 23.4.
Auferstehung 16.4., 24.4., 28.11.
aufheben 5.6.
aufrichten 11.6.
Augapfel 17.5.
ausgeliefert 26.3.

Baum 10.4.
Befreiung 17.2., 26.12.
Beharrlichkeit 8.2., 22.3.
bekennen 16.12.
Besinnung 9.2.
Besitz 2.2., 14.9.
Bestand 15.5.
Beständigkeit 5.7.
beten 27.1., 28.2., 25.5., 26.5., 27.5., 29.5., 31.5., 25.7., 18.8., 21.10., 12.11.
Bewegung 6.5.
Beziehungen 19.3.
Bibel 28.6., 17.8., 24.8.
Blickrichtung 30.1., 17.6.
Blindheit 30.4.
Brücke 3.2.

Christen 28.7., 2.11.
Christusträger 9.12.

danken 26.1., 4.9., 12.9., 30.12.
Distanz 4.11.
Dummheit 30.11.

Ehe 29.9.
Ehrlichkeit 16.11.
eingeladen 13.9.
eingepflanzt 20.6.
eingeschrieben 7.1., 8.1.
Einsamkeit 18.3., 19.3.
Eltern 7.8., 10.9.
empfangen 22.5., 10.6., 9.8.
Engagieren 18.1.
entsagen 21.3.
Erfolg 7.5.
Erfüllung 15.3., 30.6., 27.9.
Erlösung 20.1., 24.1., 4.4.,
18.4., 26.9., 29.10., 1.11.
Erneuerung 30.8.
Erscheinung 6.1.
Erwartung 14.2.
erwachen 23.5., 10.6.
Esel 29.12.

Familie 23.3., 10.9., 11.9.
Farben 16.1.
fasten 5.12.
Faulheit 4.2.
Feinde 18.10.
Fernsehen 9.8. 10.9.
Feste 3.5.
festgefahren 9.7.
Festhalten 7.1., 1.3.
finster 14.7.
Flucht 5.2.
Folgen 22.7.
Freiheit 12.2., 16.2., 29.3.,
19.6., 20.11.
Freude 25.10., 13.11., 26.12.
Frieden 2.12.
Fröhlichkeit 30.12.
Früchte 24.3., 21.6.
Frühling 23.4.
Führung 23.2., 19.4., 12.5.,
19.8.
Fürsorge 5.1., 14.6., 3.10.

Gaben 21.2., 26.4., 4.9., 9.9.,
1.10., 31.10., 21.11.
Gebet 20.4., 9.5., 25.5., 26.5.,
27.5., 28.5., 29.5., 30.5., 31.5.,
16.6., 25.7., 18.8., 21.10.,
12.11.

Gebetshaltung 28.5.
Geborgenheit 12.3., 13.3.,
12.6.
Gebundenheit 19.6.
Geburt 21.12., 22.12.
gebrauchen 1.6.
Geduld 8.8.
Gefahren 10.11.
Gegenwart Gottes 14.3., 22.4.,
28.4.
Geheimnis 4.10.
Geiz 21.9.
Gelassenheit 9.1., 7.2.
gemeinsam 29.9.
genießen 1.6., 5.11., 5.12.
geradeaus 9.3.
Gericht 8.9.
Geschäftigkeit 1.5.
geschlossen 23.8.
Geschwindigkeit 6.2., 29.8.
Gewalt 14.1.
Gewissen 11.1.
Gewißheit 28.1., 13.4.
Glauben 31.10., 1.11., 2.11.,
17.11.
Gleichheit 4.5.
Glück 21.1., 22.11.
Gnade 16.7.
Gott 30.12.
Gotteskindschaft 13.6., 5.8.
gottlos 5.10.
Größe 25.8.
Grüße 14.10.

Hände 20.10.
Härte 10.2.
Handeln Gottes 29.4.
Haß 25.1., 17.9.
Hauptsache 2.7.
Haus Gottes 25.11.
Heilige 27.8.
Heiliger Geist 5.6., 2.11.
Heiligung 28.8., 6.9.
Heilsgeschichte 1.9.
Heilung 25.4., 27.8., 15.10.
Heimat 29.7.
Herbst 3.11.
Herzlichkeit 24.2.
Heute 29.2.

Hilfe 26.2., 28.2., 12.8.
Himmel 29.4., 3.8., 5.10.
Hingabe 8.12., 24.12.
Höhepunkt 3.7.
höflich 30.7.
Hoffnung 29.1., 23.4.
Hoffnungslosigkeit 16.4.

Identität 3.9., 22.9., 18.11.
Illusion 5.5., 27.10.

Ja 24.11.
Jahre 31.12.
Jesus 25.3., 3.4., 12.4., 12.6.,
25.9., 26.9., 1.11., 14.12.

Karneval 27.2.
Kinder 4.8., 5.8., 6.8., 7.8.,
10.9., 12.12.
Kirche 8.6.
Klang 15.6.
Kleider 15.11.
Klugheit 15.8., 20.8., 7.10.
Krankheit 25.4., 27.6.
Kreuz 13.4., 15.4., 24.4.
Krisen 11.7.
Kritik 19.11.

Lamm Gottes 2.4.
Last 7.4.
Lebenslauf 6.3., 26.11.
Lebenssinn 22.10., 8.12.
Lebensweisheit 16.6.
Lebenszeit 31.1., 8.5., 29.11.
Lebenszentrum 1.7.
Lebensziel 7.3., 11.3., 18.5.
Lebenszusammenhang 17.5.,
Lebenszweck 9.10.
Leiden 16.2., 27.11.
Leidenschaft 7.12.
Leistung 16.7.
Licht 15.7., 3.12., 27.12.
Liebe 25.1., 1.4., 7.4., 8.4.,
10.5., 26.8., 17.9., 28.9.,
3.10., 18.10., 4.11., 10.12.,
11.12., 13.12.
Liebe Gottes 31.3., 22.8., 13.9.
loslassen 1.3., 16.3., 8.5.
Lust 13.1.

Macht 31.3.
Maßstab 13.2.
Menschsein 18.9., 11.11.
Morgengebet 30.5.
Mißverständnisse 16.8.
mitleiden 10.2.
mitteilen 28.9.
Mund 25.7.
Mut 4.6.
Nachfolge 22.5., 1.8.
Nähe 4.11.
Natur 12.10.
Neid 21.9., 15.12.
Neues 8.7.
Neujahr 1.1., 2.1., 3.1.

offen 25.7., 23.8.
Opfer 26.7., 20.12.
Orientierung 2.5.
Ostern 17.4., 18.4.

Paradies 22.1., 22.3.
Pech 6.10.

Rache 19.2., 20.2., 17.9.
Reichtum 1.2., 5.4., 6.4., 31.7.,
1.10., 12.11.
Reife 22.6.
Rettung 19.4., 27.7.
Ruhe 10.1., 4.2., 7.2., 24.4.,
25.4.

sammeln 8.3.
Schafe 9.10., 18.10.
Schicksal 26.11.
schlagfertig 16.9.
schlafen 23.5.
Schluß 18.7.
Schmerzen 15.2., 12.7.
Schöpfung 24.4., 23.6., 24.6.,
28.10.
Schrecken 9.9.
Schuld 19.2., 29.3., 4.4.
Schule 13.10.
Schwächen 13.7., 16.7.
Schweigen 3.3, 10.8.
Sehnsucht 5.3., 19.5.
Selbstbewußtsein 21.8.
selig 19.10.

285

singen 7.11.
Sommer 23.6.
Sonnengesang 28.10.
Sonntag 23.7.
Sorgen 9.1., 26.10.
Spannung 7.7.
Standpunkt 5.7.
starten 6.7.
Steine 30.10.
Stellvertretung 11.4., 14.4.,
26.7.
Strafe 17.7.
Streit 9.11.
Sünde 10.11.
Suche 23.9.

teilen 6.6.
Tiefe 4.7.
Tod 29.10., 23.11., 26.11.,
Trägheit 11.1.
tragen 30.9.
Träume 9.6., 22.9.
Trost 17.1., 15.2., 13.4., 2.10.
Trotz 11.1.
Trübsinn 16.10.

übergeben 19.1.
Umkehr 24.5., 29.6., 10.7.
umtauschen 19.12.
unterwegs 10.3., 17.3.
Urlaub 21.7.

Veränderung 26.6.
Verbindung 9.8.
Verblüffung 12.1.
Verdacht 6.11.
verdreht 7.6.
Vergnügen 7.9.
verletzt 13.7.
Vergebung 20.2., 2.3., 8.4.,
17.7.
Versagen 16.5., 16.7.
verschließen 27.4.
Versöhnung 15.1., 30.3., 9.4.
Vertrauen 22.2., 25.2, 29.5.,
14.8.
Verweigerung 24.10.
Vollendung 19.7.
Vorsorge 10.10.

wachen 25.12.
wachsen 2.6.
Wärme 2.10.
Wahrheit 26.1., 8.10.
warten 31.8.
Weg 25.6., 23.9., 24.9., 14.11.
Weihnachten 18.12., 23.12.,
24.12.
Weihnachtsgeld 4.12.
Weisheit 3.6.
Weitblick 24.7.
Welt 2.9., 8.11.
Wendepunkt 9.7., 10.7.
Werke 11.5., 15.5.
Widrigkeiten 17.10.
Winter 6.12.
Wissenschaft 13.8.
Wohlbefinden 21.4.
Wort Gottes 4.3., 27.3., 14.6.,
29.6., 16.9.
Würde 14.5.
Wurzeln 18.2., 21.5., 20.6.,
21.6.

Zeit 11.8., 20.9.
Ziel 20.7.
Zuflucht 5.2., 18.6.
Zufriedenheit 5.9., 15.9.
Zuhause 11.2., 13.5., 29.7.,
2.8., 11.10.
Zukunft 5.1., 17.12.
Zuneigung 20.5.
zusammen 28.12.
Zuschnitt 28.3.
Zwang 29.3.
Zweifel 23.10.

Quellenangaben

„Die Zeder", in: Ernst Bertram, Gedichte und Sprüche, © Insel Verlag, Frankfurt am Main und Leipzig 1951 (2.6.)

Dietrich Bonhoeffer, Gemeinsames Leben/ Das Gebetbuch der Bibel, S. 60, © 1993, Gütersloher Verlagshaus, Gütersloh, in der Verlagsgruppe Random House GmbH (30.05.)

Dietrich Bonhoeffer, Illegale Theologenausbildung: Finkenwalde 1935–1937, S. 913, © 1996, Gütersloher Verlagshaus, Gütersloh, in der Verlagsgruppe Random House GmbH (24.09.)

Dietrich Bonhoeffer, Konspiration und Haft 1940–1945, © 1996, S. 634, Gütersloher Verlagshaus, Gütersloh, in der Verlagsgruppe Random House GmbH (22.12.)

Dietrich Bonhoeffer, London 1933–1935, S. 346, © 1994, Gütersloher Verlagshaus, Gütersloh, in der Verlagsgruppe Random House GmbH (31.12.)

„Das Paket des lieben Gottes", in: Bertold Brecht, Werke. Große kommentierte Berliner und Frankfurter Ausgabe, Band 19: Prosa 4, © Bertold-Brecht-Erben/Suhrkamp Verlag, Frankfurt am Main 1997 (26.12.)

Barbara Cratzius, Zum neuen Jahr, © Hartmut Cratzius (31.12.)

Reinhard Deichgräber, Von der Zeit, die mir gehört, S. 93–94, © Vandenhoeck & Ruprecht, Göttingen, 5. Auflage, 1997 (8.3.)

Meister Eckehart, Deutsche Predigten und Traktate. Herausgegeben und übersetzt von Josef Quint, © 1977 Carl Hanser Verlag GmbH & Co. KG, München (4.4.)

Theresia Hauser, in: Johann Hanselmann (Hg.), Jeder Tag mit Gott. Im Wandel der Jahreszeiten, Neukirchener Verlagsgesellschaft mbH, Neukirchen-Vluyn 1993 (6.12.)

Manfred Hausmann, Trost, in: ders., Jahre des Lebens. Gedichte, Neukirchener Verlagsgesellschaft mbH, Neukirchen-Vluyn 1974, S. 78 (25.11.)

Manfred Hausmann, Heilige Nacht, in: ders., Jahre des Lebens. Gedichte, Neukirchener Verlagsgesellschaft mbH, Neukirchen-Vluyn 1974, S. 142 (21.12.)

Machet herrlich sein Lob, Gebete aus der russisch-orthodoxen Kirche, ausgewählt, übersetzt und eingel. von Eva-Maria Bachmann, Neukirchener Verlagsgesellschaft mbH, Neukirchen-Vluyn 1987 (31.5.)

Anthony de Mello, Ein Blick in die Augen, in: ders., Warum der Vogel singt. Weisheitsgeschichten. Aus dem Englischen von Ursula Schottelius, S. 38–40, © Verlag Herder GmbH, Freiburg i. Br., 30. Gesamtauflage, 2010 (26.3.)

Anthony de Mello, Der geistige Herzanfall, in: ders., Warum der Vogel singt. Weisheitsgeschichten. Aus dem Englischen von Ursula Schottelius, S. 84–85, © Verlag Herder GmbH, Freiburg i. Br., 30. Gesamtauflage, 2010 (9.9.)

(nach:) *Henri Nouwen*, „Gibt es ein Leben nach der Geburt", in: ders., In einem anderen Licht. Von der Kunst des Lebens und Sterbens. Herausgegeben von Andrea Schwarz, S. 60–62, © Verlag Herder GmbH, Freiburg i. Br. 2011 (28.11.)

Die religiöse Pflicht, nach Leviticus Rabbah, in: Jakob J. Petuchowski, Es lehrten unsere Meister. Rabbinische Geschichten aus den Quellen, S. 52–53, © Verlag Herder GmbH, Freiburg i. Br. 1992 (21.4.)

Die vereitelte Scheidung, nach Schir Haschirim Rabbah, in: Jakob J. Petuchowski, Es lehrten unsere Meister. Rabbinische Geschichten aus den Quellen, S. 68–69, © Verlag Herder GmbH, Freiburg i. Br. 1992 (10.5.)

Rainer Maria Rilke, Sämtliche Werke, Insel Verlag, Frankfurt am Main und Leipzig 1955 (23.4.)

Joachim Ringelnatz, Das Gesamtwerk in sieben Bänden, erschienen 1994 in der Diogenes Verlag AG Zürich (3.1.)

Paul Ernst Ruppel, Ohren gabst du mir (EG 236), © Strube Verlag, München (20.4.)

Antoine de Saint-Exupéry, Der Kleine Prinz, © 1950 und 2012 Karl Rauch Verlag, Düsseldorf (21.5., 7.6.)

Antoine de Saint-Exupéry, Die Stadt in der Wüste, © 1956 und 2002 Karl Rauch Verlag, Düsseldorf (16.6.)

William Saroyan, The Human Comedy (Menschliche Komödie), © by the William Saroyan Foundation (9.1.)

Peter Thomas, Zwiesprache mit Gott. Alltagsgebete, Wuppertal/Gütersloh, Kiefel Verlag, ⁴1991, © Peter Thomas, S. 29 (15.10.)

Paul Toaspern, In Gottes Namen aufgewacht. Mit Gott im Alltag sprechen, Neukirchener Verlagsgesellschaft mbH, Neukirchen-Vluyn 1993 (27.6., 21.7., 5.8., 4.9., 19.9.)

Leo N. Tolstoi, Volkserzählungen, hg. v. Josef Hahn, © 2006 Bibliographisches Institut/Artemis & Winkler, Mannheim (14.9.)

Rudolf Otto Wiemer, Entwurf für ein Osterlied, in: ders., Ernstfall. Gedichte, © J. F. Steinkopf Verlag GmbH, Stuttgart/Kiel, 3. Auflage, 1989 (18.4.)

Wir haben uns bemüht, alle Rechteinhaber ausfindig zu machen und zutreffend zu benennen. Wir bitten um Kontaktaufnahme zur Neukirchener Verlagsgesellschaft, sollten Rechte nicht oder nicht zureichend angegeben sein. Wir nehmen diese Hinweise in der nächsten Auflage auf. Die Rechtsansprüche bleiben gewahrt.

neukirchener aussaat Leben aus dem Einen!

Geschichten mit Tiefgang und Humor

Axel Kühner hat diese Geschichten aufgelesen, eingesammelt, nacherzählt und selbst verfasst. Lebensnah und ermutigend: Ein wunderbares Geschenk für Menschen, die sich in ihrem Alltag nach kurzen Momenten der Besinnung sehnen.

Axel Kühner
Überlebensgeschichten für jeden Tag
gebunden, flexibler Einband, 350 Seiten
ISBN 978-3-7615-1612-6